高等学校国家级特色专业——车辆工程专业系列教材

汽车营销学

主　编◎张　良
主　审◎张代胜

合肥工業大學出版社

内容简介

本书结合当今汽车市场现状，从理论和实践上系统地介绍了汽车市场营销的策略和方法。主要内容包括汽车市场的战略规划，汽车市场营销环境，汽车产品消费行为分析，汽车市场分析，汽车产品策略，汽车定价策略，汽车分销策略，汽车产品促销策略，汽车营销策略的扩展，汽车营销实务等。每章中还附有不少的营销案例，其实践性和操作性较强。

本书可作为本科和高职高专院校汽车技术服务与营销专业、汽车检测与维修专业的教材，亦可供相关专业及从事汽车营销的人员阅读使用。

图书在版编目(CIP)数据

汽车营销学/张良主编．—合肥：合肥工业大学出版社，2011.5(2016.1 重印)
ISBN 978-7-5650-0514-5

Ⅰ.①汽…　Ⅱ.①张…　Ⅲ.①汽车—市场营销学　Ⅳ.①F766

中国版本图书馆 CIP 数据核字(2010)第 087113 号

汽 车 营 销 学

主编　张　良　　　　责任编辑　汤礼广

出　版	合肥工业大学出版社	版　次	2011 年 5 月第 1 版
地　址	合肥市屯溪路 193 号	印　次	2016 年 1 月第 2 次印刷
邮　编	230009	开　本	787 毫米×1092 毫米　1/16
电　话	理工编辑部：0551-62903087	印　张	15.5
	市场营销部：0551-62903198	字　数	320 千字
网　址	www.hfutpress.com.cn	印　刷	合肥学苑印务有限公司
E-mail	hfutpress@163.com	发　行	全国新华书店

ISBN 978-7-5650-0514-5　　　　定价：30.00 元

如果有影响阅读的印装质量问题，请与出版社市场营销部联系调换。

《高等学校国家级特色专业——车辆工程专业系列教材》审读委员会

《高等学校国家级特色专业——车辆工程专业系列教材》编委会

本系列教材在编写过程中，曾得到以下学校和企业给予各种形式的支持及无私的帮助，在此对它们谨致以真诚的谢意！

清华大学
湖南大学
北京工业大学
西南交通大学
同济大学
山东理工大学
辽宁工业大学
福州大学
厦门理工学院
长安大学
湖北汽车工业学院
安徽工业大学
安徽工程大学
奇瑞汽车股份有限公司

北京理工大学
武汉理工大学
吉林大学
华东交通大学
重庆理工大学
兰州交通大学
大连交通大学
河南科技大学
江苏大学
西华大学
合肥工业大学
安徽理工大学
安徽江淮汽车集团有限公司

《高等学校国家级特色专业——车辆工程专业系列教材》编委会

序

在我国经济发展转型升级与全面提高国际竞争力的关键时期，培养和造就一大批创新能力强，适应我国经济和社会发展需要的工程技术型人才是增强我国核心竞争力、建设创新型国家、走新型工业化道路的必要条件。“高等工科教育回归工程”和“强化能力导向原则”等基于按社会需求培养人才和教学需要改革的教育理念，是《中华人民共和国高等教育法》提出的“高等教育教学改革务必根据不同类型、不同层次高等学校自身实际”要求和《高等学校本科教学质量与教学改革工程项目管理暂行办法》所坚持的“分类指导、注重特色”原则的创新成果和实践载体。

高等学校应按照“质量工程”的要求对人才培养目标进行合理定位，对教学过程进行科学创新，发挥自身优势，形成各自特色，从而满足社会对多样化的人才需求。人才培养目标的差异性，要求教学内容、教学方法和教材建设具有针对性。《中华人民共和国高等教育法》明确规定：“高等学校根据教学需要，自主制订教学计划、选编教材、组织实施教学活动。”教育部实施本科教育、教学“质量工程”，鼓励和支持高等学校在教学理念等方面进行创新，以形成有利于多样化人才成长的培养体系，满足国家和社会对紧缺人才的需要。

合肥工业大学车辆工程专业于2007年经教育部审批被列为国家级特色专业建设点。也就在同一时间，合肥工业大学成立了《高等学校国家级特色专业——车辆工程专业系列教材》编审委员会，以“打造特色精品教材，促进专业教育发展”的理念规划出版“高等学校汽车类特色专业规划教材”，抓紧对“质量工程”中所要求的“重点规划、建设多样基础教程和专业课程教材，促进高等学校教学内容更新、教材建设多样化”工作的落实。

在教材选题开始设计时，编审委员会便贯彻教育部关于人才培养适应行业经济和社会发展需要的精神，要求突出教材建设与办学定位、教学目标的一致性和适应性。最终确立了教材编写的指导思想：加强工程意识的培养、加强理论与实践的结合、加强实践教学和工程训练，培养在汽车行业第一线从事车辆研发、试验、营销及管理等实际工作和能解决实际问题的高等应用型人才。

本系列教材在编写过程中，既严格遵守学科体系的知识构成和教材编写的一般规律，又针对本科人才培养目标和与之相适应的教学特点，科学安排知识内容，注重解决现行教材中部分内容陈旧、特色不明显和学生自主学习无趣等问题，充分体现了"工程基础厚、工作作风实、创业能力强"的合肥工业大学人才培养特色及对国家级特色专业教材的内涵和尺度的准确把握。

本系列教材的出版是所有参与该项工作的人们集体智慧的结晶，也是高等学校进行教学改革、落实"质量工程"要求的成果，相信随着教学改革的深入推进，该系列教材会不断得到丰富和完善。

中国高等学校教学指导委员会委员
中国机械工业教育协会高校教学委员会车辆专业组副组长　　陈朝阳

前　言

据中国汽车工业协会公布的数据显示，2010 年国内汽车产销量均超过 1800 万辆，产销量居世界第一。

根据《2010 中国汽车产业发展蓝皮书》分析，从 2010 年开始，未来十年中国汽车市场将处于高速发展阶段，2020 年的汽车需求量预计达到 3160 万辆，其中乘用车需求量将达到 2500 万辆，到那时中国汽车市场的全球影响力将大幅提升。

因此，现今国内各汽车厂家既面临前景良好、稳健发展的生产机遇，又面临汽车市场群雄逐鹿、竞争日益激烈的挑战。在这种情况下，理论知识扎实、实践技能熟练的汽车市场营销专业人才就显得更加紧缺。为了适应汽车工业发展的需要，我们经过长时间的积累和准备，编写出了这本《汽车营销学》教材。

在编写过程中，我们联系当前汽车市场的实际状况，在市场营销学的理论基础上突出汽车市场营销的特点，并按照高等教育的特点，本着“必需、够用”的原则，在理论基础适度的前提下，注重理论的完整性、实用性和内容的超前性以及知识体系的系统性、针对性，力争做到知识和应用的较完美统一。

本书由张良主编，由合肥工业大学张代胜教授主审。张代胜教授对本书进行了认真、详细地审校，并提出了许多宝贵意见和建议，编者在此表示诚挚的谢意。在编写过程中，合肥工业大学机械与汽车工程学院车辆工程系的同仁也提出了不少好的建议，在此一并表示衷心的感谢。

在编写过程中，我们参考了国内外一些关于市场营销和汽车营销方面的书籍、论文等文献，在此对被参阅资料的作者表示谢意；另外我们还搜集、参阅了一汽大众、上海大众、上海通用、安徽奇瑞、广州本田、北汽福田、神龙汽车、福特、沃尔沃、丰田、奔驰等国内外汽车制造及销售企业的大量相关资料，在此也对以上企业表示深深的感谢。

本书可作为本科和高职高专院校车辆工程专业、汽车技术服务与营销专业、汽车检测与维修专业的教材，亦可供相关专业及从事汽车营销的人员阅读使用。

本书所选案例仅供课堂教学时参考和使用，对案例中所涉及的企业及其人员均无褒贬之意。

由于编者水平有限，书中定有错漏之处，恳请业内专家、同行以及读者批评指正。

编　者

目　录

第一章　概　论

学习目标：理解汽车市场以及市场营销的基本概念及特点；了解几种市场营销观念及其演变；了解我国汽车工业和市场的发展历程及其现状；熟悉市场营销的可控要素及其组合；掌握汽车市场营销的研究对象和方法。

随着市场经济的快速发展，市场营销工作在我国受到了企业界人士的格外重视；国内学术界也在不断地传播先进的市场营销理论和成功经验，不断地总结和完善适合我国国情的市场营销规律。

在市场营销诸多的门类中，汽车市场营销学是一门新兴的学科，它是以市场营销学基本理论为基础的、结合汽车行业的特点和发展规律、总结大量的汽车营销实践而发展起来的学科，是管理知识与汽车工程领域知识的有机结合。掌握好该学科知识，对如何面对竞争日益激烈的汽车市场环境具有非常重要的指导意义。

第一节　市场与市场营销

一、市场

市场是商品经济的产物，哪里有商品生产和商品交换，哪里就会有市场。因此，"市场"就成为人们使用最频繁的术语之一。"市场"这一词，最早是指买主和卖主集中在一起的场所，就像我们通常所见到的集贸市场——人们在这里挑选物品并讨价还价。随着商品经济的发展，"市场"的内涵也不断地发展，在不同的商品经济发展阶段有着不同的含义。现把人们对市场概念的理解和运用归纳如下：

1. 市场是商品交换的场所

在商品经济尚不发达的年代，市场总是同时间和空间概念相联系的，人们常把在某个时间聚集到某个地方完成商品交换的场所，称为市场。这种市场的形式至今仍很普遍，如商场、城乡的集贸市场、汽车交易市场等。

2. 市场是各种商品交换关系的总和

在现代社会里，商品交换关系渗透到社会生活的各个方面，交换的商品品种和范围日益扩大，交易方式也日趋多样，特别是随着交通、通信和金融信用业的发展，交换已经不再受时间和空间的限制，可以说在任何时间和任何地点都可以实现商品的交换。现代的市场已经不再是指具体的交易场所，而是代表着各种商品交换关系的总和，因此，它更为深刻地揭示了现代经济生活的实质。这一“市场”概念不仅包括了供给和需求两个相互依存的方面，而且，还包括了供给和需求在数量上的含义，即供求是否相等或成正比等。

3. 市场是人口数量、购买能力、购买欲望以及交换的总和

这一“市场”概念用公式表示为：市场＝人口＋购买力＋需求欲望＋交换。这一概念认为：市场是指需求，只有那些具备购买能力且具有购买欲望的消费者，加上最终的交换才构成某种商品的市场；这样的消费者越多则表明市场也越大。但这一概念存在两个缺陷：一是人口属于自然消费者，因而这一概念似乎只适合消费品市场；二是没有强调潜在购买力和购买欲望。而正确地把握购买力的变化、激发购买欲望、开拓潜在市场才是营销根本，因而市场营销对“市场”还应有更贴切的理解。

4. 市场是现实的和潜在的具有购买能力的总需求

市场营销通常是在这个意义上理解和运用市场概念的。市场营销主要是研究买方营销活动，对于卖方来说，“自己”就代表了“供给”，所以“市场”就只有“需求”了，因而市场只是指某种商品的现实购买者和潜在购买者需求的总和，市场专指买方，而不包括卖方。至于卖方则与其竞争对手（卖方的同行）一起组成某个行业，他们之间属于竞争者，而不是市场，所以在市场营销中，市场往往等同于需求，如平时大家所讲的“市场疲软”就是针对需求不足而言的。

在现代社会里，市场成为整个社会经济的主宰者，是社会经济的指挥棒和调节器，是社会资源优化配置的有力武器，其作用越来越被人们认识，因而人们对市场概念的理解和运用更丰富了，其含义不可能是单一所指。

二、市场营销

市场营销是由英文单词“marketing”转译而来。关于其具体解释和定义有多种说法，美国西北大学教授菲利普·科特勒（PhiliP Kotler）认为，市场营销简单地说就是以满足人类各种需要和欲望为目的、通过市场将潜在交换变为现实交换的活动。市场营销往往是指卖方的行为活动。这里的卖方，可以是生产者、供应商，可以是营销公司，也可以是营销中介。

市场营销是一种从市场需要出发的管理过程。它的核心思想是交换，是一种买卖双方互利的交换，即卖方按买方的需要提供产品或劳务，使买方得到消费满足；而买方则付出相应的报酬，使卖方也得到回报和实现企业目标，双方各得其所。

市场营销既是一门科学，又是一门艺术。其研究对象是企业的市场营销活动和营销管理，即如何在最适当的时间和地点，以最合理的价格和最灵活的方式，把适销对路的产品送到用户手中。

第二节 市场营销观念

一、汽车市场营销观念的演变

世界汽车营销观念是随着汽车市场的形成而产生的，它的发展大致经历五个阶段，即汽车生产观念、汽车产品观念、汽车推销观念、汽车市场营销观念及汽车社会营销观念。其中，汽车生产观念、汽车产品观念和汽车推销观念合称为传统营销观念，是“以企业为中心的观念”，而后两种观念则合称为现代营销观念，分别是“以顾客为中心的观念”和“以社会长远利益为中心的观念”。

1. 生产观念

生产观念（production concept）的基本内容是：顾客会接受任何他能买到、并且买得起的产品。因此，其主要任务就是提高生产和渠道的效率，让顾客买得到、买得起。这种观念是最早的营销思想。

生产观念在两种情况下仍然适用：其一，供不应求时，供应商应该采取各种手段提高产量；其二，生产成本太高，且需要提高生产效率、降低成本时。这种观念就是认为供应商只要供应得了，价格合适，客户就会购买。

这种观念的重心在于大量生产，降低成本，解决供不应求或买不起的问题，消费者的个性化需求与欲望并不被重视。因此，当产品供给超过需求，并呈现多样化，消费者对产品产生不同层次的需求时，生产观念将不能成为有效的营销观念。

2. 产品观念

如果说生产观念是注重以量取胜的话，那么另一种观念则表现为以质取胜。也有人将这种观念称作产品观念（product concept）。其基本理念是：企业经营的中心工作是抓产品质量，只要产品质量过硬，经久耐用，就会顾客盈门，企业就会立于不败之地。这种观念同样不能脱离具体条件，如果产品确实有市场，但因质量太差而影响销路，企业坚持这种观念就会大有作为；否则，其他因素不能满足顾客需要，即使质量再好的产品也不会畅销。在现代市场经济高度发达的条件下，这种生产观念也是不适宜的。因为现代市场需求的层次是不断提高的，满足市场需求的产品层出不穷，如果企业的产品不能及时满足市场的更高要求，质量再好的老产品也不可能持久地占领市场。所谓优质产品往往是一群工程师在实验室里设计出来的，这些产品上市之前从来没有征求过消费者的意见。美国通用汽车公司的总裁就曾说：“在消费者没有见到汽车之前，他们怎么会知道需要什么样的汽车呢？”这种思想观念无疑曾使日后通用汽车公司在与日本汽车制造商的较量中陷入困境。

3. 推销观念

推销观念（selling Concept）产生于20世纪30年代初期，当时由于资本主义世界经济大萧条，大批产品供过于求，销售困难，卖方竞争加剧。企业担心的已不是生产问题，而是销路问题，因而推销技术特别受到企业的重视，并逐步形成了一种推销经营哲学。其基本理念是：企业经营的中心工作不再是生产问题，而是销售问题。抓销售就必须大力施展推销和促销技术，激发顾客的购买兴趣，强化购买欲望，努力扩大销售。促销的基本手段就是广告宣传和人员推销。

4. 市场营销观念

市场营销观念（marketing concept）或市场主导观念，是一种全新的经营哲学，它是一种以顾客需要为导向、一切从顾客出发的观念。它把供应商的生产经营活动看作是一个努力理解和不断满足顾客需要的过程，而不仅仅是生产或销售产品的过程；是“发现需要并设法满足之”，而不是“将产品制造出来并设法推销之”的过程；是“制造适销对路的产品”，而不是“推销已经制造出来的产品”的过程。因此，市场营销观念是在推销观念的基础上发展起来的，首次将满足消费者的需求和欲望提高到指导供应商经营活动的层面上，“顾客至上”、“顾客是上帝”、“顾客永远正确”等口号，成为现代供应商的座右铭。

市场营销观念取代传统观念，是企业经营思想上的一次深刻变革。与传统观念相比，其根本区别有四点：

（1）起点不同。传统观念是在产品生产出来之后才开始经营活动，而市场营销观念则是以市场为出发点来组织生产经营活动。

（2）中心不同。传统观念是以卖方需要为中心，以产定销；而市场营销观念则是以市场需要为中心，以销定产。

（3）手段不同。传统观念主要采用广告为促销手段，而市场营销观念则主张通过整体营销（营销组合）的手段，实实在在地为顾客着想。

（4）终点不同。传统观念以将产品售出获取利润为终点，而市场营销观念则将利润看做是顾客需要得到满足后愿意给出的回报。

5. 社会营销观念

随着社会经济的发展，大量不可再生资源日益枯竭、生态环境遭到破坏、环境污染日益严重、通货膨胀、忽视社会服务等，严重威胁着社会公众的利益和消费者的长远利益，威胁着人类生活水准和福利的进一步提高，也威胁着经济的可持续发展。这种情况表明，现代市场营销活动有很多副作用，而市场营销观念又不能将其抑制或消除。因为只要企业从顾客需要出发，产品适销对路，就是符合市场营销观念的。这就要求修正市场营销观念，从而产生了人类观念（human concept）、理性消费观念（intelligence consumption concept）、生态消费观念（ecological imperative concept）等，其共同点就是注重社会公众利益，故统称为社会营销观念。

社会营销观念不是对市场营销观念的否定，而是一种修正和完善。这种观念要求企业将自己的经营活动与满足顾客需求、维护社会公众利益和长远利益作为一个整体来对待，不急功近利，自觉（并不总是依靠政策和法律强行推进）限制和纠正营销活动的副作用，并以此为企业的根本责任。

二、营销观念的创新

随着人类社会进入新世纪和新经济时代，世界经济正以势不可挡的趋势朝着全球市场一体化、企业生存数字化、商业竞争国际化、竞争对手扩大化等方向发展；互联网、知识经济、高新技术特征明显；企业的经营进一步打破了地域阻隔的限制。如何在全球贸易体系中占有一席之地，如何赢得更大的市场份额和更广阔的市场前景，如何开发客户资源和保持相对稳定的客户队伍，已成为影响企业生存和发展的关键问题。在这样的背景下，新型营销理念层出不穷。例如基于健康发展的绿色营销，基于整合各种营销要素的整合营销，基于协调各种营销关系的关系营销，基于客户关系管理的营销（如一对一营销、直接营销等），以及基于现代网络技术的网络营销、电子商务等。总的来看，这些理念是对现代营销观念及其指导下的营销方法的继承和发展，其中心仍然是围绕顾客满意，并注重营销道德。

1. 顾客满意

通过满足需求达到顾客满意，最终实现包括利润在内的企业目标，是现代市场营销的基本精神。然而在具体的实践工作中，真正落实顾客满意却并非易事，还需要不断强化“利润是顾客感到满意而给予企业的回报”的观念。

顾客满意既是顾客本人再购买的基础，也是影响其他顾客购买的要素。对企业来说，前者关系到能否留住老顾客，后者关系到能否吸引新顾客，使顾客满意是企业赢得顾客、占领和扩大市场、提高效益的关键。研究还表明，吸引新顾客要比维系与老顾客的关系花费更高的成本，因此企业必须十分重视提高顾客的满意度，争取更多更满意的顾客，提高顾客的忠诚度。

顾客满意是顾客的一种主观感觉状态，是顾客对企业的产品和服务满足其需要程度的体验与综合评估。影响顾客满意的因素主要是顾客购买商品后实际感受到的价值是否与其期望得到的价值相符，或者说是顾客得到的总价值与其付出的各种成本相比是否令人满意。通常可以用客户的让渡价值去研究顾客满意问题。

客户让渡价值是指客户与企业的交往过程中，客户从企业那里获得的总价值与客户支付的总成本的差额。客户获得的总价值指客户购买企业的产品或服务所期望获得的一组利益，它包括产品价值（产品的功效价值）、服务价值（产品的附加价值）、人员价值（营销和服务人员的素质和工作质量带给顾客的价值）、形象价值（产品的精神价值）等。客户支付的总成本指客户为购买企业的产品或服务所支付的货币资金、耗费的时间、精力以及体力等成本的总和。

企业为了争取顾客，战胜竞争对手，巩固或提高企业产品的市场占有率，往往容易采取顾客让渡价值最大化策略。但追求顾客让渡价值最大化常常会增加成本，减少利润。因此，在市场营销实践中，企业应掌握一个合理的度，而不是片面强调顾客让渡价值最大化，以确保实现顾客让渡价值所带来的利益超过因此增加的成本费用。换言之，企业顾客让渡价值的大小应以能够实现企业的经营目标为原则。

2. 绿色营销

绿色营销具有广义和狭义两个概念。广义的绿色营销系指企业营销活动中体现的社会价值观、伦理道德观，充分考虑社会效益，既自觉维护自然生态平衡，又自觉抵制各种有害的营销。而狭义的绿色营销，主要指企业在市场营销活动中，谋求消费者利益、企业利益与人类环境利益的协调。实施绿色营销的企业，对产品的创意、设计和生产，以及定价与促销的策划和实施，都要以保护生态环境为前提，力求减少环境污染，保护和节约自然资源，维护人类社会的长远利益，实现经济的可持续发展。

3. 整合营销

整合营销是一种更注重营销要素整体作用的观念，它比营销组合观念更强调营销因素(比组合要素更多)的整体作用，要求各种营销因素方向一致，形成合力，共同为企业的营销目标服务。整合营销观念改变了将营销活动作为企业经营管理的一项职能的观点，它要求企业把所有的活动都整合和协调起来，努力为顾客的利益服务；同时，强调企业与市场之间互动的关系和影响，努力发现潜在顾客并创造新市场，注重企业、顾客和社会的共同利益。

整合营销除了整体性特征外，还具有动态性特征和顾客关怀特征。企业把与顾客之间的交流、对话、沟通放在特别重要的地位，并形成以顾客为中心的新的"4C 营销组合"。

4. 关系营销

关系营销将建立与发展同所有利益相关者之间的关系作为企业营销的关键变量，把正确处理这些关系作为企业营销的核心。它把营销活动看成是一个企业与消费者、供应商、分销商、竞争者、政府机构和其他公众发生互动作用的过程，企业营销活动的核心在于建立并发展与这些公众的良好关系，因而企业经营管理的对象也就不仅仅是内部可控因素，其范围还扩展到外部环境的相关成员。企业和这些相关成员包括竞争者的关系并不是完全对立的，其所追求的目标存在相当多的一致性。关系营销的目标也就在于建立并发展企业和相关个人及组织的关系，取消对立，使其成为一个相互依赖的事业共同体。

关系营销更注重维系现有顾客，认为丧失现有顾客无异于失去市场、失去利润的来源。有的企业推行"零顾客背离"(zero defection)计划，目标是让顾客没有离去的机会。这就要求企业要及时掌握顾客的信息，随时与顾客保持联系，并追踪顾客的动态。因此，仅仅维持较高的顾客满意度和忠诚度还不够，还必须分析顾客产生满意感和忠诚度的根本原因。只有找出顾客满意的真实原因，才能有针对性地采取措施来维系顾客。满意的顾客会对产品、品牌乃至公司保持忠诚，忠诚的顾客会重复购买某一产品或服务，不为其他品牌所动摇，且会购买企业的其他产品；同时，顾客的口头宣传，有助于树立企业的良好形象。此外，满意的顾客还会参与和介入企业的营销活动过程，为企业提供广泛的信息、意见和建议。

5. 客户关系营销

客户关系营销又被称为客户关系管理(customer relationship management，CRM)，

它源于关系营销，但又不同于关系营销。CRM 认为客户是企业最重要的资源，在越来越激烈的市场竞争中，高质量的客户关系正在成为企业唯一重要的竞争优势。所以 CRM 比关系营销更注重企业与客户的关系，它借助现代数据库和管理信息系统等手段，以客户价值（客户对企业的价值）和客户让渡价值为核心，通过完善的客户服务和深入的客户分析来满足客户的需求，在使客户让渡价值最大化的同时，实现企业的价值。这是一种基于现代“双赢原则”的营销理念。

CRM 既是一种营销管理思想，又是一套管理企业与客户关系的运作方法体系。一方面，CRM 要求以“客户为中心”来构架企业，追求信息共享，完善对客户需求的快速响应机制，优化以客户服务为核心的工作流程，搭建新型管理系统；另一方面，CRM 实施于企业与客户相关的所有业务领域，使企业与客户保持一种卓有成效的“一对一”关系，建立客户驱动的产品/服务设计和向客户提供更快捷、更周到的优质服务，以吸引和保持更多的客户资源。所以 CRM 是新型的商业驱动器，是信息社会中厂商的竞争利器。它与 ERP（enterprise resources planning，企业资源计划）、SCM（supply chain management，供应链管理）并称为现代企业提高竞争力的三大法宝。

CRM 还是一套基于数据库的管理软件（有人将 CRM 视作数据库营销），它综合集成了数据库与数据仓库技术、数据挖掘技术、在线分析处理（on-line analysis process，OLAP）、互联网技术、面向对象技术、客户机/服务器体系、销售自动化技术以及其他相关技术成果，能够为企业的销售、客户服务和决策支持等领域提供一个业务自动化的解决方案，使企业有一个面向客户的前台。

CRM 借助现代网络技术，相对于传统营销方式而言，可以大大降低营销运作成本，加之由于可以准确地寻找客户，并能实现在线信息交换，从而可以大大发展“一对一营销”等新型业务形式，进而为大批量定制和大批量推销等先进业务形式提供支撑。

6. 网络营销与电子商务

随着数字社会和 e 时代的到来，网络技术已渗入当今社会和经济的各个方面，电子商务、虚拟现实等网络技术已经走向实际应用。网络营销（on-line marketing 或 cyber marketing）是企业营销实践与现代信息通信技术、计算机网络技术相结合的产物，是指企业以电子信息技术为基础，以互联网为媒介进行的各种营销活动的总称，这些营销活动包括网络调研、网络广告、电子商场、网络新产品开发、网上定价、网络促销、网络分销、网络服务等。

网络营销符合顾客主导、成本低廉、使用方便、充分沟通的要求，也可以使企业的营销活动始终和三个流动要素（信息流、资金流和物流）结合并流畅运行，形成企业生产经营的良性循环。

电子商务（e-commerce，EC 或 e-business，EB）主要是指将销售业务借助计算机网络系统完成商品交易的形式，其中计算机网络系统包括企业网络（intranet）和互联网络（internet）。网上完成的商务内容包括网上商品资源查找、网上定价、在线谈判、网上签约、网上支付等具体与商品销售环节相关的手续。电子商务不能等同于网络营销，电子商务虽然在形式上有时依靠互联网络，但它只是网络营销的部分业务。无论是网络营销，还是电子商务，都需要物流配送的支撑，才能最终完成有形商品的实物交割。

网络营销和电子商务丰富了营销或销售的形式，其意义主要不是在于营销观念的变革，而是在于它们促进了营销方式和手段的创新。

7. 营销道德

营销道德是调整企业与所有利益相关者之间关系的行为规范的总和，是客观经济规律及法制以外约束企业行为的又一要素。营销道德的最根本的准则，应是维护和增进全社会和人民的长远利益。凡有悖于此者，都属于非道德行为。目前，我国的营销道德问题值得重视，应当减少或消除经济生活中的不公平、不真实、资源过分浪费、强制推销、污染环境、不正当竞争等现象的发生。

树立良好的营销道德虽不是朝夕之功，但离不开政府、司法和广大消费者特别是广大企业的参与。企业界要切实地以先进的营销观念为指导，自觉端正企业的经营态度和营销行为；同时也要加强法制建设，健全法制体系，完善消费者权益保护机构，加大消费者权益保护的力度，认真解决信息不对称问题，提高消费者在商品交易中的地位。

第三节　中国汽车工业和汽车市场的发展

一、我国汽车工业体系的形成与发展

我国的汽车工业是在新中国成立后的几十年内逐步形成工业体系的，从 1953 年兴建第一汽车制造厂开始，发展到今天，我国汽车工业的发展总体上经历了三个阶段：

1. 汽车工业的建设阶段

从 1953 年到 1978 年，是我国汽车工业的建设阶段。这一时期，我国汽车工业在高度集中的计划经济体制下运行。由于经济基础薄弱，国家采取了集中力量重点建设的方式，先后建成了第一汽车制造厂（以下简称“一汽”）和第二汽车制造厂（以下简称“二汽”）等主机厂以及一批汽车零部件厂，为我国汽车工业的发展奠定了基础。

（1）汽车工业的初创时期

从 1953 年到 1967 年为我国汽车工业的初创时期。一汽于 1953 年开始在长春市兴建，仅用三年时间建成，并于 1956 年 10 月开始批量生产载重量 4 t 的解放 CA10 系列货车，从而结束了中国不能生产汽车的历史。1958 年，该厂又试制出我国第一辆轿车——东风牌轿车。毛泽东主席在乘坐后表示赞赏，并勉励“一汽”人继续为振兴我国汽车工业作贡献。之后，“一汽”又开始试制并小批量生产红旗 CA770 型高级轿车。

在“一汽”逐步扩大生产的同时，我国各地一批汽车修配企业相继改建成汽车制造厂，使得我国生产的汽车品种和产量有所发展。同期，全国各地也纷纷试制轿车，但由于

技术和条件限制，产品质量经受不了使用的考验而被迫停产，从而结束了第一次大量生产汽车的热潮。

(2) 汽车工业的自主建设时期

从1968年到1978年为我国汽车工业的自主建设时期。这一时期由于“一汽”投产已经10年，其他一些汽车厂也已相继投产，汽车工业蕴藏着很大的发展潜力。而汽车产品在品种和数量上都满足不了当时社会发展和国防建设的需要，于是国家决定在内地兴建一批汽车工业骨干企业。1968年在湖北省十堰市兴建我国规模最大的第二汽车制造厂，同期又建成了生产重型汽车的四川汽车制造厂和陕西汽车制造厂。“二汽”于1975年生产第一个车型（EQ240，2.5 t），1978年7月又开始投产其主导产品（EQ140，5 t）。这批企业的建成标志着我国汽车工业进入了自己进行产品设计和工厂设计的新阶段。同时，这批企业的建成，带动了一大批地方企业的发展，形成了我国的第二次大办汽车工业的热潮。

经过第一阶段的发展，我国汽车工业实现了零的突破，到1978年，汽车生产能力达到近15万辆的规模。但相对来讲，汽车工业发展还存在着生产增长速度慢、产品品种“缺重少轻（即缺重型车、少轻型车），轿车近乎空白”的不足，不能满足国家进一步发展的需要，汽车工业尚待更大的发展。

2. 汽车工业的快速增长阶段

从1979年到1993年，是我国汽车工业的快速增长阶段。这一时期，随着国家经济体制改革的不断深入，我国汽车工业单一计划经济模式被彻底打破，市场逐步成为配置资源的主要机制，汽车工业内部的竞争不断强化。与此同时，在国家的协调、推动以及在企业自愿的基础上，汽车企业之间的协作和专业化生产得以发展，打破了“小而全、大而全”的发展模式，开始走上联合发展的道路，形成了一些骨干企业集团。其间，汽车工业受市场需求的巨大拉动，在中央和地方两个积极性的推动下，一批地方性和行业性的汽车企业应运而生，形成了我国的第三次大量生产汽车的热潮。汽车生产能力获得了快速增强，从1978年到1993年汽车生产保持年均15.4%的增长速度，1992年产销量首次突破100万辆大关，我国一跃成为世界上的汽车重要生产国之一，产量排名跻身世界前十名。

但是，我国汽车工业在这一时期的发展也暴露出一些问题，汽车工业的面貌表现为“散乱、低、差”。“散乱”是指汽车工业的生产布局存在严重的分散、重复、乱投资和乱上项目的现象。据不完全统计，1993年全国共有整车（主机）制造厂家126个，客车、专用车厂家650个，零部件厂家多达3 000余个，汽车厂家数量之多，在全世界也绝无仅有。其中轻型汽车最为分散，生产集中度最低，绝大多数产品没有明显差别，产品重复严重。“低”和“差”是指汽车工业的整体能力弱，包括汽车工业的技术开发能力弱，先进科技成果的吸收能力弱，以及零部件工业、基础制造业和相关工业对汽车工业的支撑能力弱，从而直接导致汽车产品技术性能和产品质量差，尤其是在经济性、排放性、安全性和可靠性等指标上，我国汽车产品明显落后于同期的国际水平。

3. 汽车工业的全面发展阶段

从1994年开始至今，是我国汽车工业的全面发展阶段。1994年《汽车工业产业政策》颁布，汽车产业组织结构开始得到调整，国家对零部件工业的投入有所加强，产品开发得到重视，对外合资、合作项目开始得到改善，个人购车市场开始启动。

2004年我国汽车产销量均突破了500万辆，销量居世界第三，销售收入10 850亿元，全社会汽车保有量达到2 709.5万辆，其中私人汽车保有量占总保有量近60%，汽车消费市场实现了从公款消费向私人消费的转变。

总之，我国汽车工业经过近60年的建设发展，现在已经形成产品门类齐全、产品质量和技术具有一定水平、企业实力迅速提升的生动局面。今后它会得到更加快速、持续和健康发展，汽车工业将真正成为我国国民经济的支柱产业。

二、我国汽车市场的形成与发展

我国汽车市场的建立与发展是同我国汽车工业的发展相对一致的。党的十一届三中全会以后，我国汽车工业的产销系统由较为封闭的状态转为开放的系统，汽车生产的市场导向取代了计划指导。目前，汽车作为商品进入市场交换体系，多渠道、少环节的汽车商品市场流通体系已初形成。

我国的汽车市场是通过经济体制改革手段形成的，按照市场机制（价格机制、供求机制和竞争机制）在我国汽车生产、流通和消费各环节的作用程度不同，我国汽车市场的形成过程大体可以分为以下三个阶段：

1. 孕育阶段

从1978年宏观经济体制开始转轨，到1984年城市经济体制改革着手实施，这七年是我国汽车市场的孕育阶段。从汽车产品的流通看，这一阶段开始从严格的计划控制，到出现局部松动，但仍具有较浓厚的计划经济色彩。

2. 诞生阶段

1985年以后，市场机制在汽车产品流通中的作用日益扩大，并逐步替代了传统的计划流通体制，汽车流通的双轨制向以市场为主的单轨制靠拢，市场机制开始成为汽车产品流通的主要机制。这一阶段的特点是正面触及旧体制的根基即计划分配体制，大幅度缩小指令性计划，大面积、深层次地引入市场机制，为形成汽车市场创造了条件。

3. 市场主体多元化成长阶段

随着改革开放的不断深入和社会主义市场经济体制的建立与不断完善，汽车产品流通体制进入了突破性发展阶段，双轨制运行的汽车营销体制亦逐步向以市场为主的运行体制转变，市场机制开始成为汽车产品流通的主要运行机制。各种灵活多样的汽车营销形式纷纷出现。在一些城市，出现了汽车超级市场、露天市场、自选市场、4S汽车专卖店、汽车交易市场、汽车贸易城等。汽车生产企业也采取以销定产、按订单组织生产或实行产品外包销售等几种形式。消费者购车，可以货比三家，双方议价、权衡利弊、自由选购。政府部门购车，也实行公开招标方式，由政府采购中心组织实施，购车部门拟好标书，公开

发布，投标、开标、评标、定标按规定程序公平、公开、公正进行。经营主体多元化的汽车营销体制已逐渐形成。

第四节 营销要素与组合

一、营销要素

营销要素是企业为了满足顾客的需求、促进市场交易而运用的市场营销手段。这些要素多种多样，而且随着社会营销形势的发展而发展。

1. 以满足市场需求为目标的理论：短缺经济时代的“4P”理论

美国营销学学者麦卡锡（Jerome McCarthy）教授在20世纪60年代将各种营销要素归结为四大类，即产品（product）、价格（price）、渠道（place）和促销（promotion）。这几个词的英文字头都是P，故称为“4P”。

市场营销4P理论中四个可控制的基本变量如下：

产品指企业提供给目标市场的货物和劳务的组合，包括产品质量、外观、买卖权、式样、品牌名称、包装、尺码或型号、服务、保证等。

价格指顾客购买商品时的价格，包括价目表所列的价格、折扣、让价、支付期限、信用条件等。

渠道指企业使其产品可进入和到达目标市场所进行的种种活动，包括渠道选择、仓储运输等。

促销指企业宣传介绍其产品的优点和说服目标顾客购买其产品所进行的种种活动，包括广告、人员推销、营业推广、公共关系。

4P理论是营销学的基本理论，许多市场营销学都是以这四个要素为基础展开的。

2. 以追求顾客满意为目标的理论：饱和经济时代的“4C”理论

“4C”理论是由美国营销学专家劳特朋教授在1990年提出的，它以消费者需求为导向，设定了市场营销组合的四个基本要素：即消费者（consumer）、成本（cost）、便利（con-venience）和沟通（communication）。它强调企业首先应该把追求顾客满意放在第一位，其次是努力降低顾客的购买成本，然后要充分注意到顾客购买过程中的便利性，它重视顾客导向，以追求顾客满意为目标。

市场营销“4C”理论中的四个变量如下：

消费者主要指顾客的需求。企业必须首先了解和研究顾客，根据顾客的需求提供产品。同时，企业提供的不仅仅是产品和服务，更重要的是由此产生的客户价值。

成本不只是企业的生产成本，或者说是“4P”中的价格，它还包括顾客的购买成本，同时也意味着产品定价的理想情况，应该是既低于顾客的心理价格，也能够让企业有所赢利。此外，这中间的顾客购买成本不仅包括其货币支出，还包括其为此耗费的时间、体力和精力消耗以及购买风险。

便利是指为顾客提供最大的购物和使用方便。"4C"理论强调企业在制定分销策略时，要更多地考虑顾客的方便，而不是企业自己方便。要通过好的售前、售中和售后服务，让顾客在购物的同时，也享受到了便利。便利是客户价值不可或缺的一部分。

沟通即被用以取代"4P"中对应的促销。"4C"理论认为，企业应通过同顾客进行积极有效的双向沟通，建立基于共同利益的新型企业和顾客关系。这不再是企业单向的促销和劝导顾客，而是在双方的沟通中找到能同时实现各自目标的通途。

3. 以提高顾客忠诚度为目标的"4R"理论

21世纪伊始，《营销》的作者艾略特·文登伯格提出"4R"营销理论。"4R"即Relationship（关系）、Reaction（反应）、Relevancy（关联）、Retribution（回报），"4R"理论以关系营销为核心，重在提高顾客忠诚度。它阐述了四个全新的营销要素：

（1）与顾客建立关联

在竞争性市场中，顾客具有动态性。顾客忠诚度是变化的，他们会转移到其他企业。要提高顾客的忠诚度，赢得长期而稳定的市场，重要的营销策略是通过某些有效的方式，在业务、需求等方面与顾客建立关联，形成一种互助、互求、互需的关系。

（2）提高市场反应速度

在今天相互影响的市场中，对经营者来说最现实的问题不在于如何控制、制订和实施计划，而在于如何站在顾客的角度及时地倾听顾客的希望和需求，并及时答复和迅速做出反应，满足顾客的需求。

（3）关系营销越来越重要

在企业与客户的关系发生了本质性变化的市场环境中，抢占市场的关键已转变为与顾客建立长期而稳固的关系，从交易变成责任，从顾客变成用户，从管理营销组合变成管理和顾客的互动关系。

沟通是建立关系的重要手段。从经典的AIDA模型"注意—兴趣—渴望—行动"来看，营销沟通基本上可完成前三个步骤，而且平均每次和顾客接触的花费都很低。

（4）回报是营销的源泉

对企业来说，市场营销的真正价值在于其为企业带来短期或长期的收入和利润的能力。

二、营销要素详解

企业所面临的市场就是一个不断变化的环境，而且其变得越来越成熟。今天的市场与上个世纪相比有很大的不同，无论是竞争格局，还是消费者的思想和行为，都发生了很大的变化。而随着环境的变化，营销理念也发生了几次变化，正如上文所述，出现了三种经典的营销理念，即以满足市场需求为目标的"4P"理论，以追求顾客满意为目标的"4C"理论，以提高顾客忠诚度为目标的"4R"理论。下面对三种营销理论的优势与不足进行分析。

1. “4P”理论

“4P”理论主要是从供方出发来研究市场的需求及变化，如何在竞争中取胜。“4P”理论重视产品导向而非消费者导向，以满足市场需求为目标。“4P”理论是现代营销学的基础理论，它可以将复杂的市场营销活动简单化、抽象化、体系化。“4P”理论在营销实践中得到了广泛的应用，至今仍然是人们思考营销问题的基本模式。

市场的核心是交换，从营销的角度来说产品是一切营销行为的开始。没有产品，一切都将无从谈起。“4P”理论以产定销理念至今在现代社会的众多经营活动中适用，比如专利技术产品、垄断技术产品等的经营。“4P”营销活动的适用与否关键在于有没有找到生产出消费者需求旺盛的好产品。

随着环境条件的变化，“4P”这一理论逐渐显示出其弊端：一是营销活动着重企业内部，对营销过程中的外部不可控变量考虑较少，难以适应市场变化；二是随着产品、价格和促销手段在企业之间相互模仿，在实际运用中很难起到出奇制胜的作用。

2. “4C”理论

它以消费者需求为导向，这实际上是当今消费者在营销中越来越居主动地位的市场对企业的必然要求。这一营销理念也深刻地反映在企业营销活动中，在“4C”理论的指导下，越来越多的企业更加关注市场和消费者，与顾客建立一种更为密切和动态的关系。这种理论能尽快适应市场。

简单地说，“4C”理论就是以销定产。比如，家电行业中，“价格为王”和“成本为师”，这是业内的共识。以前都是生产厂家掌握定价权，企业的定价权完全是从企业的利润率出发，没有真正从消费者的“成本观”出发，这就是为什么高端彩电普及不快的原因。而现在消费者考虑价格的前提就是自己“花多少钱买这个产品才值”。于是有些在各地设有连锁店的商家便研究消费者的购物“成本”，以此来要求厂家“定价”。这种按照消费者的“成本观”来对厂商制定价格提出要求的做法就是对追求顾客满意的“4C”理论的实践。

“4C”营销理论注重以消费者需求为导向，同与市场需求为导向的“4P”相比，“4C”有了很大的进步和发展。但从企业的营销实践和市场发展的趋势看，“4C”依然存在以下不足：

一是“4C”理论不能形成营销个性或营销特色，不能形成营销优势，难以保证企业拥有顾客份额的稳定性、积累性和发展性。

二是“4C”理论以顾客需求为导向，但顾客需求有个合理性问题。顾客总是希望商品质量好而又价格低，特别是在价格上的要求往往是无限度的。只看到满足顾客需求的一面，企业必然要付出更大的成本，久而久之，会影响企业的发展。

三是“4C”理论被动适应顾客需求的色彩较浓。

3. “4R”理论

“4R”理论不仅仅停留在满足市场需求和追求顾客满意方面，而是以提高顾客忠诚度为最高目标，对“4P”和“4C”理论进行进一步的发展与补充。

“4R”营销理论的最大特点是以竞争为导向，在新的层次上概括了营销的新框架。该理论根据市场不断成熟和竞争日趋激烈的形势，着眼于企业与顾客互动与双赢，不仅积极地适应顾客的需求，而且主动地创造需求，通过关联、关系、反应等形式与客户形成独特的关系，把企业与客户联系在一起，形成竞争优势。

如今建立稳定的顾客关系和提高顾客忠诚度的重要性已经为许多企业所认识。美国《哈佛商业评论》杂志的一份研究报告指出，重复购买的顾客可以为公司带来25%～85%的利润，固定客户数每增长5%，企业利润则增加25%。

建立顾客关系的方式有多种多样，如香港汇丰银行、花旗银行通过其信用证与航空公司开发了“里程项目”计划，按累计的飞行里程达到一定标准之后，共同奖励那些经常乘坐飞机的顾客；再如现在的许多商家向顾客返还代金券、记购物分等。

总之，营销是一个动态过程，“4P”、“4C”、“4R”理论的演变是后者在前者基础上进行的创新和发展，所以不能把三者割裂开来甚至对立起来。营销人员要根据企业的实际，把三者结合起来作为企业的营销模式，扬长避短，指导营销实践。

三、营销组合

在市场营销活动中，企业为了满足顾客的需求，促进市场交易，在市场上获得成功，达到预期的经营目标，仅仅运用一种营销手段而不用其他营销手段与之相配合，是难以获得成功的。因此，企业必须综合利用产品、价格、渠道、促销等可控因素，并将这些因素进行整体组合，使其相互配合，整体地发挥最好作用。

市场营销组合的特点如下：

1. 可控性

企业根据目标市场的需要，可以决定自己的产品结构，确定产品价格，选择分销渠道和促销方法等，对这些市场营销手段的运用和搭配，企业有自主权，能够形成企业的市场营销战略。

2. 动态性

市场营销组合不是固定不变的静态组合，而是变化无穷的动态组合。市场是变化的，营销战略也应该随之变化，并且组成特定市场营销组合的手段和因素。对于市场营销组合，企业应该根据内部条件、外部环境的变化，能动地做出相应的反应。

3. 复合性

四个“P”之中又各自包含若干细分的子因素，形成各个“P”的亚组合，因此，市场营销组合是至少包括两个层次的复合结构。

4. 整体性

市场营销组合的各种手段及组成因素，不是简单相加，而应成为一个有机的整体，求得大于局部功能之和的整体效应。

第五节　汽车营销学的研究对象与研究方法

研究汽车营销学的根本意义在于为我国的汽车工业企业服务，为企业分析研究国内外汽车市场及各种营销竞争的策略提供理论和方法指导，甚至直接协助国内汽车企业制定克敌制胜的方略，帮助中国汽车企业迎接新的国际挑战，促进国内汽车工业的发展，进而促进我国的经济增长。

一、汽车营销研究的对象

汽车营销学研究的对象主要有以下几个方面：

1. 汽车营销概述

讨论市场与市场营销内涵以及汽车市场营销观念的变化；总结并介绍我国汽车工业及汽车市场的形成与发展。

2. 汽车营销市场环境分析与汽车市场调研

影响汽车营销的环境分为宏观环境与微观环境，前者是指那些对于汽车企业来说不可控制的外在因素，包括政治和法律环境、经济与市场环境、社会与人口环境、文化和科技环境等；后者是指那些汽车企业可以控制的内在的因素，如企业的经济实力和经营能力等。

企业通过对汽车市场的调查，掌握市场容量、消费需求特点、顾客购买行为特征，以及市场竞争程度，寻找营销机会。

3. 汽车营销战略

讨论汽车市场的细分化，确定汽车企业的目标市场，从而探索汽车企业市场定位的方法，以及进行汽车企业市场营销的战略确定与策略选择。

4. 汽车市场营销策略

汽车市场营销策略包括汽车产品策略、汽车定价策略、汽车渠道策略、汽车促销策略和汽车服务策略。

二、汽车营销研究的方法

汽车营销学的研究方法很多，主要有以下三种：

1. 产品研究法

这是一种传统研究方法，它针对具体产品（商品）进行研究，显然这是汽车营销学的主要研究方法和手段之一。

2. 职能研究法

研究市场营销的各个职能以及在履行这些职能中所遇到的问题及解决方法。

3. 决策法

这种方法从管理决策的角度研究市场营销问题。其研究框架是，将企业营销决策分为目标市场和营销组合两大部分，研究企业如何根据其营销环境的要求，结合自身资源条件（可控因素），进行合理的目标市场决策和营销组合决策。它广泛采用了现代决策论的相关理论，将市场营销决策与管理问题具体化、科学化，对营销学科的发展和企业营销管理水平的提高将起到重要作用。这种方法也是汽车营销研究的主要方法之一。

【案例分析】

案例一：福特和“T”型车

在世界汽车工业的发展史上，亨利·福特（Henny Fold，1863—1947）是一位叱咤风云的大人物，他对人类的贡献不仅在于他发明的汽车生产流水线使得寻常百姓买得起汽车，而且在于他的生产实践推动了人们对生产方式和管理科学的研究，使管理从经验走上了科学。然而就是这样一位在历史上抹不去的世界级人物也只能辉煌一时，未能辉煌一世。福特和他的汽车王国先后到底发生了一些什么呢？

美国汽车大王福特曾先后于1899年、1901年与别人合伙经营汽车公司，但均因产品（高价赛车）不适合市场需要，无法销售而失败。

福特汽车公司创办于1903年，第一批福特汽车因实用、优质和价格合理，生意一开始就非常兴隆。1906年福特却面向富有阶层推出豪华汽车，结果大众都买不起，福特车的销售量直线下降。1907年福特总结了过去的经验教训，及时调整了经营指导思想和经营战略，实行“薄利多销”的策略，于是生意又魔术般回升。当时，美国经济衰退已露头角，许多企业纷纷倒闭，唯独福特汽车公司生意兴隆，赢利125万美元。到1908年初，福特汽车公司按照当时大众（尤其是农场主）的需要，作出了明智的战略性决策：从此致力于生产规格统一、品种单一、价格低廉、大众需要而且买得起的“T型车”，并且在实行产品标准化的基础上组织大规模生产。此后十余年，由于福特车适销对路，销售迅速增加，产品供不应求，福特在商业上获得了巨大成功。汽车产销量最高一年达11万辆，到1925年10月30日福特汽车公司一天就能造出9109辆“T型车”，平均每10秒钟生产一辆。在20世纪20年代前期的几年中，福特汽车公司的纯收入竟高达5亿美元，成为当时世界上最大的汽车公司。

到20世纪20年代中期，随着美国经济的增长和人们收入、生活水平的提高，形势又发生了变化：公路四通八达，路面大大改善，马车时代坎坷、泥泞的路面已经消失；消费者也开始追求时髦。可是，简陋而千篇一律的“T型车”虽价廉，但已不能招徕顾客，因此福特公司的“T型车”销量开始下降。

面对现实，福特仍自以为是，一意孤行，坚持其生产观念，置顾客需要的变化于不顾，诚如他宣称的那样：“无论你需要什么颜色的汽车，我福特只有黑色的（卖给你）。”1922年，他在公司推销员全国年会上听到关于“T型车”需要根本改进的呼吁后，静坐了两个小时，然后说：“先生们，根据我看，福特车的唯一缺点是我们生产得还不够快。”就在福特固守他那种陈旧观念和廉价战略的时候，通用汽车公司（GM）却时时刻刻注视着市场的动向，并发现了良机，意识到有机可乘，及时地作出了适当的战略性决策：适应市场需要，坚持不断创新，增加一些新的颜色和式样的汽车（即使因此须相应提高销售价格）上市。于是“雪佛兰”车开始排挤“T型车”。1926年“T型车”销量陡降。到1927年5月，福特汽车公司不得不停止生产“T型车”，改产“A型车”。这次改产，福特公司不仅耗资1亿美元，而且这期间通用汽车公司乘虚而入，占领了福特车市场的大量份额，致使福特汽车公司的生意陷入低谷。后来，福特公司虽力挽狂澜，走出了困境，但从此失去了车坛霸主地位，永远让通用汽车公司占据了车坛首席宝座。

老福特没有认识到，在动态市场上，顾客的需要是不断变化的，正确的经营指导思想是正确经营战略和企业兴旺发展的关键。如果经营观念正确，战略得当，即使具体计划执行得不好，经营管理不善，效率不高，也许尚能赢利；反之，如果经营指导思想失误，具体计划执行得越好，就输钱越多，甚至破产倒闭。

从老福特的身上，可以看到任何一个企业家，纵然他曾是多么耀眼的明星，如果他不能高瞻远瞩，洞察事物发展的客观规律，及时形成一些新的理念，并在实践中自觉应用之，制定正确的发展战略，那么，他终将难免失误，失去明星的风采。但对于身处汽车生产实践之中的企业家来说，要做到这些，远不是像我们如今在别人实践经验基础上进行理论总结那么容易，它要求企业家必须坚持理论学习，善于总结实践经验和具有过人的智慧。

案例二：按客户实际使用要求进行独特设计赢得订单

吉林省某县级市开往吉林市的班车已到年限，需要更换6辆8米多长的客车。厂家听到这个消息后纷纷带车前去，以致一段时间内，购车公司院内如汽车市场般热闹。公司并不拒绝这些厂家，因为他们想买到价格便宜又适合实际需要的好车。该市通往吉林市的公路有100 km，尽管都是铺装路面（即沥青路），但是有大山，都是较长的上下坡，平地基本没有，转弯不是很多。客车厂一般是不造底盘的，所以车的同质度非常高；底盘上很难找出不同点，几乎都是相同的几种发动机、相同的几种变速器、相同的几种前后桥。主要的客车厂家均在南方，如厦门的两家金龙、苏州的金龙、扬州的亚星、郑州的宇通、合肥的现代、桂林的大宇等。某公司的业务经理是汽车专业出身，为了实现这次销售，他听到信息后就提前带车去路上试跑，当看到驾驶员频繁换挡时，他就知道该车的传动比不符合当地需要，因为该车的动力足够。随后他立即通知公司把后桥的传动比加大（通常加大变速器的传动比即可，但是工作量大，不如加大后桥传动比容易）。一般厂家生产的同一种后桥有多种传动比可供选择，通知配套的后桥厂就能做到，具体后桥传动比改动多大要经过详细的研究和试验。在平坦的路上该厂的汽车能行驶到140 km/h，是考虑了全国道路的一般性情况而设计的；调整后该车最高时速降低到120 km/h，因为在坡多的公路上，140 km/h毫无意义。在招标会上，该厂前去投标的经理陈述了改动目的，并要求在投票决策前上路试车。果然，该车由于良好的动力匹配性能，赢得了前来招标的各级领导和司机的称赞，同时，他们也对该车考虑完善的设计表示赞同。最终，该公司一举拿下6辆车的合同，为打开吉林市周边市场起到了良好的广告带动作用。

由上例可看出专业知识的重要性，特别是在客车、专用汽车生产领域，经常需要根据客户的实际要求改动某些设计。如果没有一定的汽车专业知识，就不能发现自己产品的问题和客户实际使用的不同条件，也不能提供最合适的产品来满足客户实际使用的需要。如果客户因为不懂专业知识而要求购买不适合其使用的车辆，一定要加以说明，并尽量告之适合其使用的车辆。这样，客户在成交后的使用中，将能真正感觉到你在为他服务。从上述案例中可以看出，如果销售人员单纯地背下几个数据，不对汽车和市场有较深入的研究，是很难得到此合同的，这就是“知彼知己，百战不殆”。

上述这个典型的营销案例说明：在激烈竞争的市场中，只有把客户的要求和自己的实际情况结合起来，按照客户的实际使用需要开发产品，才是夺取胜利的基本保证。而国内部分企业习惯于打价格战，其结果往往适得其反；调整价格不是唯一的手段，深入研究广大客户的需求才是胜利的法宝。

思考题

1-1 什么是市场和市场营销？

1-2 试述市场营销观念的演变和发展过程。

1-3 什么是市场要素和市场营销组合？

1-4 试述汽车市场营销研究的对象和方法。

第二章　汽车市场营销战略规划

学习目标：了解企业战略及战略规划的含义和内容；了解如何根据企业的市场竞争角色去选择合适的营销战略；了解如何规划并编制营销计划；熟悉营销策划常用的方法和技巧，并掌握如何编写营销策划书。

企业要在现代动态的市场环境中生存和发展，就必须积极、主动地适应不断变化的市场，制定与市场走势和企业能力相适应的战略规划，进行市场营销管理。战略规划过程是企业面对激烈变化、严峻挑战的环境及市场，为长期生存和发展而进行的计划和思考，为市场营销管理过程勾画出基本的活动框架，是市场营销管理的指导方针。通过本章学习，了解什么是企业战略，能够简单解读企业战略的基本内涵，并了解其特点；理解什么是企业的营销战略，其特点是什么；掌握如何分析营销策略和制订营销计划。

第一节　汽车企业营销战略分析

企业要想有大发展，必须正确地预测市场中长期的发展变化，制定与市场走势和企业能力相适应的战略规划，并根据实际情况灵活地付诸实施，直至管理好具体的营销活动。这才是企业获得长远发展的要领，是企业的经营大计。

一、企业战略

目前，人们对企业战略的理解见仁见智，不尽一致。一般认为，企业战略是指企业在现代市场经营观念的指导下，为实现企业经营目标，对企业发展进行的总体设想和规划。其目的是使企业的规模结构、资源特长和经营目标在可以接受的风险限度内，与市场环境所提供的各种机会保持动态平衡，求得企业持续、稳定、高效的发展。

企业战略因涉及的层面和范围不同，一般来讲，大中型汽车企业的战略可以划分为三个重要的层次：总体战略、营销战略和职能战略。

1. 总体战略

总体战略是有关企业全局发展的、长期的、整体性的、带有挑战性的战略，在企业战略中属层次最高的战略，主要回答企业应该在哪些领域里进行活动。从企业的经营范围选择、经营发展方向到企业各经营单位之间的协调，从有形资源的配置和充分利用到整个企业价值观念、文化环境的建立，都是总体战略的重要内容。总体战略的制定者与推行者主要是企业的高层管理人员。

2. 营销战略

营销战略是指企业确定的在将来的某一个时期希望达到的经营活动目标，以及为了实现这一目标而预先制定的行动方案，它是当今企业在市场竞争中最广泛关注的一项创意性营销活动。营销战略是企业战略管理的一个重要组成部分，是企业的灵魂。科学、严谨和切实可行的营销战略对于企业的生存和发展具有重要意义。

第一，营销战略有利于企业明确自己的发展方向，从全局出发考虑问题，充分地全面利用各种资源，减少企业活动的盲目性。营销战略策划使汽车企业的各个部门、各个营销环节按照统一的目标运行，为企业实现整个营销战略活动做好相应的保障。

第二，营销战略可以促使企业决策者创造良好的管理环境，加强企业人员的沟通、协调和配合，为企业树立良好形象、实现经营目标创造必要的条件。

第三，营销战略有利于企业主动适应不断变化的营销环境，按照既定的目标稳步前进。

3. 职能战略

职能战略是企业内主要职能部门的短期战略计划。其期限一般在一年左右，以便职能部门管理人员把注意力集中在当前需要进行的工作上，并及时根据已变化的条件做出相应调整。职能部门的战略在总体战略所提出的战略方针指导下，进一步明确各职能部门在实施企业总体战略中的责任和要求，为负责完成年度目标的管理人员提供具体的指导，使他们知道如何有效运用研究开发、营销、生产、财务、人力资源等各方面的经营职能，实现年度目标。协同作用（单个职能中各项活动的协调和联合）、资源配置是职能部门战略的关键要素。职能部门战略的制定者主要是各职能部门的管理人员。

二、汽车企业营销战略的概念

要使汽车企业在激烈的市场竞争中能获得长远的发展，必须正确地预测汽车市场中长期的发展变化，制定与汽车市场走势和汽车企业能力相适应的汽车市场营销战略，并组织实施和管理控制，使规划的战略目标得以实现。

1. 营销战略的基本概念

营销战略是企业市场营销部门根据战略规划，在综合考虑外部市场机会及内部资源状况等因素的基础上，确定营销的战略任务、战略目标（市场、发展、利益、贡献）、战略重点、战略步骤等，对市场进行合理细分，选择相应的市场营销策略组合，并予以有效实施和控制的过程。

市场营销战略计划的制订是一个互动作用的过程，也是一个创造和反复的过程。在企业战略管理学科体系中，营销战略通常被界定为一种职能战略，也应该被认为是企业战略的核心或主体，因为营销的使命是与企业使命最为一致并最能体现企业存在的价值的。营销战略同时是与企业战略、市场营销相交叉的相对独立的一门学科。

2. 营销战略的特点

（1）规划营销战略的目的

一是提高服务质量。即如何通过服务质量管理，来提高服务质量，增强汽车企业的核心竞争能力。

二是满足顾客需求。即如何通过价值链管理和顾客关系管理，来提高顾客让渡价值，实现使顾客满意的目标。

三是战胜竞争对手。即如何分析竞争环境和竞争对手，来确立汽车企业的市场竞争地位和基本竞争战略。

（2）汽车市场营销战略的特征

一般来讲，汽车市场营销战略是在汽车企业运营总战略内的子战略，它携带着总战略的思想与内涵，同时，汽车产品的特性使得它具有与其他企业相同和不同的特点。汽车市场营销战略具有以下几个特征：

① 系统性

汽车市场营销战略应该包括战略任务、战略目标、战略重点、战术措施等要素，同时应该确定其相互关联性。营销战略实施过程中，要通过要素间的关联关系，来体现营销战略的完整性、系统性。其中战略任务要体现企业文化的内涵，它是指导战略制定和实施的基本思想，是营销战略的灵魂，是确定营销战略的纲领。营销战略目标是指汽车企业在营销战略思想指导下、在营销战略时期内汽车企业全部市场营销活动所要达到的总体要求。战略重点要体现本企业汽车产品的特色，围绕营销战略目标的实现，通过对汽车企业内部和外部、主观和客观条件的分析，找出各阶段影响市场营销的重要问题，把它作为营销战略的重点。战术措施要体现营销谋略的创新性、应变性，以及能够实现营销战略目标所采取的各种措施。

② 全局性

汽车市场营销战略的全局性包括两层含义：一是指汽车企业对市场营销策略进行整体规划；二是指汽车企业在市场营销中制定事关汽车企业全局发展的关键性策略。

③ 长远性

汽车市场营销战略的长远性是指战略着眼于未来，要指导和影响未来较长时期内的营销活动，是对未来营销工作的通盘筹划。因此，要立足当前，放眼未来，协调好近期和长远的关系。

④ 可行性

按照汽车企业的现有资源条件，在充分发挥企业潜力的前提下，通过员工的共同努力，能够落实企业制定的营销策略。

3. 汽车市场营销战略的类型与内容

汽车市场营销战略的类型很多，分类方法不同，名称也不同。

按“4P”要素分，它包含产品策略、价格策略、营销渠道策略、促销策略等。

根据其战略任务，又可分为以下几种类型：

（1）汽车市场服务战略

汽车市场服务战略是指自汽车进入流通、销售、购买、使用、报废、回收等各个环节中，汽车企业为汽车消费者提供一系列服务营销的策略。

1）汽车服务的含义

汽车服务提供的基本上是一种活动，活动的结果可能是无形的，这种活动有时也与有形的汽车产品联系在一起，对汽车产品的服务不涉及所有权的转移。例如，提供了汽车维修服务，并不产生汽车所有权的改变，汽车服务对需求者的重要性，并不亚于汽车产品本身；而汽车发生故障后，对维修服务的需求就显得尤为重要。

2）汽车服务的特征

汽车服务的特征对规划汽车服务战略的影响较大。汽车服务特征主要有以下几点：

① 无形性，也称不可触摸性。顾客在购买汽车服务之前，一般不能看到或感觉到汽车服务。

② 同步性，也称同一性。汽车服务过程与汽车消费过程是同步进行的，两个过程是不可分离的。

③ 差异性，也称异质性。汽车服务人员的文化、修养、能力与专业水平存在差异，不同服务人员的服务质量很难达到完全相同。

④ 即时性，也称不可储存性。汽车服务与汽车消费的同步性及其无形性，决定了汽车服务不能进行储存和退换。

3）汽车服务质量的管理

汽车服务企业可以从以下几个方面进行汽车服务质量管理：

① 保证承诺的兑现管理。明确和暗示的汽车服务承诺（如广告、人员推销、服务条款、服务价格等），是汽车服务企业可以进行控制和直接管理的。

② 强化服务质量管理。提高汽车服务的质量，既能带来较高的现有顾客保持率，增加顾客赞誉，又可以减轻招揽新顾客的压力，以及减少再次汽车服务的开支。

③ 经常性沟通的管理。汽车服务企业通过主动沟通以及顾客发起的沟通，积极传达汽车企业优质服务的经营理念。

（2）顾客满意战略

顾客满意战略是指汽车企业通过产业价值链管理，来提升顾客满意水平的一系列市场营销的策略。

1）市场占有率战略

汽车市场占有率是指汽车企业销售量在汽车行业内销售量中所占的比例，一般用百分

比表示。市场占有率是反映企业竞争状况的重要指标，也是衡量企业营销状况的综合经济指标。

市场占有率战略的目的是通过确定市场占有率的高低，了解对经营业绩产生影响的因素，即要寻找出在竞争环境中，经营单位采取的经营战略会产出怎样的经济效果。通常而言，市场占有率高，表明企业营销状况好，竞争能力强，在市场上占有有利地位；反之，则表明企业营销状态差，竞争能力弱，在市场上处于不利地位。具体来说，它应包含以下内容：在市场占有率战略的框架下，以市场占有率为前提，考虑特定产品的市场、竞争地位、技术、成本等因素；确定什么样的利润水平算是正常的和可以接受的；哪些战略因素能够解释各经营单位之间经营业绩的差别；一些战略性变化如何影响投资收益率和现金流量；为了改进经营单位的绩效，应进行怎样的战略性变化以及在什么方向上做出这些变化；分析产品绝对市场占有率、相对市场占有率、市场增长率三者之间的关系并确定产品类型。

2）顾客满意（CS）战略

顾客满意战略的基本指导思想：企业的整个经营活动要以顾客满意度为指针，要从顾客的角度、用顾客的观点而不是从企业自身的利益和用企业观点来分析、考虑顾客的需求，尽可能全面尊重和维护顾客的利益。“顾客”不仅指企业产品销售和服务的对象，而且指企业整个经营活动中不可缺少的合作伙伴。具体来说，顾客满意战略应包含以下内容：

① 站在顾客的立场上研究和设计产品。尽可能地把顾客的“不满意”从产品本身去除，并顺应顾客的需求趋势，预先在产品本身上创造出顾客的满意。

② 完善服务系统，提高服务速度、质量；建立与顾客为中心相应的机构组织；对顾客的需求和意见具有快速反应机制；形成创新组织的文化氛围；等等。

③ 重视顾客的意见。

④ 千万百计留住老顾客，他们是最好的“推销员”。

⑤ 分级授权，这是及时实施顾客满意战略的重要一环。如果执行工作的人员没有充分的处理决定权，什么问题都须等待上级命令，那么顾客的满意是无法保证的。

3）顾客满意战略的注意事项

① 顾客满意战略，是将顾客满意作为方法和手段，为实现自己的利益而进行策划的战略。

② 顾客满意的竞争战略，其建立的前提之一是企业产品的无差别化，当企业之间在产品上几乎无差别时，通过顾客满意战略提供给顾客舒适、便利、愉快等满足感和充实感；当企业之间在产品上存在差别时，企业应该在强调产品差异的同时，运用顾客满意战略的积极因素，顾客满意了企业产品就能扩大销路，企业才能更多地获利。

4）顾客满意的考量

顾客满意程度可以用顾客让渡价值来衡量。

（3）汽车市场竞争战略

汽车市场竞争战略是指汽车企业通过市场竞争环境、竞争对手以及企业自身市场竞争地位分析后，确定汽车企业在市场竞争中的策略。

1）成本最低化战略

成本最低化战略是指汽车企业在行业中以低成本取得领先地位，并按这个目标制定一系列方针政策。在成本最低化战略的指引下，汽车企业必须全力控制成本和费用，减少开发、服务、销售、广告的费用，使得资源利用最大化，赢得成本最低的地位。但是成本最低化战略也有缺点：低成本优势是短暂的；容易被技术优势取代；对于成本过于关注，就会降低对服务质量、服务特色等其他方面的重视程度；这个战略容易被竞争对手模仿。

2）差别化战略

差别化战略的含义是将汽车产品或服务差别化，创造出一种与其竞争对手不同的特点，形成鲜明的对比。一家汽车企业产品或服务的差别化可以指很多方面，比如服务、形象、销售、内部管理等。汽车企业可以采取单一差别化，也可以采取多方面差别化。

3）专一化战略

专一化战略是指把汽车资源集中到某一目标市场上，使汽车产品或服务具有高度差异性的战略。专一化战略能够使汽车资源得到最大限度的利用，能在其特殊的目标市场中获得低成本或差别化优势，能基本上垄断它的目标市场。专一化战略具有以下优点：通过针对性服务，建立牢固的市场地位；高度差异化的产品，使汽车企业与顾客在价格抉择中占主导地位；高度差异化可防止产品或服务在短期内产生替代品。专一化战略也具有以下缺点：风险较大，与总成本最低化战略相比，不具备优势；高度差异化的产品，有可能被差别化战略所抵消。

二、汽车企业营销战略分析

分析汽车企业市场营销战略常用的方法是 SWOT 分析法。

SWOT 分析法又称为态势分析法，它是由美国旧金山大学的管理学教授于 20 世纪 80 年代初提出，是一种能够较客观、准确地分析研究一个单位现实情况的方法。

SWOT 四个英文字母分别代表优势（Strengths）、劣势（Weaknesses）、机会（Opportunities）、威胁（Threats）。该方法主要是通过对营销环境进行全面分析，提出较为全面的营销战略。这种分析方法往往运用于业务部门的营销战略分析。营销环境分为外部营销环境和内部营销环境。其中外部营销环境由竞争、经济、法律、政治、技术以及社会文化力量构成，不断地给市场和企业带来机会和威胁，影响着市场活动；内部营销环境由企业自身的营销、财务、制造和组织能力决定。由于每个企业的资源条件及其自身能力均不相同，在现代企业的竞争环境中，每个企业都存在着相对的优势和劣势，因此，对营销环境的分析就是通过对环境的观察和检测，研究、发现外部环境将带来的机会和威胁，并确定企业自身在竞争环境中的优势与劣势。

1. 环节因素分析

（1）优势与劣势分析（SW）

SW 是组织机构的内部因素：其中包含产品质量、产品价格、制造工艺、设备能力、技术力量、管理水平、销售渠道、规模经济、成本优势、资金储备等因素。分析的目的是确定其是否具有竞争性。例如可以从以下方面进行分析。

① 组织结构及管理方面：领导者的年龄，知识结构，经验、能力与阅历，决策偏好，管理作风，团队精神、团队结构搭配；人力资源的技能水平，学历文化结构，工作态度，敬业精神，人际关系；组织的企业制度与机构设置等。

② 产品方面：产品本体，主要是其性能、品质、寿命周期、成本等；产品研发，主要是研发能力、创新能力、技术储备、信息系统等；产品生产，主要是产能、工艺流程、设备、工厂布局等；产品信誉，主要是品牌、声誉、知名度、公众形象、名人效应、顾客印象等。

③ 营销方面：价格、促销方法、营销渠道、售后服务、市场占有率等。

④ 财务方面：负债率、资金流转、公积金、银行信用、担保等。

⑤ 其他：股东与产权、劳资关系、历史遗留问题、地理区位与周边环境、社会公益等。

(2) 机会与威胁分析（OT）

OT 是组织机构的外部因素，具体包括新产品、新市场、新需求、外国市场壁垒解除、竞争对手失误、新的竞争对手、替代产品增多、市场紧缩、行业政策变化、经济衰退、客户偏好改变、突发事件等。

① 市场：饱和或衰退、市场成长性，细分化、区域结构，流行趋势、竞争状况、消费走向和消费状况，新产品和替代品等。

② 经济政策与法规：经济增长率、产业政策、区域发展政策，体制改革、税制改革、消费政策，关贸影响、进出口状况、人民币币值强弱、汇率变动、国际金融动态、外资进出；立法趋势、法规变动性、消费者保护、质量监督、商品检验等。

③ 社会环境：政治稳定性，社会阶层、利益集团，重大工程、实事工程，科技、文化、体育、旅游、宗教、民俗节目活动，科学技术变革趋势、新技术，专利与技术垄断性，消费新理念等。

④ 生态环境：能源、原料，包装物、废弃物处理，污染排放，资源再生，可持续发展，公害与环保等。

机会与威胁因素的内容很多，样本也不尽相同，企业在制定营销战略时，应该根据自己企业的情况，确定其所处的各种环境因素，分析它们在企业发展中自身存在的积极和消极因素。

SWOT 是一种系统思维方法，其优点在于考虑问题全面，条理清楚，便于检验。

2. 制订行动计划

企业根据资源组合情况，将调查得出的各种因素根据轻重缓急或影响程度等排序方式，确认企业的关键能力和关键限制。企业可以按照通用矩阵或类似的方式打分评价。把识别出的所有优势分成两组。分的时候以两个原则为基础：它们是与行业中潜在的机会有关，还是与潜在的威胁有关；用同样的办法把所有的劣势分成两组，一组与机会有关，另一组与威胁有关；构造 SWOT 矩阵，或者将结果在 SWOT 分析图上定位，或者用 SWOT 分析表，将优势、劣势按机会和威胁分别填入表 2-1。

表 2-1 优势与劣势

内部因素 / 外部因素	优势（strength）	劣势（weakness）
机会（opportunity）	SO 利用	WO 改进
威胁（threat）	ST 监视	WT 消除

在完成环境因素分析和 SWOT 矩阵的构造后，便可以制定出相应的企业战略。制定企业战略的基本思路是：发挥优势因素，克服弱点因素，利用机会因素，化解威胁因素；考虑过去，立足当前，着眼未来。运用系统分析的综合分析方法，将排列与考虑的各种环境因素相互匹配起来加以组合，得出一系列公司未来发展的可选择对策。

应用 SWOT 分析法制定企业战略时的简单规则如下：

其一，进行 SWOT 分析时必须对公司的优势与劣势有客观的认识；

其二，进行 SWOT 分析时必须区分公司的现状与前景；

其三，进行 SWOT 分析时必须考虑全面；

其四，进行 SWOT 分析时必须与竞争对手进行比较，确定是优于还是劣于竞争对手；

其五，保持 SWOT 分析法的简洁化，避免复杂化与过度分析。

四、汽车企业营销战略的确定

汽车企业营销战略的制定有以下几个主要步骤：确定企业任务、确立企业目标、战略业务单位的组合安排及评估、选择适宜的营销战略。

1. 确定企业任务

确定任务或使命是企业战略的基本内容之一。汽车企业任务一般包括两个方面的内容，即企业观念与企业宗旨。企业的观念提出了企业为其经营活动方式所确定的价值观、信念和行为准则；企业宗旨则指明了企业类型以及现在和将来企业活动的方向与范围。

汽车企业的高层管理者在确定任务时要顾及诸多因素，其中必须考虑的主要方面有：企业以往突出的特征和历史背景条件；企业的主业和决策者的意图；企业周边环境的发展变化；企业的资源技术情况，企业的专长及特有的能力。此外还要写出一份正式的任务报告书。

2. 确定企业目标

(1) 明确企业目标的作用

① 企业目标有利于企业获得长期、稳定、协调的发展；

② 企业目标能提供行动指南；

③ 企业目标能建立企业风格，改进企业的公共关系；

④ 企业目标可以用做衡量企业的经济效益。

汽车企业的目标是企业战略决策的出发点，目标不确定就无法制定企业战略。企业目标在很大程度上起着筛选实用的战略规划的作用。

（2）汽车营销战略目标体系

汽车企业任务一旦确定，就要把它具体化为企业各管理层的目标，形成一套完整的目标体系。目标分为短期目标和长期目标。企业目标具体包括产品销售额和销售增长率、产品销售地区、市场占有率（市场份额）、利润和投资收益率、产品质量与成本标准、劳动生产率、产品创新和企业形象等。其中，一定的利润和投资收益率是企业最重要的核心目标。

① 投资收益率

投资收益率是指一定时期内汽车企业所获得的纯利占该企业全部投资的百分比。它是衡量、比较企业利润水平的一项重要指标。投资收益率越高，表明运用单位投资获得的利润越多。

② 市场占有率

市场占有率是指一定时期内本汽车企业某种商品的销售额（或者销售量）在同一市场上同类产品销售总额（总量）中所占的百分比，也叫市场份额。市场占有率与企业获利水平密切相关。其他条件一定，市场占有率越高，销售额就越大，单位产品费用就越低，实现的利润就会越多，投资收益率也会随之相应提高。同时，市场占有率的高低也关系到企业的知名度，影响着企业的形象。因此，努力提高市场占有率，是企业的重要战略目标之一。

③ 销售增长率

销售增长率是指计划期产品销售增长额与基期产品销售额的对比关系，即其他条件一定，产生销售额的增长意味着企业能够实现更多的利润。因此，追求一定的销售增长率也是汽车企业的重要目标之一，尤其在新产品进入市场之后的一个时期内。企业不能单纯追求销售增长率的提高，而应该有选择地实现有利可图产品的销售增长率的提高。

另外，产品创新以及塑造产品与企业的良好形象，也是企业的重要战略目标。实现这些目标，对于提高竞争力、拓展市场、扩大销售、为企业稳定和长远发展都将起到重大作用。

3. 战略业务单位的组合安排及评估

在明确了汽车企业任务及目标的基础上，企业的最高管理层还要对业务（产品）组合进行分析和评价，确定业务（产品）的命运和前途问题，对业务是发展、维持，还是缩减、淘汰进行决策，以便做出相应的投资安排。

（1）划分战略业务单位

汽车企业在明确了营销战略任务，并根据战略任务的规定来确定战略目标以后，就需要对企业现在所经营的业务进行投资分配。之所以需要对现有的经营业务进行投资分配，一是因为在新的战略任务的规定下，原有的某些业务将会被放弃；二是某些企业现在所经营的业务需要在企业现有资源规模的限制下进行调整，或是扩大，或是缩小。企业在一定的时期内，其拥有的资源是有限的，它必须以有限的资源来充分保证重点项目、有良好的市场发展潜力的经营项目以及由战略任务和目标所规定的要优先发展的经营项目的实现，这就不得不削减其他一些经营业务项目所占用的资源。

（2）对战略业务单位进行评估和分析

进行评估和分析可以采用波士顿咨询集团法（Boston Consulting Group，BCG）。波士顿咨询集团法又称为“波士顿矩阵分析法”或“市场增长率/市场占有率法”，是帮助一个公司对目前所有的业务单位进行分类和分析，通过研究其所在的细分市场的吸引力与其在该市场的实力和地位，决定采取不同的战略方法，这是对公司已有业务的分析、取舍和调整的战略研究方法。这种方法常用于对企业战略进行研究。如图 2－1 所示，波士顿矩阵分析法将其所有的战略业务单位进行分类。在纵轴上，市场增长率用来度量市场的吸引力；在横轴上，相对市场份额用来衡量公司在市场中的实力和地位。通过图示的方法对波士顿矩阵进行划分，可以区分出四种类型的战略业务单位。

① 明星业务（star）：明星业务是高增长率、高市场份额的业务或产品。它们经常需要大量的资金投入以支持其快速增长。最终，它们的增长率会减缓，转变成现金牛业务。

② 现金牛业务（cash cow）：现金牛业务是低增长率、高市场份额的业务。这些业已确立的成功的战略业务单位无须多少资金投入就能够维持其市场份额。这样，现金牛业务就产生了大量的现金，供公司支付各种费用并且支持其他需要资金投入的战略业务单位。

③ 问题业务（question mark）：问题业务是在高增长率的市场中占据低市场份额的业务单位。它们需要大量现金来保住或增加其市场份额。管理部门需要周密考虑来确定哪些问题业务应当加以扶持，使之转变为明星业务，而哪些业务应当淘汰、放弃。

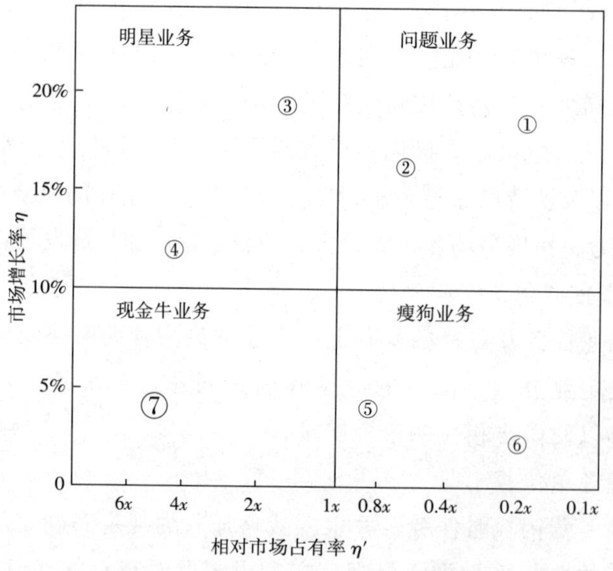

图 2－1　波士顿咨询集团法分析矩阵

④ 瘦狗业务（dog）：瘦狗业务是那些低增长率、低市场份额的业务或产品。它们可能产生足够的现金来满足自身的需要，却不足以成为大量现金的源泉。

如图 2-1 所示，将汽车企业生产或经营的不同汽车系列或相关产品进行分类，七个圆圈代表公司当前的七个战略业务单位，这个公司有两个明星业务、一个现金牛业务、两个问题业务和两个瘦狗业务。圆圈的面积与战略业务单位的销售额成正比。该公司处于不错的状态，虽然还算不上很好。公司希望在有前途的问题业务上投资，使这些业务能够随着市场的成熟转变为现金牛业务。幸运的是，公司有一项规模较大的现金牛业务，其收入保证了公司问题业务、明星业务和瘦狗业务的资金需要。该公司应当对其瘦狗业务和问题业务采取果断行动。如果公司没有明星业务而问题业务又太多，或只有两头羸弱的瘦狗业务，那么公司的状况就糟糕多了。

随着时间的推移，战略业务单位在波士顿矩阵中的位置将发生变化。每个战略业务单位都有生命周期。许多战略业务单位起初是问题业务，如果成功就会转变成明星业务。随后当市场增长率下降时，这些业务就变成现金牛业务，最后慢慢衰亡或者蜕变为瘦狗业务，走向其生命周期的终点。公司需要连续不断地引入新产品和新的战略业务单位，以使其中一些成为明星业务，最终变成为其他战略业务单位提供资金支持的现金牛业务。

五、汽车企业常用的几种营销战略

汽车企业不管是用什么分析工具和方法研究营销战略，均可以从不同的角度提出种种营销战略。从企业是否决定直面市场竞争的角度来看，这些战略可分为通过竞争制胜实现企业营销目标的战略与不通过竞争实现企业营销目标的战略两类。其中竞争制胜的战略可归纳为全面领先战略、集中化战略、差别化战略三种类型。

1. 全面领先战略

这种战略主要是面向市场上所有竞争者，适合于实力雄厚的大企业。例如，通用汽车公司、丰田汽车公司在全球汽车市场上采取的均是全面领先战略。我国的大型汽车企业（集团）也比较适合此战略，以宽系列、全品种发展汽车产品的营销，满足消费者的不同需求。市场全面领先战略是企业生产多种产品，满足各种顾客群体的不同需求，提高顾客对企业的信任度，增加销售，提高企业营销活动的效果。同时，公司可以利用集团采购、规模化生产、独立研发、优势品牌、资金雄厚等手段和优势，致力于生产成本和销售成本的最低化，这样，它就能抵御各方面的竞争对手，赢得较大的市场份额。采取这种战略的公司只有取得了领先地位，才有机会获得较高利润。

2. 集中化战略

这种战略主要是面向几个细分目标市场的竞争者，公司不追求全面市场而是将其力量集中为几个细分市场服务上，直面细分市场的竞争对手，以实力优势取得竞争胜利。集中化市场战略是选择一个或少数几个细分市场作为目标市场，了解市场竞争动态，掌握顾客的反映和需求，以扬长避短；在选中的细分市场中运用成本领先、产品差别化或两者兼有的战略，制定出一套营销方案，进行集中营销，取得企业在特定目标市场上的优势。这种战略目标的集中，有利于专业经营，降低产品成本和营销费用，提高资源利用率和提供高质量的产品与服务，赢得自己的声誉。但也有风险，它不能普遍满足消费者的不同需要，难以适应现代市场的频繁变化，企业缺乏竞争力。此战略适合于实力一般的中小型汽车企业。据研究，日本、韩国的汽车公司大多数采用这种战略进入国际汽车市场，并取得了惊人的成绩。吉利汽车能够成功进入汽车业，也得益于其采取集中力量提供“老百姓买得起的家用轿车”的战略。

3. 差别化战略

这种战略主要是在细分市场内部提供与竞争者不同的产品。奉行此战略的企业通过对整个市场进行评估，找出某些重要的顾客利益区域，集中力量在这些区域完善经营。但它由于难以在各方面全面领先，不能直接以实力和优势与对手竞争，于是选择以服务、质量、款式和技术等为突破口，努力在这些方面成为领先者，企业应培育发展那些在某些效益范围内会产生差别经营利益的优势。例加，追求质量优势的汽车企业必须制造或购买最好的配件，进行精心安装、仔细检查等，这样将有助于消费者对其某一方面的突出表现达到深刻印象，或者企业集中资源提供满足某部分特定目标人群的需求。

企业在制定营销战略时，必须考虑到企业的实力、产品的差异性及所处生命周期阶段、市场的差异和规模、竞争对手的营销战略等因素以及对目标市场营销战略制定的影响，以自身的优势制定营销战略。

除了以上竞争制胜的战略以外，对于一些小的汽车企业或者大企业的新业务部门来说，由于不具备较强的实力，往往不可能去与别的大企业直接竞争，而小企业之间又不构成竞争，那么就可以采取跟随战略（贴身战略）或者补缺战略等其他战略。

（1）跟随战略

企业选择与自己生产的产品或经营的品牌非常类似甚至相同的大型汽车企业作为跟随目标，对其进行效仿，无须承担创新费用，发挥自身管理成本较低、运作费用较低、灵活机动的特点，同步采取与被跟随企业类似甚至相同的营销战略。这种战略经常被小汽车经销商采用，小经销商们与同牌的大经销商采取贴身开店、略低的价格、相同的活动等手段来获得生存和发展。但采取这种战略的小企业必须注意不被引起竞争性报复，同时不能触犯相关的法规（如知识产权方面）。其实，有的大企业也会采取跟随行业领先者的策略。优秀的跟随者不仅仅是简单的跟随，同时也致力于提高产品或服务质量，突出自己的特色，从而赢得部分客户。

（2）补缺战略

这种战略避免了小企业与大企业的直接竞争，将战略目标确定为小市场或大企业不感兴趣的市场。该战略的风险主要是新市场开发成本较大，同时又可能会被大企业看中而遭到攻击，成为大企业的超级细分市场。

由于营销环境变化很快，原有的目标、政策、市场竞争结构及状态均会发生变化，原有的战略可能会不合适，因此，在制定营销战略以后，也要不断对执行情况进行评估，有必要时需及时调整战略。

第二节　汽车企业市场营销计划

一、汽车企业市场营销计划的编制

市场营销计划是企业整体战略规划在营销领域的具体化，它是在营销调研和分析研究的基础上制订的，通常按年度编制。目前，我国许多汽车企业汽车产品系列宽、品牌多、市场广，这些企业的营销计划一般按产品系列、品牌系列或市场系列分别进行编制。

市场营销计划还是企业其他工作计划的起点，其制订得科学与否对于企业的经营有着极为重要的影响。市场营销计划通常是以自然年度来编制的，并且是针对产品、产品系列或市场进行的，因此，制订营销计划是营销人员的一项很重要的工作，对工作的协调和效率的提高是很有益的。

1. 市场营销计划的编制内容

市场营销计划的内容一般由下列八个主要内容构成，如图 2－2 所示。

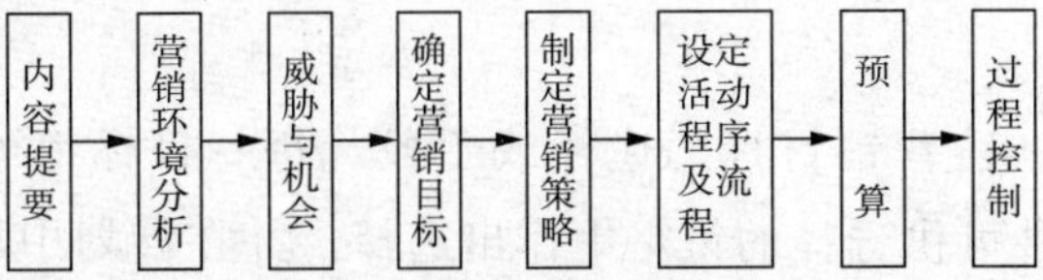

图 2－2　市场营销计划的内容

（1）内容提要

制订营销计划时，应明确解释计划的主要内容，即对市场营销计划的要点、目标、策略作简要的概括，使高层主管很快掌握计划的核心内容。例如，某企业年度营销计划的概要可以这样表述：本年度要使某产品系列的销售额和利润额比去年有较大幅度的增长，前者要达到 8 000 万元，增幅为 20%；后者要达到 700 万元，增幅为 15%。这个增幅可通过增加广告预算 20%以及开发新的地区市场并投入 50 万元达到……内容提要的目的在于让高层主管很快掌握计划的核心内容。

（2）营销环境分析

在内容提要之后，营销计划的第一个主要内容是提供该产品当前营销环境状况的简要而明确的分析，具体包括以下内容：

① 市场情况。应当说明市场规模，包括哪些细分市场，市场及各细分市场近几年的营业额是多少，顾客需求状况及影响顾客行为的各种环境因素等。

② 产品情况。应说明近年来各主要产品品种的销量、价格、获利水平等。

③ 竞争情况。应说明主要竞争者是谁，各个竞争者在产品质量、定价、分销等方面都采取哪些策略，他们各自的市场占有率及变化趋势。

④ 分销渠道情况。各主要分销渠道的近期销售额及发展趋势等。

(3) 威胁与机会

威胁是指营销环境中存在的对企业营销不利的因素；机会是指营销环境中对企业营销有利的因素，即企业取得竞争优势和差别利益的市场机会。营销管理人员应对未来可能发生的威胁和机会进行评估。

一个市场机会能否成为企业的营销机会，还要看它是否符合企业的目标和资源。每个企业都在自己的任务和业务范围内追求一系列的目标，如利润水平、销售水平、销售增长水平、市场占有率及商誉等。有些市场机会不符合上述的目标，因而不能成为企业营销机会。有些市场机会虽然符合企业的目标，但企业缺少成功所必需的资源，如在资金、技术、设备、分销渠道等方面有所不及，那也是不可贸然取之的。但如果能以合理的代价取得所必需的资源，也可能取得成功。

(4) 确定营销目标

营销目标是营销计划的核心部分，是在分析营销现状并预测未来的威胁和机会的基础上制定的，它们将指导随后的策略和行动方案的拟订。营销目标也就是在本计划期内要达到的目标，主要是市场占有率、销售额、利润率、投资收益率等。

(5) 制定营销策略

营销策略是指达到上述营销目标的途径或手段。每一目标都可以通过多种途径去实现，营销经理必须从各种可供选择的策略中作出选择，并在计划中加以陈述；营销策略包括目标市场的选择和市场定位策略、营销组合策略、营销费用策略等。

① 目标市场的选择和市场定位。在营销管理中应首先明确企业的目标市场，即企业准备服务于哪个或哪几个细分市场以及市场定位。

② 营销组合。企业准备在各个细分市场采取哪些具体的营销策略，如产品、渠道、定价和促销等方面的策略。

③ 营销费用。根据上述营销策略确定营销费用水平。

(6) 设定活动程序及流程

营销策略还要转化成具体的活动程序，内容包括要做什么、何时开始、何时完成、由谁负责和需要多少成本。按上述问题把每项活动都列出详细程序表，以便于执行和检查。

(7) 预算

根据活动程序编制预算方案，收入方列出预算销售量及单价，支出方列出生产成本、实体分销成本及市场营销费用，收支的差额即为预计的利润（或亏损）。上级主管部门负责该预算的审查、批准或修改。一旦获得批准，此预算即成为购买原料、安排生产、支出营销费用的依据。

(8) 过程控制

营销计划的最后一部分，是对计划执行过程的控制。典型的情况是将计划规定的目标和预算按月份或按季度分解，以便于企业的上层管理部门进行有效的监督检查，督促未完成任务的部门改进工作，以确保营销计划的完成。

2. 编制市场营销计划的方法

编制市场营销计划的方法，一般有分派法和累积法。

（1）分派法

分派法是由上至下地制订计划的方法，即直接由企业领导根据本企业的经营方针、策略及销售预测的情况，来决定销售计划的主要指标，再将指标下达至科室及每个推销员。

（2）累积法

累积法是由下至上地制订计划的方法，即首先听取一线推销员的意见，然后科室根据推销员的意见及本科室的工作方针，进行归纳、集中，提出科室的意见并报上级决策部门，上级决策部门据此制订出企业的销售计划。

以上两种方法各有其优缺点。分派法由于不考虑推销员本人的意见，容易使推销员产生抵触情绪；累积法容易出现推销员的意见与企业的目标相背离以致不能采用的现象。

究竟采用哪种方法，都要根据企业内部情况而定，如果企业管理者对一线推销员的具体情况掌握得较准确，且一线推销员对管理者的分派也很满意，并能按其执行，那么采用分派法比较有利。例如，一线推销员有自己多年的推销实践经验，能够以企业整体目标为中心，恰当地考虑自己所应承担的任务，那么采用累积法是比较有利的。在实际工作中，往往将两种方法结合运用。管理者首先要根据一定的销售目标，然后了解、征求第一线推销员的意见，最后确定一个较为合理的和经营总目标达到一致的销售目标。这种方法易于被第一线推销员所接受。这种方法既可以实现企业的经营目标，还可以调动推销员努力完成计划的积极性。

二、汽车企业市场营销计划的作用

营销计划的作用主要表现在以下几方面：

一是详细说明预期的经济效益，明确企业的发展方向，促使企业目标一致、行动一致，在相对稳定的内外部环境因素下，保持高效正常地按照既定目标运转。

二是有助于按照计划进行决策和进行方案的选择，协调各项工作，化解阻碍实现预期目标的项目和活动。

三是促进企业管理科学化，并以系统的方式对未来做出预测和反应。

四是描述企业所要执行和完成的任务，明确规定各有关人员的职责，确保有目标地完成任务，以提高企业的效率。

五是有利于企业监控整个营销活动和效果，协调各部门的关系并进一步巩固和发展。

六是增加市场开发机会，不断检查、修订企业运营状况的基准。

三、汽车企业市场营销计划的实施

市场营销计划的实施是指为了实现战略营销目标而把营销计划转变为营销行动的过程。在市场营销过程中，将市场营销计划转化为市场营销业绩的“中介”因素，是市场营销计划的实施。不能实施，再好的计划也只是“纸上谈兵”。因此，市场营销计划必须与长远规划保持一致，它是企业战略目标中一个重要的组成部分。

市场营销计划实施过程涉及以下相互联系的内容：

一是制订行动方案。为了有效实施市场营销计划，市场营销部门及有关人员需要制订详细的行动方案。必须明确市场营销计划的关键性环境、措施和任务，并将任务和责任分配到个人或小组，方案还应包括具体的时间表，即每一项行动的确切时间。

二是调整组织结构。在市场营销计划的实施过程中，组织结构起着决定性的作用，它将计划实施的任务分配给具体的部门和人员，规定明确的职责和信息沟通路线，协调企业内部的各项决策和行动。组织结构要与计划的任务相一致，根据企业战略、市场营销计划的需要，适时改变、完善组织结构。

三是形成规章制度。为了保证计划能够落在实处，必须设计相应的规章制度。

四是协调各种关系。为了有效实施市场营销战略和计划，行动方案、组织结构、规章制度等因素必须协调一致，互相配合。

五是营造企业文化和管理风格。企业文化是指企业的员工共同持有的价值观念、信念和行为准则。优良的企业文化能使企业的全体员工团结一致，构筑一个充满活力的有机整体。企业的模范人物是企业员工共有价值观念的人格化，企业应通过各种手段大力宣传企业模范人物。

管理风格是指企业管理者在工作中为人处世的方式和方法。典型的管理风格主要有“集权型”（指管理者独揽大权，喜欢发号施令，对下属控制严格，不允许采用非正式的沟通渠道）和“参与型”（指管理者愿意授权给下属，鼓励下属主动参与管理，并采用非正式的沟通渠道）。有的管理者兼具这两种管理风格的特点，只不过侧重点有所不同。这两种管理风格各有利弊，企业应根据其营销战略、组织结构、员工素质和营销环境加以选择。需要说明的是，企业文化和管理风格往往较难改变，企业通常要配合自己的企业文化来制定营销战略。当战略与企业文化相互冲突时，往往是通过改变战略而非改变企业文化来使其相互适应的。当然这也不能一概而论。企业应注意在日常工作中有意识地培养对企业有利的企业文化和管理风格。

在营销计划的控制和实施过程中，应采取较实用的滚动式计划法和应变计划法。

滚动式计划法的特点是远近结合、近细远粗、逐年滚动。即将计划分为若干个时期，根据一定时期的实施情况和环境变化，对以后各个时期计划的内容进行适当的修改、调整并向前推进到一个新的实施期，使营销计划既保持严肃性，又具有适应性和现实性。这样做将有利于保持前后工作的衔接协调，也可使营销计划能够适应市场的变化，增强对外部环境的适应能力。

应变计划法也称为应急计划。这是当客观情况发生重大变化使得原计划失去作用时，企业为适应外部环境变化而采用备用计划的方法。

只有通过制订详细的执行计划，规定和协调各部门及人员的活动内容，编制详细周密的项目时间表，明确各部门经理及每一位员工的职责，充分调动每一个人的积极性，使员工的才能得到极大的发挥，才可能使一项好的营销计划得以顺利实施，并取得预期效果。

【案例分析】

案例一：丰田汽车打入美国市场

传统的营销概论认为，营销必须满足消费者的需要和需求。美国西北大学的菲利普·科特勒教授认为，营销是“人类通过交换过程来满足需要和需求的活动”；美国营销协会给营销下的定义是：用以引导商品和服务从生产者到消费者流动的商业行为。

现在每家公司都是面向顾客的。假如十几家公司都在努力满足同样顾客的需求，则只了解顾客的需求便没有多大用处。许多汽车公司的问题并不在于顾客，而在于与通用、福特、宝马及其他进口汽车的竞争。汽车企业想要成功，必须面向竞争对手，寻找对手的弱点，并针对那些弱点发动营销攻势。许多成功的营销例子充分证明了这一点。赛文公司成功地建立了小型廉价复印机这一滩头堡，而这正是施乐复印机系列产品的一个薄弱环节。在竞争激烈的可乐市场中，百事可乐用其更甜的味道对可口可乐发起挑战。与此同时，汉堡王提出了“烤而不炸”的口号，对麦当劳发起了进攻。

这一切对将来的营销决策者而言意味着什么呢？这意味着他们必须做好准备，发动营销战。成功的营销战将越来越像军事战争一样，需要制订作战计划。战略计划将会越来越重要。公司必须学会怎样对竞争对手发起进攻或包抄、怎样坚守阵地以及何时发动游击战。他们需要更聪明的头脑来预测竞争动向。

营销就是战争。在这场战争中，敌人是竞争对手，目标就是要赢得胜利。

日本丰田汽车公司二十多年前开拓美国市场时，当时美国几家汽车公司名声显赫，实力雄厚，在技术、资金方面有着别人无法比拟的优势。丰田汽车公司经过仔细调研市场后发现：

其一，美国汽车公司的经营思想要求汽车应该是豪华的。它们忙于比豪华，因而其汽车体积大，耗油多。

其二，竞争对手除了美国几家大型汽车公司外，还有已经先期进入美国市场的日本大众汽车公司，该公司已在美国东海岸和中部地区站稳了脚跟。该公司成功的原因主要有：以小型汽车为主，汽车性能好，定价低；有一个良好的服务系统，维修服务很方便，成功地打消了美国消费者对外国车“买得起，用不起，坏了找不到零配件”的顾虑。

其三，大众汽车公司忽视了美国人的一些喜好，许多地方还是按照日本人的习惯而设计。

其四，日美之间不断增长的贸易摩擦，使得美国消费者对日本产品有一种本能的不信任的排斥和敌意。

其五，美国人的消费观念正在转变，他们将汽车作为地位、身份象征的传统观念逐渐减弱，开始转向实用化。他们喜欢腿部空间大、容易行驶且平稳的美国车，但又希望大幅度减少用于汽车的耗费，如价格低、耗油少、耐用、维修方便等。

其六，消费者已意识到交通拥挤状况的日益恶化和环境污染问题，乘公共汽车的人和骑自行车的人逐渐增多。

其七，在美国，核心家庭大量出现，家庭规模正在变小。

任何企业往往都面临着若干威胁和市场机会。然而，并不是所有的环境威胁都有同样的严重性，也不是所有的市场机会都有同样的吸引力。丰田汽车公司在自己所面临的主要威胁和最好的机会前做出的反应是什么呢？

1. 利用机会

当企业面临最好的市场机会时，应当利用机会。

（1）抢先

在市场营销活动中，抢先利用机会包含两个方面：一是先，即时间；二是快，即速度。企业在利用市场机会的过程中，谁能“抢先”，谁就赢得了时间和空间，就赢得了主动，进而能赢得胜利。其他企业要利用同一市场机会，往往要付出几倍乃至几十倍的努力。丰田汽车公司正是这样做的，他们抢先利用美国汽车公司生产体积大、耗油多的豪华汽车以及美国家庭规模变小和美国人购买汽车转向实用化带来的市场机会，成功地将小汽车打进美国市场。

（2）创新

企业在利用市场机会时一定要大胆“创新”，如果说“抢先”利用市场机会是力求做到“人无我有”，则“创新”就是“人有我优”。

（3）应变

主要考虑的问题包括：会有哪些竞争者发现同一市场机会？它们会怎样利用这一市场机会？企业和竞争者先后利用了该市场机会之后，要考虑竞争者和本企业实力差不多、产品差不多时应该怎么办？比本企业实力强、产品好时应该怎么办？这一市场机会是否会变成环境威胁？是继续利用这一市场机会，还是寻求新的市场机会？

2. 化解威胁

（1）反抗

反抗即设法限制或扭转不利因素的发展。丰田汽车公司可以同竞争对手展开直接的正面竞争，即同美国的大汽车公司比豪华、比档次、比实力，这种对抗式竞争过于激烈，一般情况下不宜采用，当初丰田汽车进入美国市场时就没有采用这种方式。而针对大众汽车公司的威胁，丰田公司的反抗是全面的：针对大众汽车比美国汽车价格低的特点，丰田汽车公司本着“皇冠就是经济实惠的原则”，毅然将价格定得更低，每辆“皇冠”只有2000美元，而随后推出的主要产品“花冠”系列每辆车还不到1 800美元。丰田汽车公司吸收了大众汽车公司售后服务系统非常完善的优点，做得比大众汽车公司更出色，力所能及地在自己的销售阵地设立各种服务站，并且保证各种零配件及时供应，消除了顾客的后顾之忧。

(2) 减轻

威胁总是存在的，实在无法对抗时可以设法减轻环境威胁的严重性。丰田公司在当时的广告设计和促销过程中，极力掩饰汽车的日本来源、特性及风格，强调产品的美国特点和对美国消费者的适应性，从而减轻了美国消费者对丰田企业的抵触心理。

(3) 转移

转移即“避实就虚”，躲开环境威胁，研究竞争对手的市场空白点和薄弱环节。丰田公司当时针对大众公司在东海岸和中部地区的优势，把战略重点放在大众产品市场基础薄弱的西海岸，待站稳脚跟，再向东扩张。在分销渠道的选择上，丰田公司也没有急于设立自己的分销机构，而是采用代理制，给代理商以很大的优惠。据统计，这一政策实施五年以后，有46%的代理商转为专营丰田汽车。

(4) 改良

改良即对自身产品进行改进，增强对环境威胁的防御能力。丰田公司为汽车增加新功能，使其全面适应美国市场，从品质、价格、型号、促销、分销等方面进行全面改进。

(5) 利用

利用即利用市场机会。丰田汽车公司利用“美国汽车公司正忙于比豪华”、“大众汽车按日本人的习惯设计”、“美国消费者对汽车的消费观念正在转变，开始趋于实用化”、“核心家庭出现，家庭规模变小，因而总收入减少”所形成对小型、实用、便宜汽车的需求等机会，推出的“皇冠”汽车不仅外形美观，操纵灵活、省油、价低、方便，而且内部装备了所有美国人都渴望的装修，如柔软舒适的座椅、柔色的玻璃，连扶手长度和脚部活动空间的大小都按美国人的身材要求而设计，因而取得了极好的亲和力效果。

当时美国消费者由于意识到交通拥挤问题和环境污染问题，乘公共汽车的人和骑自行车的人逐渐增多，这对整个汽车产业都是个极大的威胁。丰田汽车公司分析了这一威胁的严重性，认识到这种倾向背后的深层原因，适时推出了“皇冠”汽车。该车由于停靠方便，转向灵活，油耗极低（比一般汽车的油耗低25%～30%），备受消费者青睐，成功地使“威胁”变成“机会”，取得了超过其他汽车的优势。由于采取了上述措施，丰田汽车成功地解决了“环境威胁”，从而利用机会顺利地进入了美国市场。

俗话说的“山不转水转”，强调的是环境变化的经常性与无规律性。本案例就是体现了这样的市场现实，在市场环境变化后，看谁能够掌握好市场脉搏、准确定位就是对市场最大的贡献，也就能够赢得营销战争。凡事有其两面性，美国汽车的豪华进而影响汽车的体积与油耗。政治背景与贸易摩擦、价值观念、家庭状况等一系列构成市场变化的因素在丰田公司看来却是发动营销战争的好机会。而美国汽车由于高高在上与不懂变通的产品定位，逐渐被顾客所抛弃，犯了“营销近视症”，也真实体现了“战场上没有常胜将军”的说法。这就说明企业在创业过程中要有危机意识，因为守业比创业更艰难。只有随时抱着“永远如履薄冰、永远胆战心惊”的态度，时刻关注市场变化与方向，并及时做出调整以适应消费者的需求，才能不断前进。

抓住了机会，还要看利用机会发动战争的能力。因此，在机会面前如何把握机会、实施市场行为又是非常重要的。而丰田公司做到了这一点，这也就使得其为赢得战争创造了必要的条件。有鉴于此，国外学者已陆续就战略与战术的问题提出了新见解，认为“战术应当支配战略，然后战略推动战术”。战术是直接对经营产生影响的创意，而战略则为战术增添双翼，从而使企业经营展翅翱翔。

案例二：吉利汽车公司收购沃尔沃汽车公司的SWOT分析

1. 背景资料

2010年3月28日，吉利集团董事长李书福和福特汽车公司首席财务官Lewis Booth签署了最终股权收购协议。吉利以18亿美元成功收购瑞典沃尔沃轿车公司100%股权，其中包括9个系列产品、3个最新平台、2400多个全球网络和人才与品牌以及重要的供应商体系。

浙江吉利控股集团有限公司是中国汽车行业十强企业，建于1986年，由台州民营企业家李书福创办，其总部设在杭州。经过20多年的建设和发展，该公司在汽车、摩托车、汽车发动机、变速箱、汽车零部件、高等教育、装潢材料制造、旅游和房地产等方面都取得了辉煌业绩，资产总额已经超过200亿元。

沃尔沃是瑞典著名汽车品牌，又译为富豪，1924年由阿萨尔·加布里尔松和古斯塔夫·拉尔松创建。该品牌汽车是目前世界上最安全的汽车。“VOLVO”为拉丁语，是“滚动向前”的意思，喻示着汽车车轮滚滚向前、公司兴旺发达和前途无量。

沃尔沃汽车公司是北欧最大的汽车企业，也是瑞典最大的工业企业集团，于1999年被美国的福特公司以64.5亿美元的价格收购。

2. 分析（SWOT）

（1）优势（S）

① 收购双方的销售市场互补，无重叠

沃尔沃公司一直坚持的销售理念就是造安全、环保、设计和品质都一流的高端豪华车型，而吉利公司是以造低成本的中低档轿车而发家的，直到现在吉利公司一直坚持这样的传统。这样看两个公司的销售市场不单毫无重叠，反而互补，形成了更强、更全面的销售整体。

② 吉利公司对此次收购做了充分准备

李书福早在2002年就开始研究沃尔沃公司这个企业，并于2007年敏锐洞察到并购沃尔沃公司的可能性，开始和福特公司进行正式沟通，同时要求财务负责人张芃着手研究并购的可能性，并做好准备工作。李书福还亲自飞赴福特公司总部进行协商。虽被福特公司多次拒绝，但李书福坚信福特公司是战略性出售，继续跟踪并聘请了庞大的外部专业收购团队来进行辅导与协助，如并购事务顾问洛希父子公司、法律事务顾问富尔德律师事务所、财务事务顾问德勤会计师事务所、汽车公司整合咨询顾问罗兰贝格公司，以及全球知名的并购公关公司博然思维等。在专业机构帮助下，并购活动所有的危机点都在吉利公司的掌控范围内。正如中国古语所云“有备而无患”，又有“知彼知己百战不殆”。吉利公司凭借精心的准备以及对并购的熟知程度，打了一场有备之仗，最终击败众多竞争者而并购成功。

③ 吉利公司收购后的运营整合方案符合福特公司方面要求

福特公司作为全球金融危机中唯一没有倒下的美国大型汽车制造企业，是美国汽车及底特律工业尊严的捍卫者，且时刻都努力体现一个负责任者的形象，其十分关注出售后的沃尔沃公司能否摆脱目前的困境，赢得一个更好的未来。而吉利公司对沃尔沃公司未来的发展之路规划得相当明晰：一是通过采购沃尔沃公司设置在中国工厂生产的零部件，以降低采购成本。二是扩大销售规模，摊薄整车成本。通过详尽的成本测算，吉利公司准确地预测出沃尔沃公司销售35万辆即能实现扭亏。

相比之下，沃尔沃公司只占四大高端汽车33.86万辆的6.6%，比例虽然不大，但沃尔沃公司只需在中国扩展5万辆就能实现35万辆的全球销售而全面扭亏。吉利公司未来规划沃尔沃公司在中国的销售达到30万辆，国际市场达到35万辆，这是福特公司一直未实现的65万辆的销售目标。但事实上支撑这个规划的数据很简单，那就是扩大沃尔沃B级车在中国的销售，因为中国B级车市场总量是高端车的10倍以上，同时中国车市未来5年还将以每年20%的速度递增，凭借着沃尔沃公司的品牌与技术，以及吉利公司对中国市场的深度了解，沃尔沃公司只需拥有5%的中国B级车市场份额即可实现全球市场规划目标。广阔的发展前景、详尽的运营方案对沃尔沃公司来说无疑有很大诱惑力。

④ 吉利公司有两次国际并购案的经验

在并购沃尔沃公司之前，吉利公司已经成功操作了两起跨国并购案：2006年10月控股英国锰铜集团，2009年3月全资收购位居全球第二位的澳大利亚自动变速器公司。

这两起并购案里面不乏供应商体系、技术知识产权的谈判和对吉利公司在资本运作、文化冲突方面的考量，为吉利公司提供了宝贵的并购经验。尤其是吉利公司的资本运作手法堪称经典：“这两个项目并购都是直接用海外资金，用并购的资产做抵押向海外银行贷款，或者在海外资本市场发债、发股。”（李书福语）

这次和福特的博弈，吉利公司斩获颇丰，而付出的代价却不大。能取得这样的成绩，之前的国际并购经验功不可没。

⑤ 吉利公司拥有职业的收购运营团队

以李书福为首，包括顾问公司的团队，吉利公司为并购案组织了200多人的全职运作团队，骨干人员中不乏业界巨擘：原华泰汽车总裁，曾主持过JEEP大切诺基、三菱欧兰德、帕杰罗、奔驰E级和C级豪华轿车等七款车型的引进和国产化工作的童志远；原世界500强三甲之一英国BP公司的财务与内控高级顾问张芃；原菲亚特集团动力科技中国区总裁沈晖；国际并购专家，长期在英国BP公司伦敦总部负责重大并购项目的袁小林。如此多的重量级的专家为吉利公司出谋划策，扫除了并购路上一个又一个障碍，获得最终成功。

⑥ 低成本优势巨大

中国出口产品的低成本是一个被广泛认可的事实。中国的劳动力成本大大低于国外，几乎所有的本土企业都享用着这样的廉价资源，虽然我国劳动力成本上涨，但与其他国家相比较仍有明显的优势。而且吉利公司在2007年之前，公司的发展战略就是“造老百姓买得起的好车”，这时吉利公司的核心竞争力就是低成本、低售价。

（2）劣势（W）

① 双方差异

a. 文化鸿沟

沃尔沃公司在瑞典已有八十多年历史，它的根在瑞典，它是瑞典人的骄傲，即使后来底特律文化的介入也没能改变根植于瑞典的文化情结，这是一种自它诞生时就形成的文化特质。而只有13年历史的吉利公司正处于蓬勃发展之中，活力十足，同样有着中国文化特质。两者之间的文化鸿沟该怎样来填充，的确是个伤脑筋的问题。

b. 管理上的差异

沃尔沃汽车在相当长的时间里一直是全球汽车品牌的佼佼者，之所以目前在高档车的市场占有率上被抛到了后面，是因为公司管理层对不同市场的变化考虑较少，产品与市场脱节。中国市场和欧洲市场不同，它强调客户至上，市场需要什么样的车就造什么样的车来迁就消费者。但是沃尔沃公司的管理层却坚持走自己的路，仍然向当前全世界汽车工业发展低碳环保的方向走，而忽略市场的需求。这种战略方向上的分歧很难协调，成为吉利公司和沃尔沃公司牵手之路上不小的障碍。

② 缺乏高端品牌管理经验

吉利公司从创建以来一直都在坚持做中低档车的生产销售，从未涉足过高端豪华车的生产销售领域，而此次吉利公司收购的沃尔沃公司则是一家以生产和销售高端豪华车而闻名的汽车公司。这对于缺乏高端豪华车管理经验的吉利公司来说，将是其管理方面一大弊端。

（3）机会（O）

① 政府支持

国家出台的《汽车产业调整和振兴规划》明确指出：“以结构调整为主线，推进汽车企业兼并重组。”这一大好政策有力地支持我国企业利用国际金融危机带来的机遇并购海外的汽车企业。

吉利公司并购沃尔沃公司，一是可以帮助中国自主品牌汽车企业尽快走向国际市场，二是可以嫁接国际知名品牌为我所用，三是可以彰显中国汽车产业的实力，因而得到我国政府政策和财力的支持。

② 经济危机和金融风暴

全球性的金融危机导致欧美汽车市场的销售额急剧下滑，许多企业更是连连亏损，沃尔沃公司也不例外，同样亏损严重。与此同时，其母公司福特汽车在全球范围的销量也下滑得厉害，国际汽车市场可谓风雨飘摇，世界汽车巨头纷纷变卖资产换取现金。因而许多外国企业的资产价值被严重低估，相比之下中国市场虽然也受金融风暴的影响，但销售额仍缓慢增长，这正是中国企业出手的好时机。于此时通过海外并购，可以用较低的成本，获取梦寐以求的汽车国际品牌、核心技术和国际营销渠道，这是中国汽车产业实现技术跨越的一个捷径。

所以金融危机带给我们更多的是机会，有利于中国汽车产业收购国际品牌企业，进而打入国际市场。

③ 福特公司基于战略选择出售沃尔沃公司

福特公司在2006年做了战略调整计划，即走“一个福特，一个团队”的自有品牌发展之路。接着公司相继以低价出售旗下企业。这次选中的是沃尔沃公司，这就为所有中意沃尔沃品牌的企业提供了竞购平台，吉利公司得以拥有牵手沃尔沃公司的机会。

④ 中国汽车产品的海外需求不断增长

中国汽车的海外需求不断增长，尤其是轻型载货汽车，而本土生产的高端车型正在逐渐取代某些进口车型。另外，一向被认为缺乏竞争力的自主品牌轿车已经批量地进入国际市场，雄心勃勃的中国汽车企业正在积极尝试海外扩张，出口产品到欧美主流汽车市场。

(4) 威胁（T）

① 中国市场中强大的竞争对手

中国高端豪华车销售市场可以说是一块大饼，想来分这块饼的人太多了，其中奥迪、宝马、奔驰这三大高端豪华汽车生产巨头占据了其中93.4%的份额，现在吉利公司收购沃尔沃公司，想从其中分得一小块饼的确是个不小的难题。而且沃尔沃公司的市场主要集中在北美和欧洲，想要转战亚洲地区，将又会是一个难题。

② 经济压力

18亿美元的资金需求对于年赢利不足2亿美元的吉利公司而言，好比不吃不喝10年换一次交易，收购门槛不可谓不高；相比之下，对手“皇冠”财团则早早准备好了融资方案，这无疑降低了吉利公司的胜算几率。

另外，并购后需要的大笔投入资金对吉利公司来说也是个不小的挑战，出于经济方面的原因，福特公司要把沃尔沃公司交给吉利公司是相当不放心的。

③ 工会和法律的阻挠

沃尔沃公司的工会提出的不裁员、不转移工厂等苛刻条件也为收购设置了重重障碍，这恰恰是很多中国企业难以适应的。除此以外，海外法律和政府监管就好比达摩克利斯之剑，随时可能斩断收购的希望。吉利公司能够获得并购成功的确是经历了重重考验。

④ 低价政策带来的副作用

由于近几年中国汽车的出口量增速极快，而出口平均价格又逐年递减，中国汽车利用低价冲击国际市场，并拿出一副以低价冲垮对手的架势，而不给自己留丝毫回旋余地，无异于为自己树立起众多强大的敌人，丧失良好的出口环境。

通过分析吉利公司收购沃尔沃公司时占有的优势和所处的劣势，以及抓住的机会和面对的挑战，吉利公司最终成功并购沃尔沃公司这一事实，可以得出以下结论：缺少资金、存在文化鸿沟等难题都不是无法克服的，只要企业动用其敏锐的观察力，抓住稍纵即逝的机会，尽力争取更多的优势资源，理智应对劣势，整体长远地考虑已出现和可能出现的挑战，就可以出色地实现企业的目标，使企业进一步壮大。

思考题

2-1　如何理解汽车营销战略的意义？

2-2　简述SWOT分析法。

2-3　汽车营销战略制定的步骤有哪些？

2-4　如何编制营销计划？

第三章　汽车市场营销环境

学习目标：掌握影响汽车营销的宏观环境因素：政治与法律环境、经济与市场环境、文化与科技环境、自然和人口环境等；掌握宏观环境因素与汽车营销的关系；掌握影响汽车营销的微观环境因素；思考应如何根据周围的环境来制定自己的汽车营销策略。

汽车企业虽然是社会经济活动的基本单位，具有相对的独立性，但它同时又是整个社会生活的有机组成部分，其营销活动不可避免地要受到企业内部、外部各种因素的影响，这些因素构成市场营销活动的前提。企业的营销环境是指在营销活动之外，能够影响营销部门建立并保持与目标顾客良好关系的能力的各种因素和力量。汽车市场营销环境是汽车企业生存和发展过程中要予以适应和利用的重要因素。

第一节　汽车市场营销环境概述

汽车的市场营销活动是在不断发展、变化的环境下进行的。这个环境既对汽车市场产生影响，又对汽车营销造成制约。汽车企业要发展就必须不断地研究和分析市场环境的变化，使企业更好地适应变化了的环境以及充分利用资源，搞好资源配置，达到利润最大化。

一、汽车市场营销环境概念及构成

企业作为社会的经济细胞，其市场营销活动是在一定的市场营销环境里进行的，任何企业都不可能脱离现实的市场环境而从事营销活动，这些因素构成市场营销活动的前提。所谓的汽车市场营销环境就是指那些对汽车企业的营销活动产生影响的全部因素。美同著名市场学家菲利普·科特勒将市场营销环境定义为：“企业的营销环境是由企业营销管理职能外部的因素和力量组成的。这些因素和力量影响营销管理者成功地保持和发展同其目标市场顾客交换的能力。”也就是说，市场营销环境是指与企业有潜在关系的所有外部力量与机构的体系。

按照这些因素对企业营销活动的影响不同，市场营销环境可以分为宏观环境（macro-environment）和微观环境（micro-environment）。

宏观环境是指那些对企业营销活动产生重要影响而又不为企业的营销职能所控制的全部社会力量，一般来说，包括政策与制度、经济与市场、科技与文化、人口与自然等因素。在某种情况下，它也能对企业的营销活动产生直接影响。宏观营销环境因素一般是企业本身无法控制的，只能去跟踪、调整和适应。

微观营销环境是指直接影响与制约企业市场营销活动的环境因素，包括企业、供应者、营销中介、顾客、竞争者和公众。

具体的市场营销环境构成关系，如图 3－1 所示。

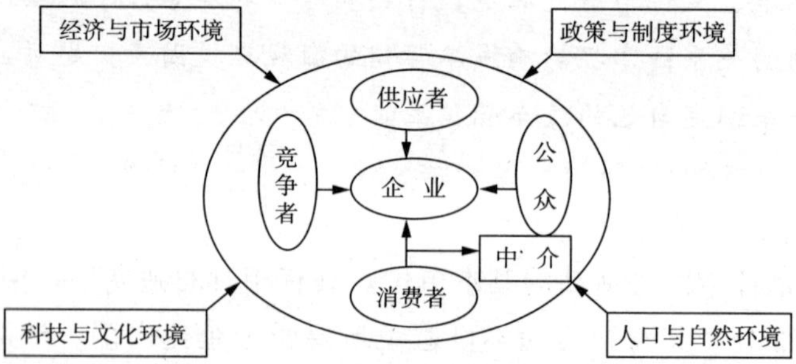

图 3－1　市场营销环境构成

不断变化的市场环境，既给企业的市场营销提供机会，也可能带来威胁。同一环境的变化对某些企业是机会，对另一些企业可能是威胁。营销管理者的任务就在于及时了解市场营销环境的变化趋势，提高市场变化的应变能力；快速适应市场营销环境的变化，趋利避害地开展市场营销活动，使企业更好地生存和发展。

二、汽车市场营销环境的特点

汽车市场营销环境是汽车企业营销活动的基础和条件，具有以下一些特点：

1. 客观性

汽车市场营销环境是影响与制约汽车企业营销活动的客观存在的因素。它是不以企业的主观意志为转移的，例如，消费者消费收入、消费结构的变化等是客观存在的经济环境变化，在一定程度上影响了汽车消费，但这些变化并不是汽车企业可以主导的。

2. 差异性

汽车市场营销环境的差异性不仅表现在不同企业受不同环境的影响，而且同样一种环境因素的变化对不同汽车企业的影响也不同。因此，汽车企业为适应营销环境的变化所采取的营销策略也各不相同。例如，汽油价格的上升对于生产大排量的汽车企业而言是不利的因素，而对于生产经济型、小排量的汽车企业而言又是个机会。

3. 相关性

汽车市场营销环境不是由某一个单一的因素决定的，还要受到一系列相关因素的影响。例如，汽车销售不但受汽车市场供求关系的影响，还要受到国家关于汽车相关政策等的影响。

4. 不可控性

汽车营销环境的客观性决定了它的不可控性，即汽车市场营销环境是企业不可能控制的。汽车企业主要是通过市场调查的方法来认识市场营销环境变化的趋势及其对企业经营的影响，然后调整企业内部营销力量，适应汽车市场营销环境的变化。

5. 动态性

汽车市场营销环境是不断发生变化的。目前，汽车市场营销环境的变化速度在不断地加快，每一个汽车企业作为一个小系统都与市场营销环境这个大系统处在动态的平衡中。一旦环境发生变化，平衡便被打破，汽车企业必须积极地适应这种变化。

三、汽车市场营销环境分析的目的和意义

1. 市场营销环境分析的目的

(1) 找到汽车市场环境中影响汽车营销的主要因素及变化趋势；

(2) 研究这些因素对汽车市场的影响和对汽车营销的制约；

(3) 发现在这样的环境中的机会与威胁；

(4) 善于把握有利机会，避免可能出现的威胁，根据企业自己的特长与环境的特点，制定相应对策，实现企业的目标。

2. 市场营销环境分析的意义

(1) 汽车市场营销环境分析是汽车企业市场营销活动的立足点；

(2) 汽车市场营销环境分析能够使汽车企业发现经营机会，避免环境威胁；

(3) 汽车市场营销环境分析可以为汽车企业经营决策提供科学的依据，使企业在激烈的市场竞争中立于不败之地。

第二节 市场营销的微观环境

微观环境（micro-environment）系指与企业关系密切、能够影响企业服务顾客能力的各种因素——企业自身、供应商、销售渠道、顾客、竞争对手和公众。这些因素构成企业的价值传递系统。营销部门的业绩是建立在整个价值传递系统运行效率的基础之上。

一、企业的内部环境

企业内部环境系指企业的类型、组织模式、组织机构及企业文化等因素。企业的组织机构，即企业职能分配、部门设置及各部门之间的关系，是企业内部环境最重要的因素。

企业内部基本的组织机构包括高层管理部门、财务部门、研究与发展部门、采购部门、生产部门、销售部门。营销部门必须与其他部门密切合作；营销计划必须经高层管理层同意方可实施；财务部门负责寻找和使用实施营销计划所需的资金；研究与开发部门研制适销对路的产品；会计部门核算收入与成本以便管理部门了解是否实现了预期目标。用营销概念来说，就是所有这些部门都必须“想顾客所想”，并协调一致地提供上乘的顾客价值和满意度。

企业内部环境是企业提高市场营销的工作效率和效果的基础。因此，企业管理者应强化企业管理，为市场营销创造良好的营销内部环境。

二、生产供应者

生产供应者系指向企业提供生产经营所需资源（如设备、能源、原材料、配套件等）的组织或个人。供应商的供应能力包括供应成本的高低（由原材料价格变化所引起）和供应的及时性（由供应短缺或延迟、工人罢工所引起）是营销部门需要关注的。这些因素短期将影响销售的数额，长期将影响顾客的满意度。

生产供应者对企业的市场营销的实质性影响，从下面的例子中可略见一斑。据介绍，1992 年通用汽车公司只有其德国子公司欧宝（Opel）公司赢利，该公司赢利的原因就在于其供应部最高经理罗佩茨先生出色的采购才能，使得欧宝公司从价格低廉的配套零部件中受益。大众汽车公司为摆脱不景气局面，不惜重金，于 1993 年将罗佩茨“挖走”，任命其担任供应董事，希望借此扭转大众公司的亏损状况。就连大众公司董事长也说：“就大众公司而言，罗佩茨的重要性比我还高。”罗佩茨的“跳槽”虽因涉嫌窃取了通用公司的商业秘密（在其加入大众公司的前周尚参加了通用公司高层关于产品规划的会议），而在世界上引起一阵轩然大波，但此例的确说明了生产供应者对企业市场营销和其经济效益的重要性。

所以，企业应处理好同生产供应者之间的关系，以便为企业的市场营销营造较为有利的“小气候”。我国不少的汽车企业对其生产供应者采取“货比三家”的政策，既与生产供应者保持大体稳定的配套协作关系，又让生产供应者之间形成适度的竞争，从而使本企业的汽车产品达到质量和成本的相对统一。实践表明，这种做法对企业的生产经营活动具有较好的效果。

对汽车企业的市场营销而言，企业的零部件（配套协作件）供应者尤为重要。汽车企业不仅要选择和规划好自己的零部件供应者，而且还应从维护本企业市场营销的长远利益出发，配合国家有关部门对汽车零部件工业和相关工业的发展施加积极影响，促其发展，以改变目前我国的汽车零部件工业和相关产业发展相对滞后的状况，满足本企业生产经营及未来发展的配套要求。特别是现代企业管理理论非常强调供应链管理，汽车主机企业应认真规划自己的供应链体系，将供应商视为战略伙伴，不要过分牺牲供应商的利益，而应按照“双赢”的原则实现共同发展

三、营销中介

营销中介（marketing intermediaries）系指企业将产品销售给最终用户的过程中，协

助企业促销、销售和经销的各类组织和机构，包括中间商、物流公司、营销服务机构和金融机构等。中间商在企业的营销活动中扮演着重要的角色，它帮助企业寻找顾客并直接与顾客进行交易，从而实现产品向最终用户的转移。中间商又分为商人中间商和代理中间商。商人中间商拥有汽车的所有权，他们将汽车转卖给其他中间商或者消费者，从差价中获得利润；代理中间商没有汽车所有权，只是替汽车生产厂商代理汽车销售业务，收取佣金。企业应该保持与中间商的良好关系，互相协调。物流公司是协助企业把货物从产地运送到目的地的经济实体。其基本功能是调节汽车生产与消费之间的空间矛盾。汽车企业要通过综合考虑成本、运输方式、速度及安全性等因素来决定运输和存储商品的最佳方式。营销服务机构是指调研公司、营销咨询公司、广告公司以及各种广告媒体，这些机构协助企业选择目标市场，推销汽车产品。金融中介机构包括银行、信贷公司、保险公司等，它们能够为汽车交易提供金融支持或在货物买卖中承担风险，对汽车企业的市场营销起到很重要的作用。

四、顾客（用户）

顾客是指汽车企业为之服务的目标市场的对象，是汽车产品的购买者、使用者。包括个人、家庭、组织机构、政府部门等。汽车企业市场营销活动都应以满足汽车用户的需要为中心，汽车用户是企业最重要的微观环境因素，汽车企业在汽车的市场营销过程中必须认真地分析和研究汽车用户的需要及其变化的情况。顾客市场的类型又可分为消费者市场、生产者市场、中间商市场、政府市场以及国际市场，每个市场都具有不同的销售特点，应认真地加以分析区别。

五、竞争者

汽车行业是由多个汽车企业组成，各个企业之间必然形成竞争对手。竞争者在不断地抢占共同的目标市场，从而也加大了企业联系顾客的难度。汽车企业要想获得较大的市场份额，在众多的竞争者中立于不败之地，除了满足目标市场汽车用户的需求外，还必须认真地研究竞争对手的销售战略，针对不同类型的竞争者，采取不同的竞争策略。从汽车消费需求的角度划分，企业的竞争者包括愿望竞争者、平行竞争者、产品形式竞争者和品牌竞争者。

愿望竞争者指提供不同产品以满足不同需求的竞争者。平行竞争者是指提供能够满足同一需求的不同产品的竞争者。例如，自行车、摩托车、小轿车等都可以作为家庭交通工具，这三种产品的生产经营者就相互成为各自的平行竞争者。产品形式竞争者指同样生产汽车但生产不同级别、款式、性能汽车产品的竞争者。品牌竞争者是指生产同类型的汽车产品但品牌不同的竞争者。例如，在中国的中高级轿车市场中，生产帕萨特轿车的上海大众公司与生产雅阁轿车的广州本田公司应该说就是互为品牌竞争者。

六、有关公众

公众系指对企业的营销活动有实际的潜在利害关系和影响力的一切团体和个人，一般包括融资机构、新闻媒介、政府机关、协会、社团组织以及一般群众等。

金融公众：金融公众能影响公司获取资金的能力。银行、投资公司和股东是最主要的金融公众。

媒介公众：媒介公众由发表新闻、特写和社论的机构组成，包括报纸、杂志、广播电台和电视台。

政府公众：管理者必须考虑到政府的规定。营销人员必须经常向公司的律师咨询有关产品安全性、广告真实性等方面的政府规定。

民间公众：公司的营销决策可能会受到消费者组织、环境组织、弱势群体或其他群体的质疑。其公共关系部门有助于使公司与消费者和民间团体保持接触。

地方公众：地方公众包括附近的居民和社区组织。大公司常常设一个社区关系官员职位，由其处理社区方面的事务、参加会议、回答问题，并参加其他一些有意义的活动。

一般公众：公司需要知道一般公众对其产品和活动的态度。公司在一般公众中的形象直接影响到他们是否购买公司的产品。

内部公众：内部公众包括工人、管理人员、志愿者和董事会成员。大公司通过新闻公告和其他方式向内部公众传递信息并给予激励。如果职工对公司感觉很好，他们的积极态度也会影响到外部公众。

公司可以像为其顾客制订营销计划那样为其主要的公众制订计划。如果公司想要从某一类公众那里得到特定的回应，比如商誉、良好的口碑或是人力和资金捐赠，就必须为这些公众提供一些有足够吸引力的东西，以便实现其目标。

下面，对现今中国汽车营销的微观市场环境的基本状况进行分析：

(1) 汽车产品日益丰富，品牌多，车型多，覆盖的市场广；新产品推向市场的周期逐渐变短，新车型不断地亮相车市。由于汽车产品种类多，新车上市的速度快，消费者的选择性增强，汽车市场竞争日趋加剧。

(2) 汽车市场由卖方市场向买方市场转变，汽车企业的行为更加理性，更趋合理化。各汽车企业已经完全放弃了那种无视市场需求的做法，都非常重视市场的变化和消费者的需求变化。

(3) 汽车企业的竞争由单一的价格竞争转向全方位的竞争态势。降价曾成为汽车厂家之间竞争的主要手段。但恶性的价格战不但没有唤醒消费者需求，反而增加了消费者持币待购的心态。因此各汽车企业开始探寻其他的竞争策略，加大产品的技术含量，提高产品质量，特别是强化服务手段，由价格的竞争转向了全方位的竞争。

(4) 消费者购车行为发生了变化，总体体现为消费者的消费日趋理性。由于汽车产品日益丰富，消费者可选择的车型增多，消费者的消费需求表现出多样化的特点。一方面他们对汽车产品的安全性、经济性、动力性等方面都提出了不同的要求；另一方面，消费者购买汽车的价位出现变化，购买低价位的经济型车的消费者比例在迅速地增加，从而预示着经济型车的发展将会是中国车市未来几年发展的主流。

企业的市场营销活动除了应重视研究本企业微观营销环境的具体特点外，更重要的是要研究市场营销的宏观环境。

第三节　市场营销的宏观环境

宏观环境（macro-environment）系指能影响整个微观环境和企业营销活动的广泛性因素，包括人口环境、自然环境、经济环境、科技环境、政策与法律环境以及社会文化环境等。一般来说，企业对宏观环境因素只能适应，不能改变。宏观环境因素对企业的营销活动具有强制性、不确定性和不可控性等特点。

一、人口环境

人口环境（demography environment）系指一个国家和地区的人口总量、人口质量、家庭结构、人口性别、人口年龄结构、人口的收入分布以及地理分布等因素的现状及其变化趋势。人口环境对汽车产品的市场规模、产品结构、消费层次、购买行为等都会产生一定的影响。

与汽车市场营销相关的人口环境因素主要有以下四种：

1. 人口数量

一个国家或者地区的人口总量，会在很大程度上影响着汽车消费市场总的容量。人口数量越多，这个汽车消费市场的容量就可能会越大。中国是一个人口数量庞大的国家，汽车消费市场具有很大的潜力。

2. 人口的质量

人口的质量主要是指人口受教育的程度，受教育程度不同的消费者在汽车消费过程中表现出明显的差异性。总的来说，在受教育程度较高的国家或地区，汽车的消费市场比较活跃。

3. 人口年龄结构

人口的年龄结构特点直接影响着汽车消费市场的消费特性。不同年龄结构的消费者，对汽车的喜好和选择表现出相当大的差异性。如青年人喜欢汽车具有活泼的外观和卓越的驾驶性能；中老年人则喜欢汽车具有较好的安全性和稳重的外观。

4. 人口的收入状况及职业特点

人口的收入状况将直接决定消费者是否具备汽车消费能力以及汽车消费的层次。人口的职业特点将影响消费者对汽车车型的选择，不同职业特点的人在选择汽车的时候带有明显的职业性倾向。

汽车市场营销人员在分析人口环境时，应特别注重研究中高收入阶层的人口数量、年龄结构、收入状况、职业特点及地区分布等，因为中高收入的消费阶层才是汽车市场上消费的主要目标群体或潜在客户群体，他们的人口数量直接决定了汽车市场的潜在容量。不同的年龄、不同的收入状况以及不同职业的消费者在汽车消费过程中会表现出明显的差异性，只有认真研究这些方面的情况，才能进行有针对性的营销。例如，就人口的年龄结构特点而言，不同年龄段的消费者对汽车消费的要求可能呈现较大的差异性。老年人可能对汽车的安全性、舒适性等方面提出更高的要求；而年轻人则可能追求的是汽车设计的时尚性、汽车的操控性等方面。再如，不同的收入阶层对汽车消费的消费层次表现出明显的差别，一般收入的家庭首选的是节油的经济型汽车，而高收入阶层的消费者则追求代表汽车身份象征的高档轿车。

二、自然环境与汽车使用环境

1. 自然环境

自然环境（natural environment）系指影响社会生产的自然因素，主要包括自然资源和生态环境。自然环境对汽车企业市场营销的影响主要是以下两个方面：

（1）自然资源的减少将对汽车企业的市场营销活动构成一个长期的约束条件。由于汽车生产和使用需要消耗大量的自然资源，汽车工业越发达，汽车普及程度越高，汽车生产消耗的自然资源也就越多，而自然资源总的变化趋势是日益短缺。

（2）生态环境的恶化对汽车的性能提出了更高的要求。生态与人类生存环境总的变化趋势也是日趋恶化，环境保护将日趋严格。而汽车的大量使用又会产生环境污染，因而环境保护对汽车的性能要求将日趋严格，这对企业的产品开发等市场营销活动将产生重要影响。

汽车企业为了适应自然环境的变化，应采取的对策包括以下三点：

（1）发展新型材料，提高原材料的综合利用率。例如，二战以后，由于大量采用轻质材料和新型材料，每辆汽车消耗的钢材平均下降10%以上，自重减轻达40%。

（2）开发汽车新产品，加强对汽车节能、改进排放新技术的研究。例如汽车燃油电子喷射技术、主动和被动排气净化技术等，都是汽车工业适应环境保护的产物。

（3）积极开发新型动力和新能源汽车。如国内外目前正在广泛研究电动汽车、燃料电池汽车、混合动力汽车以及其他能源汽车等。

2. 汽车使用环境

汽车使用环境系指影响汽车使用的各种客观因素，一般包括气候、地理、车用燃油、公路交通、城市道路交通等因素。

（1）自然气候

自然气候包括天气的温度、湿度、降雨、降雪、降雾、风沙等情况以及它们的季节性变化。自然气候对汽车使用时的冷却、润滑、启动、充气效率、制动等性能以及对汽车机件的正常工作和使用寿命产生直接影响。因此，汽车企业在市场营销的过程中，应向目标市场推出适合当地气候特点的汽车，并做好相应的技术服务工作，以便使用户科学地使用本企业的产品并及时解除用户的使用困难。

（2）地理因素

这里所指的地理因素主要包括一个地区的地形地貌、山川河流等自然地理因素和交通运输结构等经济地理因素。

地理因素对汽车企业市场营销的影响有以下两方面：

① 经济地理的现状及其变化，决定了一个地区公路运输的作用和地位的现状及其变化，它对企业的目标市场及其规模和需求特点产生影响。

② 自然地理对经济地理尤其对公路质量（如道路宽度、坡度、弯度、平坦度、表面质量、坚固度、隧涵及道路桥梁等）具有决定性影响，从而对汽车产品的具体性能有着不同的要求。因此，汽车企业应向不同地区推出性能不同的汽车产品。例如，汽车运输是西藏自治区交通运输的重要方式，针对西藏的高原、多山、寒冷的地理气候特点，有些汽车公司推出了适应当地使用条件的汽车，因而该类汽车被选为当地主要的交通运输工具；而有些公司的汽车产品却因不能适应当地使用条件，难以经受使用的考验，因而退出该地市场。

（3）车用燃油

车用燃油包括汽油和柴油两种成品油。它对汽车企业营销活动的影响有以下三方面：

① 车用燃油受世界石油资源不断减少的影响，将对传统燃油汽车的发展产生制约作用。例如，在20世纪发生的两次石油危机期间，全球汽车产销量大幅度下降。

② 车用燃油中汽油和柴油的供给比例影响到汽车工业的产品结构，进而影响到具体汽车企业的产品结构。例如，柴油短缺对发展柴油汽车就具有明显的制约作用。

③ 燃油品质的高低对汽车企业的产品决策具有重要影响。例如，燃油品质的不断提高，汽车产品的燃烧性能亦应不断提高。

车用燃油是汽车使用环境的重要因素，汽车企业应善于洞察这一因素的变化，并及时采取相应的营销策略。例如，日本各汽车企业在20世纪70年代就成功地把握住世界石油供给的变化趋势，大力开发小型、轻型、经济型汽车，在两次石油危机中赢得了营销主动，为日本一跃成为世界汽车工业的强国奠定了基础。欧美国家的汽车企业因没有把握好这一因素的变化，以至于形成了日后竞争被动的局面。

（4）公路交通

公路交通系指一个国家或地区公路运输的作用，各等级公路的里程及比例，公路质量，公路交通量及紧张程度，公路网布局，主要附属设施如停车场、维修网、加油站以及公路沿线附属设施等因素的现状及其变化。

公路交通对汽车营销的影响有以下两方面：

① 良好的公路交通条件有利于提高汽车运输在交通运输体系中的地位。公路交通条件好，有利于提高汽车运输的工作效率，提高汽车使用的经济性等，从而有利于汽车的普及；反之，公路交通条件差，则会减少汽车的使用。

② 汽车的普及程度提高也有利于改善公路交通条件，从而对企业的市场营销创造更为宽松的公路交通使用环境。

经过六十多年的建设，我国公路交通条件已大为改善，公路里程大幅度增加。同时，公路等级大幅度提高，路面状况大大改善，公路网密度日趋合理。预计到2020年，我国将建成“国家道路主干线快速系统”。该系统总规模3.5万km，全部由高速公路、一级公路、二级汽车专用公路组成。这一系统以“五纵七横”12条路线连接首都、各省省会、直辖市、中心城市、主要交通枢纽和重要口岸，通过全国二百多个城市，覆盖全国近一半的人口，可实现400～500 km范围内汽车可当日往返和800～1 000 km范围内汽车可当日到达的目标。总之，我国汽车企业将面临更好的汽车使用环境。

（5）城市道路交通

城市道路交通是汽车尤其是轿车使用环境的又一重要因素，它包括城市的道路面积占城市面积的比例、城市交通体系及结构、道路质量、道路交通流量、立体交通、车均道路密度以及车辆使用附属设施等因素的现状及其变化。这一使用环境对汽车市场营销的影响，与前述公路交通的影响基本一致。但由于我国城市的布局刚性较大，城市布局形态一经形成，改造和调整的困难很大；加之人们对交通工具选择的变化，引发了对汽车需求的增加，中国城市道路交通的发展面临巨大的压力。因此，该使用环境对汽车市场营销的约束作用就更为明显一些。

有关方面现正着手考虑通过建立现代化的城市交通管理系统、增强快速反应能力和强化全民交通意识等手段，提高城市交通管理水平。同时，国家和各城市也将更加重视对城市交通基础设施的建设，改善城市道路交通的硬件条件。随着我国城市道路交通软件、硬件条件的改善，城市道路交通对我国汽车市场营销的约束作用将得以缓解。

三、科技环境

科技环境（science-technological environment）系指一个国家和地区整体科技水平的现状及其变化。科学与技术的发展对一国的经济发展具有非常重要的作用。

科技环境对市场营销的影响如下：

（1）科技进步促进国家综合实力的增强，国民购买能力的提高给企业带来更多的营销机会。

（2）科学技术在汽车生产中的应用，改善了产品的性能，降低了产品的成本，使得汽车产品的市场竞争能力提高。世界各大汽车公司为了满足日益明显的差异需求，汽车生产的柔性多品种乃至大批量定制（mass customarization）现象日益明显，这都是现代组装自动化、柔性加工、计算机网络技术发展和应用的结果。再从汽车产品看，汽车在科技进步的作用下，已经经历了原始、初级和完善提高等几个发展阶段，汽车产品在性能、质量、外观设计等方面获得了长足的进步。

（3）科技进步促进了汽车企业市场营销手段的现代化，引发了市场营销手段和营销方式的变革，极大地提高了汽车企业的市场营销能力。企业市场营销信息系统、营销环境监测系统以及预警系统等手段的应用，提高了汽车企业把握市场变化的能力；现代设计技术、测试技术和试验技术，加快了汽车新产品开发的步伐；现代通信技术、办公自动化技术，提高了企业市场营销的工作效率和效果；等等。

当今世界汽车市场的竞争日趋激烈，各大汽车公司十分注重高新技术的研究和应用，以赢得未来市场竞争的主动。相对于世界汽车工业而言，我国汽车工业科技水平的落后状况尚很明显，科技进步的潜力十分巨大。我国汽车企业应不断地加强科技研究，加大科技投入，缩小同世界汽车工业先进水平的差距，以谋求更多的营销机会。

四、经济环境

经济环境（economic environment）包括那些能够影响顾客购买力和消费方式的经济因素，包括消费者实际收入、商品价格、居民储蓄以及消费者的支出模式等。

1. 消费者实际收入状况

消费者收入包括工资、奖金、退休金、红利、租金、赠给性收入等，但由于受通货膨胀、风险储备、个人税负因素的影响，实际收入经常低于货币收入。实际收入只是货币收入扣除通货膨胀、风险储备、税收因素影响后的收入。可能成为市场购买力的消费者收入还有“可支配的个人收入（disposable personal income）”与“可随意支配的个人收入（discretionary income）”之分。前者是指货币收入扣除消费者个人各项税款（所得税、遗产税）以及交给政府的非商业性开支（学费、罚款等）后可用于个人消费、储蓄的那部分个人收入，这是影响消费者购买力和消费者支出的决定性因素；后者则是指再扣除消费者个人基本生活用品支出（食物、衣服等）和固定支出（房租、保险费、分期付款、抵押借款等）后的那部分个人收入。因此，企业市场营销人员必须注意经常分析消费者收入的变动状况以及消费者对其收入的分配情况。一般情况下，可随意支配的个人收入主要用于对奢侈品的需求。

2. 消费者储蓄与信贷状况

在消费者实际收入为既定的前提下，其购买力的强弱还要受储蓄与信贷的直接影响。从动态的观点来看，消费者储蓄是一种潜在的、未来的购买力。在现代市场经济条件下，消费者的储蓄形式有银行存款、债券、股票、不动产等，它往往被视为现代家庭的“流动资产”，因为它们大都可以随时转化为现实的购买力。在正常状况下，居民储蓄同国民收入成正比变动，但在超过一定限度的通货膨胀的情况下，消费者储蓄向实际购买力的转变就极易成为现实。消费者信贷是指消费者以个人信用为保证先取得商品的使用权，然后分期还贷款的商品购买行为。它广泛存在于西方发达国家，是影响消费者购买力和消费支出的另一个重要因素。在西方国家，消费者信贷主要有四种形式：日常用品的短期赊销、购买住宅时的分期付款、购买耐用消费品时的分期计息贷款以及日益普及的信用卡信贷。因此，研究消费者信贷状况与了解消费者储蓄状况一样，都是现代企业市场营销的重要环节。

3. 消费者支出模式的变化

所谓消费者支出模式，其内容是指消费者收入变动与需求结构变动之间的关系。其变化状况主要受恩格尔定律的支配，即随着家庭收入的增加，用于购买食物的支出比例将会下降，用于住宅、家务的支出比例则大体不变，而用于服装、交通、娱乐、保健、教育以及储蓄等方面的支出比例会大大上升。除此以外，消费者支出模式的变化还要受两个因素的影响，一个是家庭生命周期，另一个则是消费者家庭所处的地点。显然，同样的年轻人，没有孩子的丁克家庭与普通家庭的消费方式差异较大。家庭所处的位置也会构成家庭支出结构的差异，居住在农村与居住在城市的家庭，其各自用于住宅、交通及食品等方面的支出情况也必然不同。从经济学的角度来看，居民收入、生活费用、利率、储蓄和借贷形式都是经济发展中的主要变量，它们直接影响着市场运行的具体情况。因此，注意研究消费者支出模式的变动走势，对于企业市场营销来说具有重大意义，它不仅有助于企业未来时期内避免经营上的被动，而且还便于企业制定适当的发展战略。

企业市场营销的重要任务之一，就是要把握市场的动态变化。市场是由购买力和人口两种因素所共同构成的，因而了解购买力的分布、发展和投向，是企业宏观营销环境的重要内容。

五、政策与法律环境

营销学中的政策与法律环境，又叫政治环境（political environment），是指能够影响企业市场营销的相关政策、法律以及制定它们的权力组织。市场经济并不是完全自由竞争的市场，从一定意义上说，市场经济本质上属于法律经济，因而在企业的宏观管理上主要靠经济手段和法律手段。政策与法律环境正在越来越多地影响着企业的市场营销。

政策与法律环境对市场营销的影响表现在以下几方面：

1. 法律对工商业的限制和保护

（1）法律对工商业的限制

近几年来，全世界各国有关工商业的立法稳步增长，覆盖竞争、公平交易行为、环境保护、产品安全、广告真实性、包装与标签、定价及其他重要领域。

发达国家在企业市场营销方面的立法主要有三种类型：

① 保护企业相互之间的利益，维护公平竞争的立法。这种立法的目的是要说明何为不公平竞争，以及如何防止不公平竞争。国际上较为著名的此类法律有：美国1890年通过的旨在禁止垄断行为的《谢尔曼反托拉斯法》；1914年通过的旨在反对不正当竞争的《联邦贸易委员会法》；1936年通过的旨在禁止价格歧视的《帕特曼法》；1950年通过的有关企业兼并的《反吞并法》；等等。

② 保护消费者利益免受不公平商业行为损害的立法。这种立法的核心在于防止企业以欺骗性广告或包装招徕顾客，或以次品低价引诱顾客的行为，否则将对其进行法律制裁。美国等发达国家的此类立法尤多，比如《消费者公平信贷法》、《消费品定价法》、《广告法》等。

③ 保护社会公众利益的立法。为保护环境、防止经济发展与生活水平反向变化现象出现，以及避免企业在生产过程中造成的负担，旨在约束企业行为而立法。这方面的立法有各种专门的国际公约，各国也有具体的立法，比如美国的《国家交通安全法》、《国家环境政策法》等。

无论法律的具体类型如何，都会对企业的市场营销活动构成某种约束。从这种意义上说，企业的市场营销人员必须掌握关于环境保护、消费者利益和社会利益方面的法律。一般来说，早期的法律重心多为保护竞争，而现代法律的重点则已经位移到了保护消费者。把握这一点对于企业开展市场营销业务尤为重要。不过，在企业立法方面一直存在着一个国际性的争论，即何处才是管制成本与管制利益的均衡点。而且，立法的公正性与执法的公正性远不是一回事，这是法律经济学上的难题，也是市场营销活动中所要经常面对的问题。

另外，立法与执法是相同意向的前后相连的两个过程，它们的承载主体各不相同。例如，美国的执法机构主要有联邦贸易委员会、联邦药物委员会、食品与药物管理局、联邦动力委员会、民用航空局、消费品安全委员会、环境保护局、消费者事务局等。显然，这些机构的行为状况对企业的市场营销行为与营销过程的影响作用不会完全相同。但这里却存在着一个具有国际普遍性的难题，即在立法机构与执法机构之间，真正熟知营销业务的人员在水平上并不完全对等。因此企业市场营销人员如果缺乏与其打交道的技巧，往往极易丧失机会与市场。

（2）国家政策和法律对工商业的保护

法律和政策将随新的经济形势的变化而不断变化。企业管理人员在制订产品及其营销计划的时候，必须注意这些变化。

中国在加入 WTO 以后，国家的产业政策、税收政策以及国家的进出口管理政策均进行了重大调整。

以产业政策为例，国家已出台对幼稚产业的保护政策和战略性贸易政策。所谓对幼稚产业的保护政策，指对那些经济发展后起步的国家，在选择某些具有潜在优势和发展前景的产业（幼稚产业）方面给予适当的、暂时的关税保护，以便逐步扶持其提高参与国际竞争的能力。例如，加入 WTO 以后的 2006 年，我国汽车整车的进口关税降至 25%，汽车零部件的平均进口关税降至 10%，汽车进口配额将取消。如今国产汽车的价格优势荡然无存。加入 WTO 以后，在银行业方面，外国银行进入中国两年后可与中国企业开展人民币业务，进入五年后可从事银行零售业务，地域限制和客户限制都已彻底消除。在保险业方面，经营人寿保险的外国保险机构可占 50% 的股权，经营非人寿保险的外国机构可占 51% 的股权，再保险业务经同意可完全放开。在证券业方面，少数合资公司可从事和中国公司同样的基金管理业务，也可从事国内证券业务的发行和以外币计价的证券交易，包括债券和股票。总而言之，在这些领域国家将实行一定的保护政策。

战略性贸易保护政策指由于不完全竞争和规模经济的存在，市场本身运动的结果处于一个“次优”的境地，政府可适当运用如关税、补贴等干预措施扶持本国战略性产业的成长，并带动相关产业的发展，从而增加本国的经济贸易福利。例如谋取规模经济之外的额外收入、抢占国际竞争对手的市场份额等。

中国在加入 WTO 以后，在承担相应开放市场义务的同时，对国内某些幼稚产业和战略性产业在一定时期内都实行过适当保护。在立法方面，反倾销法、反补贴法、进口保障法、维护公平竞争法、反垄断法等都将已台或将出台。

2. 社会规范和商业道德对市场营销的影响

形成文字的法规不可能覆盖所有可能产生的市场弊端，而现有法规也很难全部执行，而且，除法律和规章以外，企业也要受社会规范和商业道德的约束。大量出现的商业丑闻使人们重新重视商业道德问题。因此，许多行业和专业贸易协会提出了关于建立道德规范的建议，许多公司制定了关于履行复杂的社会责任问题的政策和指导方针。

另外，公众利益团体，如那些保护消费者利益方面的团体——消费者协会、动物保护委员会、保护妇女权益委员会等迅速崛起，他们会游说政府官员，通过呼吁左右舆论导向，给企业的市场营销活动带来极大的影响。如果企业营销人员缺乏相应的斡旋技巧，就难免给原有的目标市场造成威胁。

六、社会文化环境

社会文化环境（cultural environment）系指一个国家、地区或民族的传统文化（如风俗习惯、伦理道德观念、价值取向等）。它包括核心文化和亚文化。核心文化是人们持久不变的核心信仰和价值观，它具有世代相传、并由社会机构（如学校、教会、社团等组织）予以强化和不易改变等待点。亚文化是指按民族、经济、年龄、职业、性别、地理、受教育程度等因素划分的特定群体所具有的文化现象，它根植于核心文化，但比核心文化容易改变。

社会文化环境对汽车营销的影响如下：

（1）它影响着人们的行为（包括购买行为），使人们对企业不同的营销活动（如产品设计、造型、颜色、广告、品牌等）具有不同的接受程度。例如，某些性能先进、国际流行款式、深受外国人喜爱的“留背式”轿车，在推向中国市场时却遇到了销售不畅的麻烦，其原因就在于中国的集团消费者认为它“不气派”，生意人认为其“有头无尾”（不吉祥），结婚者认为其“断后”（断“香火”），等等。总之，这种车型被认为“不符国情”，致使有关企业不得不为改变上述文化观念，花费大量促销费用。又例如，北方某公司曾成功地利用南方人爱“发”的心理特点，对“××大发”汽车的促销宣传取得了显著效果。以上两例从反正两方面说明了社会文化对企业市场营销的重要影响。

（2）亚文化的发展与变化，决定了市场营销活动的发展与变化。例如，在20世纪60年代以前，由于受“二战”和战后物质相对贫乏的影响，人们的心理显得比较庄重、严肃，因此世界汽车也多以深颜色（如黑色）为主。之后，由于世界汽车工业的重心向日本转移（日本人多喜欢白色），而且人们开始追求自由自在的生活，因此世界汽车的流行色变得以轻快、明亮的色泽（如白色、银灰色）为主。但另一方面，营销者也可以利用亚文化的相对易变性，充分发挥主观能动作用，引导亚文化向有利于本企业市场营销的方向变化。

总之，社会文化环境影响着企业的营销活动。同时，营销活动对社会文化环境也有一定的能动作用。

第四节　汽车企业适应营销环境变化的策略

营销者必须善于分析营销环境的变化，研究相应的对策，提高企业市场营销的应变能力。只有如此，企业才能在“商战如兵战”、“市场无常势”中立于不败之地。

一、企业对抗环境变化的策略

对企业市场营销来说，最大的挑战莫过于环境变化对企业造成的威胁。而这些威胁的来临，一般又不为企业所控制，因此企业应做到冷静分析、沉着应付。面对环境威胁，企业可以采取以下三种策略：

1. 对抗策略

这种策略要求尽量限制或扭转不利因素的发展。比如企业通过各种方式，促使或阻止政府或立法机关通过或不通过某项政策或法律，从而赢得较好的政策和法律环境。显然企业采用此种策略时必须以企业具备足够的影响力为基础，一般只有大型企业才具有采用此种策略的条件。此外，企业在采取此种策略时，其主张和所作所为，不能倒行逆施，而应同潮流趋势一致。

2. 减轻策略

这种策略适宜于企业不能控制不利因素发展时采用。它是一种尽量减轻营销损失程度的策略。一般而言，环境威胁只是对企业市场营销的现状或现行做法构成威胁，并不意味着企业就别无他途，俗话说“天无绝人之路”、“东方不亮西方亮”。企业只要认真分析环境变化的特点，找到新的营销机会，及时调整营销策略，不仅减轻营销损失是可能的，而且谋求更大的发展也是可能的。

3. 转移策略

这种策略要求企业将面临环境威胁的产品转移到其他市场上去，或者将投资转移到其他更为有利的产业上去，实行多角经营。例如KD方式转移生产、产品技术转移等都是转移市场的做法。但转移市场要以地区技术差异为基础，即在甲地受到威胁的产品，在乙地市场仍有发展前景。企业在决定多角经营（跨行业经营）时，必须对企业是否在新的产业上具有经营能力作审慎分析，不可贸然闯入。

总之，当企业在遇到威胁和挑战时，营销人员尤其是管理者，只有积极寻找对策，率领全体职工努力克服困难，创出光明前景，才是企业家应有的风采。

二、企业调节市场需求的策略

调节市场需求的水平、时间和特性，使之与供给相协调，是营销管理者的重要任务。现代市场营销理论总结出多种调节市场需求的方法。

1. 扭转性经营

这种经营即采取适当的营销措施，改变用户对本企业产品的信念和态度，把否定需求改为肯定需求。此策略适合于用户对本企业产品存有偏见或缺乏了解等情况下采用。

2. 刺激性经营

这种经营即设法引起用户的注意和兴趣，刺激需求，扩大需求规模。此策略一般适合于企业成功的新产品在推向市场时采用。

3. 开发性营销

当用户对现有产品已感到不满足，希望能有一种更好的产品取代时，即意味着某种新产品有了潜在需求，企业应尽快推出适合用户需要的新产品，将用户的潜在需求变为现实需求。

4. 维持性营销

当某种产品目前的需求水平与企业期望的需求水平基本吻合，出现更大规模需求的可能性不大时，宜采用此策略，即维持营销现状，不再对此产品作更大的投资。

5. 限制性营销

当产品呈现供求不平衡时，企业可以通过宣传引导、提价等措施，以抑制部分需求；当产品供过于求时，企业可以加强促销，以扩大需求，必要时还必须减少产品的供给，实行限制性营销。

有人说市场营销管理的实质就是需求管理，这说明了调节市场需求对企业市场营销的重要性，它体现了企业市场营销的高超技艺。

下面看一看日本丰田汽车公司是如何适应和接受营销环境挑战的。

1970 年，美国发布了限制汽车排放废气的“马斯基法”，而丰田汽车公司早在 1964 年就把省油和净化技术列为自己的技术发展战略，并一直进行相应的技术研究。为了研制废气再循环装置和催化剂转换器，丰田汽车公司在当时的 7 年间投入了 10000 亿日元的资金和一万多人的力量，仅废气处理系统就开发出丰田催化方式、丰田稀薄燃烧方式、丰田触媒方式三种，并很快在“追击者”高级轿车上安装了这些装置，从而在这一技术领域把美国人远远甩在了后边。同时，丰田汽车公司还与其他日本汽车厂家一起开发了节约燃料 25%～30%的省油车，以后又开发出了防止事故发生和发生事故后保证驾驶人员安全的装置。这对受石油危机冲击后渴望开上既经济又安全的轿车的美国人来说，无异于久旱逢甘霖。5 年间，在其他厂家的汽车销售直线下滑的情况下，丰田牌汽车在美国的销售量却增加了两倍。

一位美国汽车业人士事后对照丰田汽车公司的做法和当时美国汽车公司的反应，发表了这样的看法：

“在 1973 年阿以战争和接着出现的石油危机之后，对一些问题的回答是非常清楚的。整个世界陷于一片混乱之中，对这种局势我们必须立即做出反应，小型的、节油的、前轮驱动的汽车是今后的趋向。”

"做出这样的推测不必是什么天才，只需要看一看对底特律来说最可怕的 1974 年的销售数字就行了。通用汽车公司的汽车销售总数较上年下降了 150 万辆，福特公司的销售数也减少 50 万辆。小型车大多来自日本，而且销路极好。"

"在美国要提高生产小型车的效率是很费钱的事情。但是，有些时候，你除了做出巨额投资之外，没有任何其他的选择。通用汽车公司耗资数十亿来生产小型汽车，克莱斯勒公司也对节油型号的汽车投入了一大笔钱。但是，对亨利（福特的董事长）来说，生产小型车是没有出路的，他最喜欢用的说法：'微型汽车，低微利润'。"

"你不能靠小型汽车赚钱，这毕竟是对的——至少在美国是这样。这一点，一天天变得更正确。但是这并不意味着我们就不应该制造小型汽车，即使不出现第二次石油短缺的前景，我们也必须使我们的经销商保持心情舒畅。如果我们不向他们提供消费者需要的小型车，这些经销商便会与我们分手，另谋出路，甚至去为本田汽车公司或丰田汽车公司工作。"

"严酷的现实是，我们必须照顾购买力较低的那部分市场。如果再加上爆发石油危机的因素，这种论点就更是正确无疑了，我们不提供小型节油的汽车，就像开一家鞋店而告诉顾客：'对不起，我们只经营 9 号以上的鞋了'。"

"制造小型汽车已成为亨利不愿谈及的事。但是我坚持我们必须搞一种小型的、前轮驱动的汽车——至少在欧洲搞这样的汽车。在欧洲，汽油价格要高得多，而且公路也狭窄些，甚至亨利可以断定在欧洲搞一种小型车的确很有意义。"

"于是派遣我们的高级产品的设计师到大西洋彼岸去工作，很快就装配出了一辆崭新的假日型汽车。它是一种前轮驱动和配有横置发动机的型号很小的汽车，简直妙不可言，也很受市场欢迎。"

三、环境分析的具体方法

企业只有不断地适应各种营销环境的变化，方可顺利地展开营销活动。为此，企业除了在技术上应建立预警系统，监视环境变化以及加强营销环境变化的预测外，还必须掌握分析环境变化的具体方法，从而主动调整营销策略，使企业的营销活动不断地适应营销环境的变化。

对企业而言，并非所有的营销机会都具有相同的吸引力，也不是所有的环境威胁都产生相同的压力。企业对于每种营销环境的变化给企业带来的机会或环境威胁，应从数量上或程度上予以分析，运用比较的方法，找出和抓住最有吸引力的营销机会，避开最严重的环境威胁。这种分析方法就是环境分析。

环境分析的具体方法可以通过选择"潜在吸引力（或危害性）"和"成功可能性（或出现威胁的可能性）"两个指标进行。根据这两个指标的具体特点去评价某种环境变化的具体特点。环境分析的具体过程可用图 3－2 表示。如果某种环境变化对企业营销机会的"潜在吸引力"大，而企业营销活动的"成功的可能性"也高，即处于图 3－2a 中阴影部分，表明该种环境变化将对企业的营销活动非常有利，企业应当抓住这样的机会；反之，如果某种营销环境变化对企业营销活动的"潜在危害性"大，而这种"出现威胁的可能性”也高，即处于图 3－2b 中阴影部分，即表明该种环境变化将对企业的营销活动产生非常不利的影响，企业应及时调整营销策略，甚至改变营销战略，以避开或减轻营销环境变化对企业营销活动的威胁。

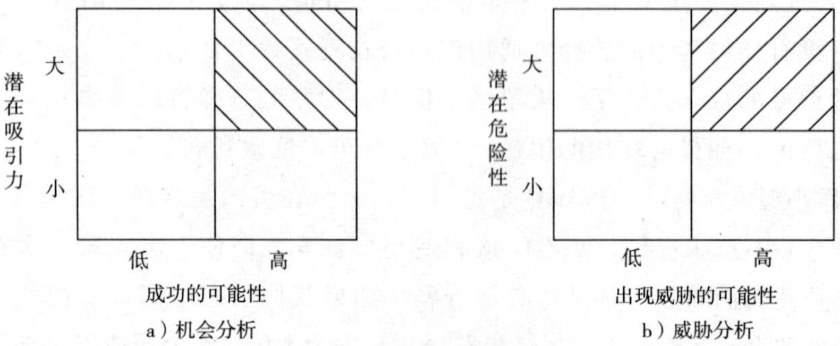

图 3－2　营销环境分析方法

企业弄清自己的营销机会和环境威胁，是取得营销业绩和谋求企业发展的基本前提。如果综合地考察企业面临的营销机会和环境威胁，那么你会发现企业在营销环境的变化过程中所处的地位和类型可能是理想企业、风险企业、成熟企业、困难企业。显然，以理想企业所处的环境最好，以困难企业所处的环境最差。对于进入新的历史时期的我国汽车企业而言，大型汽车企业（集团）更多的可能属于风险企业，而某些中小型企业，尤其是那些经营思想不端正、市场营销能力弱的企业，则更多的可能属于困难企业。因此，各汽车企业对自己所处的地位和类型应保持清醒的认识。

四、企业适应营销环境变化的措施

为了适应环境变化，企业必须在营销实践中找到一些行之有效的措施。具体措施有以下四种：

（1）增强市场营销计划的弹性。富有弹性的市场营销计划，有利于发挥营销计划的先导作用，使企业在实施营销计划时能够适应环境的变化。因此，企业在制订营销计划时应做到：首先，企业要在制定订市场营销基本计划的基础上，再建立一套或几套应急计划方案。其次，企业要建立滚动性营销计划。再次，计划指标要有合理的上限和下限幅度。同时，企业在制订计划和作出决策的早期阶段，应使计划和决策既处于大体形成，又处于实验性状态，以备突发事件来临后游刃有余。

（2）重视后备资源的建设。如上所述，企业在制订应急计划后，还应落实应急措施，积蓄打赢应急战的力量。

（3）提高控制水平。它包括企业提高对流动资金、生产物资、生产指挥和中间商等市场营销重要因素的控制水平。

（4）建立快速应变的组织保障体系。企业在组织领导体制上要有“统一指挥、个人负责”的指挥系统，完善企业内部的信息流通机制，以加强各部门的协调配合，提高整个组织的灵活性和协调性。

【案例分析】

案例一：狮子和霸道

2003年对于汽车市场来说可谓是多事之秋。这一年，中国汽车市场发生了一则涉及汽车的政治事件，这就是“狮子和霸道”广告事件。这一事件后来被汽车界评价为危机公关处理的典型成功案例，就是因为对文化的不了解而造成的，整个事件的发生着实让事件的主人公“一汽”丰田汽车公司胆战心惊。

事情起源于厂家刊登的一则广告，其主体内容是为了配合两款SUV车型（陆地巡洋舰和霸道）的上市销售。报纸上的广告内容如下：两只石狮子蹲在路边，其中一只伸出爪子向迎面驶来的霸道车做招手致礼状，画面一旁写着：“霸道，你不得不尊敬。”另外一幅广告画是：一辆强悍的丰田陆地巡洋舰汽车拖着另一辆军绿色的载货车。中国的传统文化中，狮子常常被作为中华民族的象征，特别是敏感的卢沟桥上有狮子，作为中国人都知道其蕴涵的深层次意义。在中国人的印象中狮子的威严是不可动摇的，象征着中国人民的威严和尊重。而另一张广告画就更加让人生气，因为绿色的载货车在我国常常是军车，被丰田公司的陆地巡洋舰拖着走，很失尊严。结果这次广告策划引起了中国公众极强烈的反感，在互联网上也是帖子不断，都是抨击之语。媒体争相报道此事，就连工商部门也表示关注。对此，“一汽”丰田汽车公司马上做出反应，成功化解了危机。采取的具体措施如下：其一，对全国经销商紧急公布撤下印有两则广告的宣传物的决定，并且要求各地经销商及时反馈各地事态的进展；其二，积极回应媒体，丰田汽车公司的中国总部代表也参加了媒体恳谈会，时任合资汽车厂家的“一汽”丰田汽车公司总经理的古各俊男代表厂家公开向媒体和公众道歉；其三，马上停止广告投放，并在全国多家媒体上刊登致歉信，以缓解民愤。

这一事件的发生，在中国汽车产业发展的历程中，留下了一则生动的教案。它清楚地告诫所有的汽车厂家：在发展汽车经济的同时，必须充分地了解中国的国情和政治文化环境，避免陷入被动。尤其是日本汽车企业，在处理商品设计、市场推广、公共关系、劳资关系等方面要懂得历史、文化和中国人民的情感，否则，再好的产品也可能不被买账。

从此次事件中可以看到，日本企业对中国社会文化环境不了解。企业要健康生存和发展，最好避免出现类似问题；如果不幸遇到的话，应尽快全面出动，在最短时间内，最大化地缩小事件带来的负面影响。

案例二：福田公司的成功崛起创造了汽车界的奇迹

总部设在北京的福田公司，创业之初仅是山东诸城的一个生产农用三轮车的小厂，后来和北京的汽车厂联营，生产1吨多的小卡车，质量上没有什么新的突破，但是价格却很低廉。因诸城制造成本低，产品价格便宜，该车特别适合我国当时的实际情况，农民需要运输农产品的车辆，手里又没有钱，车价格高了买不起。因为有价格的优势，该车在农村打开了销路。当时的福田车质量上和国产或进口的高端产品有差距，但是福田公司有过硬的体制优势，可以在全国范围内寻找优秀的专业人才，不惜重金聘请，并且从创立之初福田公司就有市场需要什么就生产什么的观念——客户需求的就是我们要生产的。曾被国内的同行嘲笑“五大总成一件也不生产”（五大总成，即发动机、变速器、前后桥、车架、驾驶室）的福田公司，当时都是在国内购买成熟的配套件组装，自己只制造一些小部件，因为技术实力不足，资金也不足。但当时某些大的汽车公司，一般也只生产几种部件，只有部分老厂有实力全部自己制造。甚至在讲究专业化分工的今日，仍然有很多汽车厂不能生产发动机，也不生产变速器。但是，福田公司有的是良好的机制和市场观察力，当你看到在各地奔跑的福田车时，还能怀疑福田公司的能力吗？福田公司后来利用台湾的设计，生产了自己的驾驶室，也生产了自己的帕金斯发动机，走进了中国汽车业的第一阵营，而且依靠这种体制，发展良好，后劲充足。现在的福田公司，从小到125 CC排量的三轮摩托车到载重量达到几十吨的卡车、蒙派克MPV、12米客车都能制造，同时又与德国奔驰公司合资制造奔驰卡车，并且还生产收割机、挖掘机、四轮驱动拖拉机等。福田公司的成功再一次证明了：只有对市场营销环境进行深入细致的研究，找到适销对路的产品，才能成功。没有失败的行业，只有失败的工厂。福田公司再一次地演绎了一个汽车业的东方神话——后来者居上。

在这个案例中，福田公司靠敏锐的观察力，发现低档次农用汽车的空白，经过对市场宏观环境和微观环境分析后，成功进入汽车行业，在一个看似饱和的市场找到了不饱和的空间，从而获得了成功。

思考题

3-1　为什么要进行企业营销环境分析？

3-2　如何分析企业的营销宏观环境？它的组成要素有哪些？

3-3　如何分析企业的营销微观环境？它的组成要素有哪些？

3-4　试述企业适应营销环境变化的策略。

第四章　汽车产品消费行为分析

学习目标：了解汽车消费市场的特点；了解汽车私人消费者市场的特点；掌握汽车私人消费者购买行为特点；了解汽车集团组织消费者市场的特点；掌握汽车集团组织消费者购买行为特点。

对汽车消费者在购买过程中各阶段行为的研究，掌握其中的规律和特点，将有利于企业实施有效的营销组合策略，提高市场营销的效率，在满足各类用户需要的前提下实现企业的发展目标。这一章内容主要对几类汽车购买者的购买行为进行分析研究。

第一节　汽车市场的特点和用户类型

一、汽车的使用特点

汽车本身是一种有形商品，但其使用特点又明显不同于一般生产资料和消费资料等有形商品。这种使用上的特殊性体现在以下两个方面。

1. 汽车既是一种生产资料，又是一种消费资料

从使用角度看，汽车产品的用途大致有两种：

（1）作为生产资料使用

各类生产型企业利用自己拥有的汽车，进行原材料、配套件、在制品以及产成品的运输等，由于这类运输活动构成企业生产活动的一部分，因而汽车属于一种生产资料。国民经济基本建设单位、公共工程建设单位等集团组织，也将汽车作为其必不可少的装备使用，汽车也是其生产资料的一部分。对从事公路专业运输、出租汽车运输、城市公共交通、汽车租赁、旅游业务等经营或营运活动的单位和个人来说，汽车是作为经营资料使用的，它是运输服务的物质载体，像这种作为经营资料使用的汽车，也可看做是生产资料。所以，可以说绝大部分载货汽车、专用汽车、特种汽车、自卸汽车和一部分客车及轿车均

作为生产资料在使用的。

(2) 作为消费资料使用

汽车用作消费资料的一种表现是它属于一种集团消费资料。例如，用于满足各类企事业单位、各级各类政府机关、非营利性组织团体等公务及事业活动需要的轿车，以及用于解决职工上下班的客车等，都属于集团消费资料。很大一部分轿车及客车、某些载货汽车均是作为集团消费资料在使用。汽车用作消费资料的另一种表现是它作为一种生活耐用消费品，进入到广大居民家庭消费领域。此时，汽车（轿车、微型客车等）作为消费资料，主要用于私人代步，满足消费者个人出行的需要。

2. 汽车是一种最终商品

从产品的加工程度看，汽车本身属于产成品。无论是作为生产资料使用的汽车，还是作为消费资料使用的汽车，都是最终可以直接使用的产品。在这一意义上，汽车与那些作为原材料、中间产品、生产协作件等形态的生产资料存在差别。

汽车的上述使用特点，决定了汽车用户的广泛性，也决定了汽车的购买行为既有与一般消费资料和生产资料等商品相似的一面，又有不同的一面，值得汽车营销者进行研究。

二、汽车的消费特点

一是汽车本身价格高。根据不同的车型，低则几万元，高则上百万元，有的甚至上千万元。目前汽车市场上较便宜的车型集中在家用的微型车和面包车上；车价较高的车型主要是进口车。

二是汽车的价值随着其使用的行驶里程的增加而逐渐降低。当达到一定的里程以后，汽车的安全性不能满足其使用要求时，就会被强制报废，这时其价值为零。

三是汽车的各种相关的使用费用较高。汽车在购买后注册时的各种附加费较高，如车辆购置税就高达购车费的10%，在使用的时候还要交纳各种保险费、过桥费以及每年的车辆年审费。在车辆出现故障的时候，还要计算各种修理费、平时的保养费、零配件费用等。

四是汽车的使用消耗费用较高。汽车在使用的时候必须消耗燃料，发动机和其他总成需要润滑油来进行润滑，发动机的冷却系统中要加注冷却防冻液，轮胎在使用到极限位置以后要更换。这些费用在汽车的使用上也是一笔不小的支出。

三、影响汽车产品消费的因素

目前，不少消费者都能买得起车，而且准备买车的人也不少，但最终购车的人却不多。究其原因，主要有以下几点。

(1) 城市规划相对滞后，道路结构不合理。近几年，虽经多次道路拓宽改造，但城市的规划远远落后于高速发展的汽车业，许多商业中心、高档居民楼都见缝插针，建在城市中心，不能适应家用轿车带来的分散化城市格局。因此，汽车消费的“肠梗阻”现象依然制约着汽车的消费市场。

（2）油价居高不下，影响汽车业的发展。近年来，受国际国内因素影响，油价一直居高不下，上涨趋热明显，现在已经超过 7.0 元/升，油价的居高不下使汽车使用费用增加，“买得起养不起”的现状使许多潜在消费者较为苦恼。大城市因为油价上涨和道路拥挤的原因，让不少已经买车的人不开车，仍然在乘坐公共交通出行，出现所谓的“捧车族”，即买了车却放起来不用。

（3）汽车的使用缺乏一个宽松的环境。一方面保险费率变动出台后，保险市场更加混乱；各类诈骗汽车贷款案件的屡次发生致使保险公司不愿经营“车贷险”业务，从而使汽车销售量增速较慢；另一方面“停车难”成为汽车业主新一轮较为头疼的问题，停车场的增速根本无法适应汽车市场的发展，可见我们的城市还不太适应汽车时代的到来。如上海买车后还要花几万钱去买牌照；有些地方在购买汽车的时候，还要提供有停车位的证明。

（4）区域经济相对滞后，工薪阶层望车兴叹。近年来，我国经济得到快速发展，但全国东西部地区还有较大差距，中西部地区薪资水平相对偏低，而工薪阶层却是拉动整个城市消费增长的主要群体。按我国汽车价格计算，对于大多数月收入只有 1 000～2 000 元的工薪阶层来说，买车还有一定距离，即使办理信贷业务后，消费者每月得还款 1 000～10 000元，而车的日常费用更难以承受。因此，汽车价格虽经一降再降，但仍未进入工薪阶层可接受的范围。

（5）汽车的售后服务缺乏创新意识、服务意识、用户意识。汽车产业的发展，对汽车市场的售后服务提出新的挑战。但落后的汽车售后服务影响了汽车消费的增长。

四、汽车用户的类型

汽车用户有着明显的广泛性。依据各种用户在购买模式或购买行为上的共同性和差异性，汽车用户可以分为以下几种类型：

第一种是私人消费者，指将汽车作为个人或家庭消费使用、解决私人交通的用户。他们构成汽车的私人消费市场。目前，这一市场是我国汽车市场增长最快的一个细分市场，其重要性已经越来越引起各汽车厂商的关注。

第二种是集团消费者，指将汽车作为集团消费性物品使用、维持集团事业运转的集团用户。其在我国通常称为“机关团体、企事业单位”，这类消费者构成汽车的集团消费市场。这一市场是我国汽车市场比较重要的一个细分市场，其重要性不仅表现在具有一定的需求规模，还常常对全社会的汽车消费起着示范性作用。这类用户主要包括各类企业单位、事业单位、政府机构、司法机关、各种社团组织以及军队等。

第三种是运输营运者，指将汽车作为生产资料使用，满足生产、经营需要的组织和个人。他们构成汽车的生产营运者市场。这类用户主要包括具有自备汽车的运输机构的各类企业单位、将汽车作为必要装备的各种建设单位、各种专业的汽车运输单位和个人等。目前，这一市场在我国汽车市场上也占有重要位置。特别是对某些车型而言，这类用户构成了这些车型的主要市场。

第四种是其他直接或间接用户，指以上用户以外的各种汽车用户及其代表，主要包括以进一步生产为目的的各种再生产型购买者，以进一步转卖为目的的各种汽车中间商，他们都是间接用户。由这类购买者构成的市场，对于汽车零部件企业或以中间性产品（如汽车的二类、三类、四类底盘）为主的企业而言，是非常重要的。

以上各类汽车用户，从总体上也可以大体分为消费者个人和集团组织两大类，前者构成汽车的消费者市场，后者构成汽车的组织市场。也就是说，组织市场是指工商企业为从事社会生产或建设等业务活动，以及政府部门和非营利性组织为履行职责而购买汽车产品所构成的市场，即组织市场是以某种组织为购买单位的购买者所形成的市场，是消费者市场的对称部分。就卖方而言，消费者市场是“个人”市场，组织市场则是“法人”市场。

第二节　汽车个人消费者的消费心理与消费行为

汽车个人消费者的消费主体是消费者个人，消费者个人的消费心理与消费行为决定了汽车个人消费者市场的特点，而针对其消费心理与消费行为的研究将对汽车生产和销售企业具有一定的指导意义。

一、消费者心理分析

对汽车的认识是消费者购买汽车的消费心理的开始。对汽车认识的过程既是消费者购买行为的前提，也是其他心理活动过程的基础。消费者对汽车商品的认识过程可以分为两个阶段，即对汽车商品认识的形成阶段和对汽车商品认识的发展阶段。

1. 消费者对汽车商品认识的形成阶段

心理学研究结果显示，人对客观世界的认识是从感觉和知觉开始的。消费者对商品认识的形成阶段，是指消费者通过自己的各种感觉器官，获得有关商品的多种信息及其属性的过程。这个过程主要包括消费者的感觉和知觉过程。

（1）消费者对商品的感觉过程

感觉是指人脑对直接作用于感觉器官的外界事物的个别属性的反映。心理学的研究表明，人头脑中85%的信息是通过外部感觉中的视觉获得的，而15%的信息是通过包括听觉在内的其他感觉获得的。

感觉是消费者认识商品的起点。消费者一切复杂的心理活动都是在感觉的基础上产生的。例如，消费者选购汽车时，往往先用眼睛观看汽车的外表；用手触摸汽车材料的质地；坐进车厢后用鼻子闻车厢内的气味；用耳朵听汽车发动后的噪声；等等。通过这些活动，消费者获得了对汽车的感性认识，了解汽车的外形、颜色、气味、材料等个别属性和特征，从而对汽车产生了是否美观、是否质地优良、是否时尚的感觉和认识，激发消费者对汽车的购买欲望。

购物时消费者首先接触到的是购物环境和营销人员的服务。购物环境的优劣、商品陈列造型的协调程度、灯光的采用、营业员的仪表与礼节等，都能给消费者以不同的感觉，从而引起消费者不同的情感体验。

在购物时对消费者的刺激不能超出适宜的感觉阈限。感觉阈限是指人能获得感觉的刺激的最小量。企业及营销人员对消费者发出的刺激信号的强度要适应人的感觉阈限。刺激信号过弱，不足以引起消费者的注意，达不到激发其购买欲望的目的；但是，如果刺激信号强度过强，则又会使消费者承受不了，走向反面。

（2）消费者对商品的知觉过程

知觉是人脑对直接作用于感觉器官的客观事物的各个部分和属性的整体反映。知觉以感觉为基础，但并不是感觉数量的简单相加，它还受到过去经验的制约。

知觉具有整体性、理解性、恒常性特征。

当仅外部条件发生一些变化时，如果被感知的事物的基本属性和结构不变，人对该事物的印象仍能保持相对不变。例如，绝大多数消费者认为，美国车宽敞豪华，德国车科技含量高，法国车富于动感，日本车小巧省油。这些观念的形成与消费者知觉的恒常性存在紧密的联系。

2. 消费者对商品认识的发展阶段

消费者通过感觉和知觉，形成了对商品的表面的直观认识之后，还通过一系列环节，诸如通过对商品的注意、记忆、思维、想象等复杂的心理活动来深化和发展其认识过程。

（1）消费者的注意

注意就是人的心理活动对一定对象的指向和集中。注意本身不是一种独立的心理活动，而是伴随着感觉、知觉、记忆、思维、形象同时产生的一种心理机能。商品的个别属性被直接反映，就可能引起消费者的注意。

注意能够使消费者选择那些对其有意义的、符合自身需要的信息和事物，避开那些与其当前活动不一致或无关的信息和事物。

注意能够指使注意对象的映像和内容在主体意识中保持、延续到达目的为止，这是注意的保持功能。注意的保持功能对消费者的重购行为起着举足轻重的作用。

（2）消费者的记忆

记忆是指过去的经验在人脑中的反映。记忆是人脑的重要机能之一，是主体接受客体的刺激以后，在大脑皮层上留下兴奋过程的痕迹。这些痕迹在一定条件的刺激下，能够重新活跃起来。

当消费者初步感知商品后，往往运用记忆把过去曾使用过的商品、体验过的情感和动作回想起来，进一步加深对商品的认识。经过研究发现，商品的命名、商标、包装、广告等都是消费者记忆的主要方面，消费者一般是凭借对商品的忠诚与信赖才重复购买某一品牌的商品。因此。生产和销售企业应该重视记忆对消费者的重要作用，采取一切措施提高产品质量和服务质量，让自己的商品或服务成为消费者美好记忆的一部分。

(3) 消费者的想象和思维

想象是指人脑改造记忆中的表象而创造新形象的过程。它是人特有的一种心理活动，是在过去经验的基础止，把过去经验中已经形成的联系再进行组合，从而创造出并没有直接感受过的事物的新形象。想象同其他心理现象一样，也是人脑对客观现实的反映。但是，它是一种创造性的反映形式，是以感悟材料为基础、以实践活动为动因的创造性活动，而并不是一种“超现实的自由精神的创造”。

不同类型的消费者，想象力不同。想象对于发展和深化消费者对商品的认识、推动消费者的购买行为具有重要作用。例如，在汽车销售展厅播放拥有该品牌轿车之后从容、自在的生活片段画面，促使顾客想象，让他觉得眼前的车辆可以带给他许多超出车辆价值之外的东西，一旦拥有甚至会给他带来一个新的世界和新的生活。当然，启发顾客想象应该是基于现实的可能，而不应是胡思乱想。

思维是人脑对客观事物本质特征的概括反映，它是在大量感觉和知觉材料的基础上进行综合判断推理，并借助于言语对客观事物的间接、概括的反映。间接性和概括性是思维活动与感觉、知觉活动的区别，也是思维的重要特征。

思维的灵活性、敏捷性与市场应变能力对于搞好市场营销起着非常重要的作用。有些商品滞销，不一定是商品的质量问题，而是营销者的思维缺乏灵活性。他们不能够根据当地的不同市场、不同消费者的购买心理进行营销。

(4) 消费者的情感活动过程

消费者购买商品的过程，既是他们的认识由感性到理性、由低级到高级不断发展的过程，又是伴随着情绪情感不断变化的过程。

1) 情感过程的概念

情感是人针对客观事物符合主观需要的程度而产生的态度和内心体验。从消费心理学角度分析，情感是指消费者对购买现场、销售人员、商品等客观事物的态度在情感上的反映，是一种比较持久的心境状态。这反映在商品购买上，表现为对营销服务和商品的满意与不满意、肯定与否定。

2) 消费者情感的重要作用

消费者的情感是在需要的基础上产生的。消费者在选购商品的过程中，对于符合心境、满足他们实际需要的商品和服务就会产生肯定的情感体验，会感到满意和心情舒畅，从而增强他们的购买欲望，促进购买行为的发生。

影响消费者情感变化的因素是多方面的，具体表现在以下几个方面：

① 商品。商品的使用价值、外观和附加利益往往会使消费者的情感处于积极、消极或矛盾的状态中。消费者在购买商品时，如果得到非常称心的商品，就会产生积极的情感，反之则会产生消极的情感。

② 服务。消费者购买商品，不仅要满足自己的生理需要，还要通过购买活动，满足自己的心理需要。因此，消费者情感还受到服务因素的影响。一般来说，热情、细致、周

到的服务可以使消费者受到尊重，产生安全感、信任感。

③ 环境。消费者的购买活动总是在一定的环境中进行的，消费者购物活动的情绪首先受到购物环境的影响。宽敞明亮的店堂、充足的商品、清新的空气、明快的色彩、宜人的温度、轻松的音乐等都会使消费者处于舒畅、愉悦的情感状态中，容易激发其购买的欲望；相反，脏乱、嘈杂的环境则会使消费者产生烦躁、压抑的消极情绪，甚至产生今后再也不踏入这家店堂的想法。

现在的汽车销售方式一般有两种，即汽车大卖场和汽车4S店。汽车大卖场由来自各地的分散型经销商组成，带有浓郁的中国特色，属于一种酷似农贸市场式的交易市场。随着消费者对消费环境与服务要求的提升，汽车4S店渐渐出现，并逐渐成为汽车买卖交易的主战场。与传统的汽车大卖场相比，4S店舒适、宽敞、环境幽雅、设备先进，使消费者有一种安全感和信任感。调查结果表明，70%以上的消费者愿意选择汽车4S店作为自己购车的地点。

（5）消费者的意志过程

意志是指人们为了实现一定的目的，自觉地组织自己的行动并与克服困难相联系的心理过程。在营销活动中，意志过程是指消费者确定购买目标并选择一定的手段，克服困难，达到预定目的的心理过程。

一般来说，人的一些本能的活动或习惯性的动作等都不带有意志成分，只有人们在进行客观实践（包括消费实践）过程中，产生了某种需要，并根据需要确立行为的目的，有意识、有计划地根据购买目的去支配和调节购买行为。

消费者的意志行为是有目的的行动，消费者购买目的的实现过程中，通常会遇到种种困难。为了达到目的，他们需要排除内外因素的干扰，克服种种困难，持续不懈地努力。

二、汽车消费者的购买行为

1. 消费者的需要

（1）需要的概念

需要是指人对某种目标的渴望和欲求，是客观要求在人脑中的反映，它推动着人去从事某种活动。

（2）需要的类型

需要是多种多样、纷繁复杂的。从总体上看，需要可以分为两大类型：

一种类型是物质需要。这是人类生存和发展的基本需要，是一种反映人的活动对物质文明产品依赖性的心理状态。

另一种类型是精神需要。这是一种人的意识对社会意识依赖性的心理状态，如社会交往、亲情关系的需要，以及对美的需要等。

（3）消费者消费需求的基本特征

尽管消费者的需要多种多样，但有一定的倾向性和规律性。消费者消费需求的特征，概括起来主要有以下几个方面：

① 需求具有伸缩性

一方面，汽车的个人消费需求具有较强的需求价格弹性，即价格的变动对汽车的个人需求影响很大。另一方面，这种需求的结构可变。当客观条件限制了这种需求的实现时，它可以被抑制，或被转化为其他需求，或最终被放弃；反之，当条件允许时，个人消费需求不仅会得以实现，甚至会发展成为流行性消费。

② 需求具有多样性

消费者由于在个人收入和文化观念上的差别，以及在年龄、职业、兴趣、爱好等方面的差异，会形成不同的消费需求，从而使个人购买者的需求表现出多层次性或多样性。就这种意义而言，汽车企业如果能够为消费者提供多种多样的汽车产品，满足消费者多样化的需求，无疑会为企业争取更多的营销机会。如20世纪90年代中期，当时人们都认为我国的家用轿车应当是某种经济实用型的。但一项调查表明并非如此，人们对家用轿车的需求是多样化的，从高档轿车到微型轿车都有一定数量的消费者。

③ 需求具有可诱导性

对大多数个人购买者而言，他们对汽车缺乏足够的专门知识，往往会受到周围环境、消费风气、人际关系、宣传等因素的影响，对某种特定的车型产生较为强烈的需求。因此，企业应注意引导、调节和培养某些被细分后的个人购买市场，强化广告和促销手段的应用，提高企业的市场占有率。

④ 需求具有替代性

个人购买者在面临多种选择时，往往会对能够满足自己需要的商品进行比较、鉴别，只有那些对个人购买者吸引力强、引起的需求强度高的汽车产品才会导致消费者的最终购买。也就是说，同时能够满足消费者需要的不同品牌之间具有竞争性，需求表现出相互替代的特性。

⑤ 需求具有发展性

个人购买需求一般从简单到复杂、由低级向高级发展。在现代社会中，各类消费方式、消费观念、消费结构的变化总是与需求的发展性和时代性息息相关的，所以汽车产品个人购买需求的发展也会永无止境，如在不过分增加购买负担的前提下，消费者对汽车的安全、节能和环保等性能的要求总是越来越高。

⑥ 需求具有集中性和广泛性

一方面，由于私人汽车消费与个人经济实力关系密切，在特定时期内，经济发达地区的消费者或者收入相对较高的社会阶层，对汽车（或某种车型）的消费比较明显，需求表现出一定的集中性；另一方面，高收入者各地都有（尽管数量上的差异可能较大），而且随着经济发展会不断增多，所以需求又具有地理上的广泛性。

2. 消费者的购买动机

购买动机是消费者购买行为心理的重要组成部分，是由消费者需要、兴趣等心理活动而产生的购买行为的内在动力。

（1）购买动机的概念

动机是推动人们去从事某种活动，达到某种目的，指引活动满足一定需要的意图、愿望和信念。

由于潜在消费者在采购产品时的动机不是单一的，因此，才会使销售人员有机会发现那些消费者自己都没有完全意识到的深层次需要。

（2）常见的购买动机

汽车消费者的购买动机，直接影响其购买行为。消费者主要的购买动机有以下几个方面：

① 生存性购买动机

这是指由人的基本生存需要产生的购买动机，是每一个人都具有的购买动机。在生存性购买动机的支配下，人们很少对购买行动产生犹豫，并且不注重商标、品牌。消费者在生存性购买动机下购买的通常都是生活必需品，因此，汽车商品不包括在内。生存性的购买动机经常会和其他购买动机混合，共同发挥作用。

② 习惯性购买动机

具有习惯性购买动机的人，对于所购买的商品有充分的了解，并报以特殊的信任，一般不会轻易改变所选品牌。这种购买动机在购买普通生活必需品、嗜好品以及一些奢侈品和高档用品中都比较容易出现。一些为大众所熟悉并赞赏的耐用品和奢侈品的品牌，容易受到人们的信任，从而形成习惯性购买。如福特公司收购美洲虎公司，也就是因为欧洲的消费者对本地所生产的豪华车有习惯性购买的动机。

③ 理智性购买动机

具有理智性购买动机的人，在购买商品前一般经过深思熟虑，了解所购买商品的特性，在选购商品时，不会受周围环境和言论的影响。

④ 自信性购买动机

具有这种购买动机的人，同样会事先了解所要购买商品的特征、用途等，收集广泛的信息，同时，他们有很强的自信心，有自我确定的标准和理由，不容易受外在因素的影响。具有这种购买动机的人容易成为某一种品牌的忠诚用户，会为自己所喜欢的品牌辩护。然而，对于销售人员来说，这些顾客很难通过他们的营销活动而改变原先的计划。

⑤ 冲动性购买动机

具有这种动机的消费者，在购买商品时，容易被某种商品的某一个特征（如外观、包装、式样等）吸引，从而在缺乏必要的考虑、比较的时候，就出现购买行为。这种购买动机通常容易在购买生活必需品或者价格较低廉的商品时出现，在购买汽车这种耐用品时比较少见。具有冲动性购买动机的消费者容易对他所做出的选择表示后悔，也就是说，容易出现退货；尤其是在仅支付定金的情况下，更容易出现购买意向的反复波动。

⑥ 诱发性购买动机

这种购买动机的产生通常是因为对商品或商品的某些特征产生好奇，从而购买。与冲动性动机最大的不同是，它的后悔程度和退货率没有冲动性购买动机那样高。

当一种新产品上市时，容易成为这种购买动机的诱导对象。但是，在汽车行业中因为这种动机而产生购买的可能性较小，尤其是在中国这样一个汽车还远远没有普及，还属于奢侈品的社会环境中，冲动性购买动机和诱发性购买动机都是少见的。

⑦ 时髦性购买动机

这是指由于外界环境的影响或社会风尚的变化而引起的购买心理。消费者力图通过自己所购买的商品引人注目，或者借此提高自己的身份和地位等。这种购买动机带有强烈的炫耀目的。

在公众的心目中，汽车一向被认为是可以反映拥有者身份、地位、财富、品位的一种商品，它既是一种具有代步作用的耐用品，同时又具有某些类似高档时装、珠宝首饰之类奢侈品的特征。因此，汽车行业完全可以利用消费者的时髦性购买动机，来增加销售额。

⑧ 保守性购买动机

商品种类越是丰富，市场上的竞争产品越多，就越容易出现保守性购买动机。与理智性购买动机最大的不同在于，保守性购买动机仍然带有一定的盲目性，消费者并非充分了解和掌握所购买商品的特征和信息，只是因为市场供应的繁荣促使他们采取等待的态度。

当同一种商品生产中的大部分竞争者都开始采用某种促销策略（如降价）时，有时市场的反应并不像厂家所期望的那样火爆。这时消费者所抱有的购买动机可能就是保守性购买动机，他们在继续等待，等待厂家在价格上做出更大的让步，只有当他们认为这种让步可能已经达到尽头时，才会采取行动。

3. 不同类型的动机对消费者购车的影响

任何消费者在采购任何产品时都会出现这样的情况，有一部分是他们清楚的原因，也有一部分是他们没有意识到、即使意识到了也不愿意承认的原因。前者即显性动机，而后者则是隐性动机。购买汽车同样也有显性动机和隐性动机之分。例如，有一个顾客准备购买奥迪轿车，他的显性购买动机包括：奥迪车豪华、乘坐舒服，奥迪车质量可靠，有地位的朋友都开等。他的隐性购买动机包括：奥迪车能够显示自己的地位，驾驶奥迪车能够赢得女性的关注，购买奥迪车的过程中能够享受周到的服务等。无论是显性购买动机还是隐性购买动机，都对最后的购车决定起到举足轻重的作用。

三、影响汽车消费者的购买行为的因素

影响汽车产品个人购买行为的因素主要有文化因素、社会因素、个人因素和心理因素等几类。各类因素的影响机理是：文化因素通过影响社会因素，进而影响消费者个人及其心理活动的特征，从而形成消费者个人的购买行为。

1. 文化因素

文化因素包括核心文化和亚文化。文化因素之所以影响购买者行为，其原因有三：一是文化的存在可以指导购买者的学习和社会行为，从而为购买行为提供目标、方向和选择标准；二是文化的渗透性可以在新的区域中创造出新的需求；三是文化自身所具有的广泛性和普及性使消费者个人的购买行为具有攀比性和模仿性。所以，营销者在选择目标市场和制订营销方案时，必须了解各种不同的文化对于企业产品的影响，了解购买者对企业产品的实际兴趣阶段。

2. 社会因素

社会因素大体上有四类，它们分别是社会阶层、相关群体、家庭和角色地位。

（1）社会阶层

在市场营销学上，划分社会阶层的主要标准是购买者的职业、收入、受教育程度和价值倾向等。不同层次的购买者由于具有不同的经济实力、价值观念、生活习惯和心理状态，并最终产生不同的消费活动方式和购买方式。在这种意义上，企业的营销工作应当集中主要力量为某些特定的阶层（即目标市场）服务，而不是同时去满足所有阶层的需要。换言之，企业要针对所服务阶层的特点，选择适当的营销组合策略。

（2）相关群体

相关群体是指能够影响消费者个人消费行为的个人或团体。一般可分为三类：第一类是紧密型群体，即与购买者个人关系密切、接触频繁、影响最大的群体，如家庭、邻里、同事等；第二类是松散型群体，即与购买者个人关系一般、接触不太密切但仍有一定影响的群体，如个人所参加的学会和其他社会团体等；第三类是渴望群体，即购买者个人并不是这些群体的成员，但却渴望成为其中一员，仰慕该类群体某些成员的名望、地位，而去效仿他们的消费模式与购买行为。这类群体的成员主要是各种社会名流，如文艺体育明星、政界要人、学术名流等。

相关群体对个人购买者购买行为的影响是潜移默化的。因为人类天生就具有趋同性和归属感，个人购买者往往要根据相关群体的标准来评价自我行为，力图使自己在消费、工作、娱乐等方面同一定的团体保持一致。在这种意义上，相关群体对汽车产品个人购买行为的影响主要表现在：第一，为团体成员提供某一特定的生活方式和消费模式，促使群体内的成员根据特定的消费模式采取购买行为；第二，运用团体力量影响个人购买者的购买态度，改变已有的产品观念；第三，影响个人购买者对产品及品牌的选择。研究表明，汽车个人购买者的购买行为容易受到相关群体的影响。

（3）家庭

家庭是社会的细胞，它对于个人购买者的影响极大，譬如个人购买者的价值观、审美情趣、个人爱好、消费习惯等，大多是在家庭成员的影响与熏陶下形成的。在个人购买者购买决策的参与者中，家庭成员的影响作用是首位的。

根据家庭的购买权威中心的差别区分，家庭基本上可以分为四类，即丈夫决策型、妻子决策型、协商决策型和自主决策型。私人汽车的购买，在买与不买的决策上，一般是协商决策型或丈夫决策型，但在款式或颜色的选择上，妻子的意见影响较大。从营销观点来看，认识家庭的购买行为类型，有利于营销者明确自己的促销对象。

（4）角色地位

营销学中的角色地位是指个人购买者在不同的场合所扮演的角色及其所处的社会地位，因而个人购买者在购买商品时，其需求及其购买行为要考虑与其角色和地位相一致。

3. 个人因素

通常，在文化、社会各方面因素大致相同的情况下，仍然存在着个人购买行为差异极大的现象，其中的主要原因就在于个人购买者之间还存在着年龄、职业、收入、生活方式和个性等个人情况的差别。

（1）年龄和生命周期的阶段性

人们不仅会在不同的年龄阶段上有不同的需求和偏好，而且还会随着年龄的增长而不断改变其购买行为，这是年龄对于个人购买决策的直接影响。它的间接影响则是它还往往要影响社会的婚姻家庭状况，从而使家庭也具有了生命周期。西方学术界通常把家庭生命周期划分为九个阶段：① 单身期。指离开父母后独居的青年时期。② 新婚期。指新婚的年轻夫妻，无子女阶段。③“满巢”Ⅰ期。指子女在 6 岁以下，处于学龄前儿童阶段，④“满巢”Ⅱ期。子女在 6 岁以上，处于已经入学的阶段。⑤“满巢”Ⅲ期。结婚已久，子女已长成，但仍需抚养的阶段。⑥“空巢”Ⅰ期。子女业已成人分居，夫妻仍有工作能力的阶段。⑦“空巢”Ⅱ期。已退休的老年夫妻，子女离家分居的阶段。⑧ 鳏寡就业期。独居老人，但尚有工作能力的阶段。⑨ 鳏寡退休期。独居老人，已经退休的阶段。一般来说，处于不同阶段的家庭，其需求特点是不同的，企业在进行营销时只有明确目标顾客所处的生命周期阶段，才能拟订适当的营销计划。对汽车营销而言，面临的家庭阶段主要是处于“满巢”期的各类顾客。

（2）职业状况

职业状况对于人们的需求和兴趣有着重大影响，通常，企业的市场营销在制订营销计划时，必须分析营销所面对的个人购买者的职业对象，在产品细分许可的条件下，注意开发适合于特定职业消费需要的产品。

（3）经济状况

经济状况实际上决定的是个人和家庭的购买能力。它对于企业营销的重要性就在于，有助于了解个人购买者的个人可支配收入变化情况，以及人们对消费开支和储蓄的态度等。当企业对经济发展形势估计有误时，则应按实际经济状况重新调整企业营销策略，如重新设计产品、调整价格，或者减少产量和存货，或者采取一些其他应变措施。

（4）生活方式

生活方式的不同也会形成不同的消费需求，在企业与消费者的买卖关系中，一方面，个人购买者要按照自己的爱好选择商品，以符合其生活方式；另一方面，企业也要尽可能提供合适的产品，使产品能够满足消费者个人生活方式的需要。

（5）个性和自我观念

个性是影响个人购买行为的另一个因素，它所指的是个人的性格特征，以及与其相关联的另一个概念，即购买者的自我观念或自我形象。对于企业营销来说，了解个人购买者的这些个性特征，可以帮助企业确立正确的、符合目标消费者个性特征的产品品牌形象。

4. 心理因素

个人购买者购买决策通常还要受心理过程的影响，包括动机形成、感知、学习、信念和态度，它们各自在购买过程中具有不同作用。

（1）动机形成（motivation）

社会心理学认为，人类的行为受动机的支配，而动机则是由需要引起的，当个人的某种需要未得到满足，或受到外界刺激时，就会引发某种动机，再由动机而导致行为。在这种意义上，动机其实就是在一定程度上的需要。个人购买者的动机所支配的是个人购买者的购买行为，弄清个人购买者动机生成的机理，对于企业市场营销具有重要意义。

在营销学的发展史上，研究个人购买者动机生成机理的重要理论是美国著名心理学家马斯洛（Abraham Maslow）的“需要层次论”（Hierarchy of Needs）。这一理论的基本内容有：① 人类是有需要与欲望的，随时等待满足，至于需要的状况，主要决定于已实现的欲望。已满足的需要不会形成动机，只有那些未满足的需要才构成行为动机。② 人类的需要是分层次的，并且呈现出从低级到高级的演进特征，只有当低级的需要得到满足后，才会产生更高级的需要，而需要程度的大小则与需要层次的高低成反比。“需要层次论”把人类需要分为五个主要层次，它们依次是生理需要、安全需要、社会需要、尊重需要和自我实现需要。

尽管这一理论的具体内容并不完全符合各个民族的实际。但将人的需求分为不同层次，对市场营销是有价值的。因为消费者在既定收入条件下，总要分清先消费什么，后消费什么，这对于营销者安排好营销活动的顺序是有一定指导意义的。按照这一理论，企业就必须了解目标市场尚未满足的需要有哪些，从而避免营销管理过程中的盲目性。

日本学者宇野政雄根据日本人消费的变化，把消费结构及其发展态势更通俗地总结为这样三个阶段：① 扩大衣、食、住的量，满足基本生活的需要；② 改善衣、食、住和生活环境的质，扩大闲暇的量；③ 进一步改善闲暇的质，充实精神文化生活。这也反映了人们消费需要的发展阶段：第一是以满足衣食住等生活需要为中心；第二是以安全舒适为中心；第三则是以精神生活为中心，进入所谓“感性消费”时代。

购买动机虽源于需要，但商品的效用才是形成购买动机的根本条件。如果商品没有效用或效用不大，即使具备购买能力，购买者也不会对该商品产生强烈的购买动机；反之，如果效用很大，即使购买能力不足，购买者可能筹措资金也要购买。

商品的效用系指商品所具有的能够满足用户某种需要的功效，就汽车功效而言，不同车型、不同品种的汽车具有不同的功效。但同样的汽车，对不同的购买者和不同用途来说，其功效也是不同的。例如，对运输经营者来说，汽车的功效在于能够获取经济效益，这种经济效益是指在汽车使用期内，在扣除成本和税费之后的纯收益，收益越大则功效越大，因而低档轿车的功效可能就比中高档轿车大；而对企业的商务活动而言，轿车的功效在于作为代步工具，且应体现企业形象，因而中高档轿车的功效就比低档轿车大。这表明，同样的轿车品种对不同的购买者，具有不同的功效。

（2）感知（perception）

感知是指人们通过自己的身体感觉器官而对外界刺激物所作的反应。消费心理学认为，消费者的感知过程是一个有选择的心理过程，它有三种方式：① 选择性注意（selective exposure）。在现实生活中，最能引起人们注意的情况有三种，即一是与当前需要有关的；二是预期出现的；三是变化幅度大于一般的、较为特殊的刺激物。就此而言，引起个人购买者的注意，应当是营销者促销的重要工作。② 选择性曲解（selective distortion）。通常，人们有一种把外界输入的刺激与原有思维模式相比较的倾向，从而造成先入为主的观念，这种按照个人意愿曲解信息的倾向就是选择性曲解。从这一角度来理解，营销者应当特别重视对于企业信誉和产品名牌的创立。③ 选择性记忆（selective retention）。人们在日常生活中能够深刻记忆的事物都是那些与自己观念相一致的，在购买行为上则表现为只记住自己所喜爱的品牌。

（3）学习（learning）

学习是指个人购买行为方式并不是先天具有的，而是受后天的经验影响而形成和改变的。对这种现象通常可以用“刺激-反应”学习模式来表示，如图 4－1 所示。

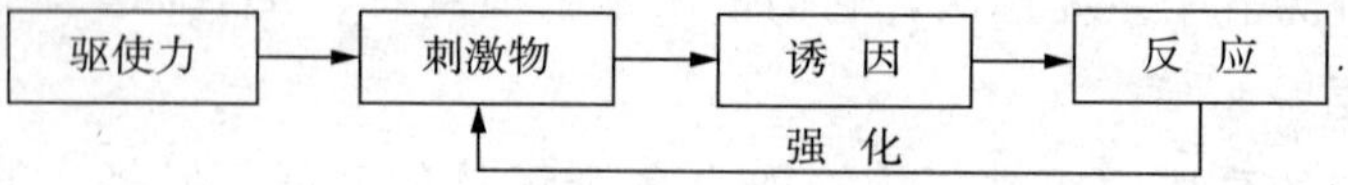

图 4－1　“刺激—反应”学习模式

在上述模式中，驱使力是指消费者个人产生购买行为的推动力，它来源于未得到满足的需要；刺激物指能满足个人购买者需求的整体产品；诱因指能诱发个人购买行为的所有因素，例如家庭成员的建议、广告宣传等；反应指消费者为满足需要所采取的购买行为；强化则是指消费者的购后评价，主要指对刺激物的反应和评价。如果所购物品的满足程度较高，则会形成正向强化，会形成重复购买；如果所购物品满足程度较低甚至完全没有得到满足，则会形成负向强化，不仅不会形成重复购买，多数情况下还会通过口头宣传而影响其他人的购买行为。

“刺激-反应”学习模式表明，个人购买者的购买行为是驱使力、刺激物、诱因、反应和强化等五种要素相互作用的结果。所以，企业的市场营销工作必须能够有效地引导个人购买行为，重点应放在以下几个方面：① 准确把握本企业的整体产品（刺激物）与潜在购买者的驱使力关系，运用产品差异化策略设计出别具一格的整体产品，以吸引个人购买者的注意力，刺激其购买欲望；② 善于及时有效地向个人购买者提供启发需求的提示物，强化促销策略，诱发个人实施购买行为；③ 做好强化工作，加深个人购买者对企业及其产品的良好印象，激发其重复购买欲望，以扩大企业的知名度。

(4) 信念和态度 (belief and attitude)

信念是指人们对事物所持的认识。个人购买者的信念可以建立在不同的基础上，见解不同信念就不同。购买行为中的信念，有的是建立在对名牌产品的信任基础上，有的可能是建立在某种偏见或讹传的基础上。而不同的信念又可导致不同的购买态度，如名牌商品会使个人购买者争相选购，而新品牌则往往遭到消费者怀疑。一般来说，改变个人购买者的态度是较为困难的，因而在企业的营销过程中，企业应当力求使自己的产品适应个人购买者的现有态度。

在需要改变个人购买者的态度时，企业必须有强大的广告宣传手段和有力的促销方式。例如，日本本田汽车公司的摩托车在进军美国市场时，一开始就面临公众对摩托车持否定态度的不利信念。由于受影视剧的影响，美国人常把摩托车同流氓犯罪活动联系在一起，本田公司为了扩大市场，便设法改变美国公众的态度。该公司以“你可以在本田车上发现最温雅的人”为主题，大力开展促销活动。促销广告画面上的骑车人都是神父、教授、美女等，这样才逐渐改变了公众对摩托车的态度。在我国汽车界，也不乏产品品牌被砸导致企业蒙受巨大损失的例子。此外，我国的汽车购买者还具有一个明显的特征，即某个地区的购买者对每种车型一般只倾向于一个品牌，这也表明同一地区的购买者对某种产品具有相似的信念。

以上分析了影响个人购买行为的各种因素，营销者应对其进行全面的研究，才会掌握消费者的个人购买模式。

四、汽车消费者的购买决策

1. 消费者购买决策过程的参与者

消费者在购买决策过程中可能扮演不同的角色。这些角色主要包括：发起者，即首先提出或有意向购买某一产品或服务的人；影响者，即其看法或建议对最终决策具有一定影响的人；决策者，即对是否购买、为何购买、如何购买、何处购买等购买决策做出完全或部分最后决定的人；购买者，即实际购买的人；使用者，即实际消费或使用产品或服务的人。

私人购车用户，上述的五种角色可能同时担任；以家庭为单位购买时，上述的五种角色往往由家庭不同成员分别担任。在上述五种购买角色中，营销人员最关心的是决策者是谁，辨别购买决策者有助于将营销活动有效地指向目标顾客，从而制定正确的促销战略；另外，辨别谁是实际购买者也很重要，因为他往往有权部分更改购买决策，如买什么品牌、何时与何地购买等。

2. 私人购车用户的购买过程

消费者个人的购买过程，是相互关联的动态系列的购买行为，一般包括五个具体步骤，即确认需要——收集信息——评估选择——决定购买——购后行为。

上述购买过程是一种典型而完整的过程，但并不意味着所有的购买者都一一经过每个阶段。例如，有的购买者对汽车工业情况很了解，其购车过程经过的阶段就少；有的对汽车情况一无所知，其经过的阶段自然就多。上面的购买决策过程表明，购买过程实际上在实施实际购买行为之前就已经开始，并且要延伸到购买之后的很长一段时间才会结束。基于此，企业营销人员必须研究个人购买者的整个购买过程，而不能只是单纯注意购买环节本身。

需要说明的是，用户购后感受阶段对企业的市场营销有着重要意义。因为用户在购买汽车后，总是要在使用中证实一下自己的购买决策是正确的，并希望达到预期目的，从而形成购后感受。这种感受可分为满意、基本满意或不满意三种。用户如感到满意或基本满意，将会对企业的销售有利，这些用户会向他的相关群体作满意或基本满意的信息传播。同样，如用户感到不满意，则会向其相关群体作不利于企业的信息传播。所以企业在宣传、做广告等售前服务中，一定要实事求是地介绍自己的产品，不可搞虚假宣传，那样不仅会引起用户的失望，还可能会被指控为不正当竞争，而受到相关法律的制裁。此外，企业从用户的购后感受中还可以了解到许多改进产品、改进服务的信息。营销人员通过了解用户的购后感受，保持同用户的联系，为他们发泄不满提供适当的渠道，以便迅速采取补救措施。这样既是搞好公共关系、树立良好企业形象的重要途径，又是巩固市场的重要手段。那种“一锤子买卖”，不注重倾听用户意见的行为，是不符合现代营销规律和没有远见的。

五、不同年龄、不同性别消费者的汽车消费心理和消费行为

针对购买汽车的消费者的不同年龄，将汽车个人消费者的消费主体划分为青年消费者、中年消费者和老年消费者三个群体。不同的消费群体都有其鲜明的消费心理与特点。

1. 青年消费者的消费心理和消费行为

青年消费者人数众多，具有独立的购买能力和较大的购买潜力。但由于汽车的价格较高，有能力购买中高档汽车的青年消费者只占很少的一部分。现在的青年进入中老年后，又将成为购买中高档汽车的生力军。所以，在市场营销中，研究青年消费者的消费心理，成功打动他们至关重要。

青年消费者的消费心理具体表现在以下几个方面：

（1）追求时尚

青年人思想活跃，富于幻想，勇于创新，追求新潮，积极向上。这些心理特征反映在对商品的需求上就是追求新颖、时尚和美的享受，敢于领导消费潮流，体现时代特征。他们的购车行为趋向求新求美，喜欢购买富有时代特色的车辆，来装饰自己和家庭，展现其现代化的生活方式，以博得他人的赞许和羡慕。因此，投放市场的新车辆，社会流行的某一车辆，都会引起他们极大的兴趣和购买欲望，购买动机也会随之形成。

（2）突出个性

青年消费者处于由少年不成熟阶段向中年成熟阶段的过渡时期。他们追求个性独立，希望形成完善的个性形象，自我意识迅速增强。这反映在消费心理上就是消费倾向从不稳定向稳定过渡，愿意表现自我个性与追求，非常喜欢个性化的商品，力求在消费活动中充

分表现自我。

21世纪的汽车厂商也嗅出“个性化”的味道。为了满足消费者的口味，企业纷纷给自己的车加入了“自我”的元素。个性化的流行，不仅体现在车型上，还将蔓延到内部设计、功能服务等方面。现在，在马路上跑的，已不仅仅是那些品牌特征非常明显的轿车，还出现了一些具有个性特点宛如不断变换时装的丽人的轿车。庄重大方是一种美，热情奔放也是一种美，不受羁绊、张扬个性更是一种美。

(3) 肯用高价购买名牌

青年消费者所具有的追求时尚与新颖、表现时代、追求个性的消费心理，决定了他们在选购商品时，对新品种、新花色、新样式情有独钟，以领导时代新潮流为荣。他们对旧品种、旧花色、旧样式的商品不感兴趣，对于同样的质量和用途，宁愿多花钱购买名牌产品。

(4) 有明显的冲动性且变化性强

青年人的心理特征一方面表现出对事物反应灵敏，另一方面也表现出感情冲动，草率行事。因此其购买动机具有明显的冲动性特点。首先讲究车辆美观、新异，其次才注意质量、价格，而不能冷静地分析车辆的各种利弊因素。许多人凭着对车辆的感情来判断车辆的优劣，形成对车辆的好恶倾向，因此，青年人购买动机的随机性、波动性较大。

现在有不少年轻人喜欢提前消费，比如早早买车，也有人喜欢用信用卡透支消费，还有些人特别喜欢购买名牌。在很多大城市，出现了数量不少先购车后置房的消费者，其中，绝大多数是青年人。

很多青年人购买了第一辆汽车后，最初的一段时间感觉非常新奇，对新车爱不释手。但经过一段时间后，新鲜感渐渐退去，此时青年人特有的多变心理使得他们开始对其他车型发生了兴趣。他们开始考虑将现在手中的车卖掉，置换一款自己更中意的车。有资料显示，现在的二手车交易市场中，由于青年人的喜新厌旧而淘汰的旧车在整体旧车数量中占有不小的比例。

2. 中年消费者的消费心理和消费行为

(1) 理智性强，冲动性弱

中年人阅历广，生活经验丰富，情绪反应一般比较平稳，多以理智支配自己的行动，感情用事的现象不多见。

(2) 计划性强，盲目性弱

中年消费者处于向老年过渡的阶段，大多是家庭经济的主要承担者。尽管他们的收入不低，但肩负着赡养老、抚育幼的重任。因此，他们养成了勤俭持家、精打细算的消费习惯，以量入为出作为消费原则，消费支出计划性强，很少计划外开支和即兴购买。

(3) 注重传统，创新性弱

他们希望以稳重、老练、自尊和富有涵养的风度有别于青年。这反映在消费方面，就是不再完全按照自己的兴趣爱好选择商品或消费方式，而是更多地考虑他人的看法，以维护自己的形象，与众人保持一致。例如，购买汽车，他们宁可压抑个人的爱好而随俗，也不愿意让别人感到自己喜欢花样翻新和不稳重。

3. 老年消费者的消费心理和消费行为

老年消费者怀旧心理强烈，品牌忠诚度高；注重实际，要求得到良好的服务；具有较强的补偿性消费心理。

据调查，目前中国老年人对于国产车的希冀很高，采访中有60%的老年人希望能够买到适合他们需要的汽车。那么，他们对国产汽车有什么样的要求呢？

其一，是价格。能够买得起进口轿车的老年人毕竟是少数，而大多数的老年人只能够买得起15万元以下的国产轿车。

其二，是要有适合老年人特点的操纵系统和驾驶坐椅，坐椅最好宽大一些，并可以任意调节高度，操纵系统要简单、易掌握，最好是自动变速。

其三，是安全性和舒适性。国产轿车的悬挂系统不如进口车，乘坐舒适性也不如进口车，老年人身体相对较弱，驾乘舒适很重要。安全性不仅仅体现在安全气囊和ABS等配置上，还体现在高精度的装配质量上，那些大毛病没有、小毛病不断的轿车，老年人是不敢开的，他们没有精力应付频繁的修理。

其四，完善的售前售后服务也很重要，如果在不远的将来能够实现网上售车、网上售后服务，那么对于老年人来说，就是最方便的了。

4. 不同性别消费者的消费心理和消费行为

性别在人类的消费活动中也扮演了举足轻重的角色，男性消费者和女性消费者具有不同的消费心理特征。汽车销售人员在对待顾客时应男女有别。

顾客的性格和爱好等肯定各不相同，但异中有同，同中有异。就男性和女性而言，一般男士买车时比较粗心，而女士往往比较细心。

针对这种情况，汽车销售人员接待男性顾客时，要细心一些；接待女性顾客时，要耐心一些。这样买卖才容易成功。

一般男顾客，买车的目标比较明确，易于做出买或不买的决定，不大爱挑来挑去，比较相信汽车销售人员，这些都有利于成交。在这种情况下，汽车销售人员的责任反而加重了，因为此时若不细心帮助顾客挑选，顾客买回去后可能因为不合适而失望，这将会造成不良影响，甚至出现顾客投诉销售人员的情况，给双方带来很多麻烦。

女性顾客一般比较细心，一是观察仔细，往往反复几次，拿不定主意，而且特别注意观察别的顾客是否买，效仿性较强；二是挑选得特别仔细，往往要反复查看，互相比较，不厌其烦；三是询问得特别细，对于产地、性能、价格、质量无所不问，而且特别注意别人的使用情况。

针对这些，汽车销售人员要特别耐心，而且要有针对性地接待。例如，多介绍别人用车后的反映，这种车卖的速度快不快，价格高不高，挑选时要多拿些车型资料给他们，让其充分选择，不要催促。总之，要特别耐心细致，切不可有烦躁的表现。

六、不同职业、不同阶层的消费者的消费心理和消费行为

1. 社会阶层的概念与划分依据

社会阶层是指社会上的个体和家庭，因社会经济角色条件、地位不同，以及相应生活方式和价值观念的差异而区分出不同的层次。处于同一社会阶层的人们，在生活方式、价值观念、社会地位等方面就比较接近；相反，属于不同的社会阶层的人，其生活方式、价值观念、社会地位等方面则存在着比较大的差异。

社会阶层不是受单一因素的影响，而是同时受到职业、收入、教育、财富等多种因素的影响。社会阶层的划分一般要考虑下列几方面的因素：

（1）职业因素

职业是社会阶层划分中普遍使用的一个变量，许多国家都有职业排行榜的资料，即对不同职业的评分。在日常生活中，人们也常以职业为线索来评价一个人的地位和背景。

（2）收入因素

个人或家庭的收入是评定社会阶层的一个重要依据，而且，有关收入的数据容易获得。根据收入的评价方法比较简便。

（3）教育因素

在发达国家，职业类型和收入高低，与所受教育的程度密切相关。在我国，随着知识经济的到来，呈现出技术的复杂化和职业的专门化，受过高等教育的各类专业人才越来越被重用。如今，受教育的程度已经成为划分社会阶层的一个重要因素。

（4）财产因素

包括不动产和一些具有地位象征的物品（如汽车等）。随着我国住房制度改革和房地产事业的发展，住房情况将成为社会阶层的划分中的重要因素。一些代表或象征社会地位的物品，是现阶段一般公民所支付不起的高档商品，有的人便以拥有此类商品来标榜自身地位的优越。

2. 职业、阶层对消费的影响

社会阶层的差别是客观存在的，处于不同阶层的人，在需求特点和购买行为方面存在着较大的差异。任何社会，各种档次、各种类型的产品均有其相对应的市场。同一阶层的消费者在消费观念、需求内容、消费动机等方面具有相似性。

（1）贫困型家庭

这些家庭几乎要将收入的全部用来维持基本生活，因而无从产生独立、清晰的消费意识，只是被生理需要牵着走。求廉与求实是其主导性消费动机。这类家庭在将来的很长一段时间内，很难产生汽车消费需求。

（2）温饱型家庭

这些家庭在维持生理性需要的前提下，收入略有结余。他们开始谨慎地扩展消费项目，但由于经济并不宽裕，因此具有强烈的忧患意识。他们倾向于储蓄，花钱精打细算。这类家庭在将来相当长一段时间内，很难产生汽车消费需求。

（3）小康型家庭

由于经济已不再拮据，这些家庭的消费个性初步形成，他们开始按照自己的心理倾向扩展消费领域，增加消费项目。这类家庭已经产生或即将产生汽车消费需求，他们最关心汽车的价格、耗油量、维修费用、各种使用费用等。

（4）富裕型家庭

这些家庭已经完全具备良好的生活条件，因而追求消费个性化已成为他们明确的主题。汽车已经成为这类家庭的生活必需品，他们对汽车品牌和汽车质量比较挑剔。

现在已经崛起和正在形成的所谓“中产阶层”，他们有体面的工作，有稳定的收入，家庭生活富裕。他们中有大中型企业的管理者、个体经营者、大公司职员、国家公务员、教师、医生、律师、建筑设计师、会计师等。他们事业上比较成功，有良好的教育背景、高雅的生活格调、负责的生活态度，热爱家庭，有很多朋友。在对于汽车的要求方面，他们希望自己所购买的车无论平日上班、从事商务活动，还是节假日合家旅行都能使用，同时，他们希望自己的车有良好的品牌形象，安全系数高。因此，低档的轿车已经难以满足他们的需要，而高档的轿车难免有些张扬，而且养车、用车的价格不菲。这就需要一款价格介于两者之间，又具有相对良好的安全性、舒适性的轿车。因此，中档的轿车成为他们首选的目标。

（5）富豪型家庭

这些家庭生活条件已相当优越，因此他们失去了物质消费的激情，不再有那种一般人通常能够感受到的消费冲动和消费满足感。高档消费在他们生活中已常规化、随意化。其消费心理倾向几乎移出“物质消费”领域。这类家庭对汽车的豪华程度比较关心，很多人热衷于汽车改装、拉力赛等更加刺激的活动。

第三节　汽车集团组织消费者的消费心理与消费行为

私人用车增加的同时，出租汽车公司、营运公司等将汽车作为集团组织消费的企业也在扩大业务，集团组织消费者汽车市场处于稳步发展中。

一、集团组织市场的购买者及其需求特点

集团组织市场是相对于私人消费市场而言的。前者的购买者是各类集团组织，我国老百姓通常称其为“公家”；后者的购买者是广大消费者个人。

1. 集团组织市场的购买者类型

（1）企事业集团消费型购买者

这类购买者包括企业组织和事业单位两大类型。其中，企业组织是社会的经济细胞，是从事产品或服务生产与经营的各种经济组织，其特点是自负盈亏、按章纳税、自我积累和自我发展。事业单位是从事社会事业发展的机构，是为某些或全部公众提供特定服务的

非营利性组织，其特点是接受财政资助或得到政策性补贴，也可以在规定范围内向其服务对象收取一定费用。事业单位主要包括学校、医院、红十字会、卫生保健组织、新闻出版机构、图书馆、博物馆、文艺体育团体、基金会、福利和慈善机构等。这里我们将各种职业的或业余的团体、宗教组织、专业协会和行业协会等也纳入“事业单位”范畴，一并讨论。企事业集团消费型购车，目的是满足企业组织的商务经营活动和事业单位开展事业活动的需要，如满足企事业组织机构的各级领导干部、职工的工作出行需要等。

（2）政权部门公共需求型购买者

这类购买者包括各种履行国家职能的非营利性组织，系指服务于国家和社会、以实现社会整体利益为目标的有关组织，具体包括各级政府及其下属部门、保卫国家安全的军队、保障社会公共安全的各类警察组织、管制和改造罪犯的监狱、负责立法的各级人大（含政协）机关，在我国还包括各级设有独立机构的党委组织等。这些部门的特点是其运行经费全部来自各级财政的行政经费支出或军费支出。

（3）运输营运型购买者

这类购买者是指专业从事汽车运输服务的各类组织或个人，具体包括各种公路运输公司、旅游运输公司、城市公共汽车运输公司、城市出租汽车运输公司、具有自备运输工具的大型企业或某些行业系统的专业运输部门、各种私人运输经营户等。

（4）再生产型（含部分再转卖型）购买者

再生产型购买者包括采购汽车零部件或对汽车中间性产品（如汽车的二类、三类、四类底盘）进行进一步加工的企业，再生产制造整车的汽车生产企业，如各种主机生产企业、重要总成装配厂家、各种特种车和专用车生产厂家等；再转卖型购买者指各种从事汽车流通的中间商组织，他们是汽车厂家分销渠道上的成员。由于汽车分销渠道具有自己特点（第九章将详述），因此中间商一般不构成汽车厂家的市场，在这一点上汽车产品与普通日用商品是有区别的。但少数汽车厂家也采取将产品推给中间商后就视为销售完毕的销售方式，故在此将中间商购买行为的研究也纳入进来一起讨论。

（5）装备投资型购买者

这类购买者包括那些将汽车作为装备投资、把汽车用作生产资料的各类组织，主要是各种基本建设单位、农业生产和林业生产单位，其特点是将汽车主要限于基本建设工地、农场或者林区范围内使用。

2. 集团组织市场的特点

与个人购买市场相比较，由于在目的、方式、性质、规模等方面的不同，集团组织市场具有自己的特点。

（1）购买者数量相对较少

相对于个人购买者而言，集团组织市场的购买者要少得多。虽然集团组织购买者在地理上也较为分散，但购买者的类型却比较集中。这样的特点使得企业可以采取人员推销的销售方式，但也不意味销售工作就变得轻松容易；相反，它需要更高的营销技巧和技术素质。科特勒在谈到这一点时曾举例说，美国的固特异轮胎公司的命运，在很大程度上要看其是否能够从全美三大汽车制造商那里拿到订单。这就是说，这时固特轮胎公司所面对的只是极少数用户；相反，当它把轮胎直接卖给个人购买者时，那它所面对的就是一个拥有1亿以上用户的巨大市场。

（2）购买汽车的数量一般较大

除了企事业集团消费型购买和私人专业运输户购买外，其他集团组织购买者一般都具有购买数量大的特点。对某些汽车厂商来说，往往是几家大买主就分担了厂家的绝大部分的销售量，有时一张订单的金额就可能高达数千万元甚至数亿元。

（3）供求双方关系融洽、联系密切

集团组织购买者希望有稳定的货源渠道，而汽车厂商更需要稳定的销路，因此供求双方常常需要保持较为密切的联系。有时购买者希望供应商能够按自己的要求提供产品，在技术规格、产品功能、结构性能、交货日期或服务项目等方面提出特殊要求，供应商应经常与购买者沟通，详细了解他们的需要并尽力满足之。

（4）购买专业性强

集团组织购买者大多对产品有特殊要求，且采购过程复杂，由受过专业训练的人员完成采购，很少有冲动性购买现象。因此，汽车厂商的营销者应多从产品功能、技术和服务的角度介绍本企业的优势，尽量提供详细的技术资料和特殊服务。

（5）有些组织购买者的地理位置较为集中

例如，再生产型购买者和设备投资型购买者在地理位置上就比较集中，这是社会生产布局或长期形成的生产格局决定的，这种地理布局通常难以在短期内发生根本性改变。

（6）影响购买决策的人员众多

同个人购买者的购买决策相比较，影响集团组织购买决策的人员更为众多，通常由若干技术专家和最高管理者阶层共同领导采购工作。有鉴于此，汽车厂家应当派出训练有素的、有专业知识和人际交往能力强的推销代表，与买方的采购人员或决策者打交道。

（7）购买的行为方式比较特殊

主要体现在以下几方面：

① 直接购买。集团组织购买者往往直接向生产厂家采购所需的产品，而不通过中间商环节。

② 互惠采购。是指在供应商与采购者之间存在互购产品项目时，各自向对方提供优惠，实施互惠采购。

③ 租赁。是指在不占有产品所有权的条件下，通过支付租金来取得某些产品使用权的采购方式。例如，某些特种汽车、专用汽车等产品的单价很高，用户又不是经常使用，租赁方式可以解决用户的资金困难。

（8）需求具有派生性

派生需求又称为引申需求或衍生需求，集团组织购买者为了给自己的服务对象提供合适的产品或服务，可能导致其需要购买合适的汽车产品。这个特点要求汽车厂家的营销人员，不能只关注自己的产品的销售，还必须重视研究集团组织购买者的用途。

(9) 短期的需求弹性较小

相对于私人汽车消费者而言，集团组织购买者的需求价格弹性小得多，特别是短期内需求受价格变动的影响不大。例如，汽车再生产者由于其制造工艺不可能在短时期内进行重大变革，不会因为汽车零部件或中间性产品的价格上涨而减少购买，也不会因为价格下跌而增加购买。有的组织购买者面临的选择机会不多，例如，地方政府或行业公会规定本地的组织用户只能选购本地产汽车，排挤外地产品；或者由于产品的特殊性，供应商数量有限，等等。这些原因都使得需求弹性减小。

(10) 需求的波动性较大

集团组织购买者对汽车的需求要比个人购买者的需求具有更大的波动性。根据现代社会生产的供应链管理原理，存在一种“牛鞭效应”或者需求的“加速原理”，即处于供应链下游企业的需求变化，会因为供应链上的企业层层放大或缩小，最终导致供应链上游企业销售的剧烈波动。此外，可能受到整个经济形势的影响，组织市场的需求也会产生较大波动，如宏观经济形势不好，政府会削减财政开支，将直接减少政府机构和部分事业单位的汽车需求，同样，企业和运输部门也会因为经营状况不好而减少或者推迟汽车购买，最终形成汽车的集团组织市场需求大幅减少。

二、影响集团组织购买行为的主要因素

集团组织购买行为是一种理性行为，所以集团组织购买行为实际上要受到经济和个人双重因素的影响。如果具体分析，其主要影响因素还可以被进一步区分为以下几种类型：

1. 环境因素

集团组织购买行为不可避免地要受到各种环境因素的影响，如经济运行状况、政治环境、社会舆论监督、科技进步作用等。例如，当时和预期的经济环境好，就可以促进组织市场增加需求，反之则会减少需求；政策环境和舆论监督宽松，也有利于组织市场增加需求，这类因素对政府需求和部分事业单位需求的影响尤其明显；科技进步有利于提高产品更新换代的步伐，从而增加市场的需求。

2. 组织因素

组织因素系指购买者内部采购部门自身的目标、政策、程序、结构、制度等方面的设置状况。在现代市场经济条件下，组织因素的变化大体呈现出以下趋势：

(1) 采购部门地位上升

在传统的组织结构中，采购部门在管理层次上一直居于不重要的位置，但随着市场经济的发展，无论何种机构，对运行成本的控制都越来越重视。这促使采购部门在组织中的地位得以提升，具体表现在采购部门级别提高，采购部门专业人员比例增加等。

(2) 采购权力集中

传统的集团组织中，采购权是下放的和分散的。例如，在多事业部的企业里，采购活

动是由企业下属的各事业部分别执行的，政府采购也是由政府各部门分别进行部门所需物品的采购。但目前的趋势是向着集中采购的方向发展，即设立独立的采购部门，专门负责集团组织所需的各种物资、物品或货物的采购，实行专业化采购。这种机制有利于提高采购的专业化水平，有利于对采购环节进行集中监督，有利于形成规模采购，增强对供应商的谈判能力，节约采购成本。

（3）合同长期化

组织购买者越来越注重同那些信誉较好的供应商保持长期的合作关系，同他们签订长期的购销合同。这种方式的优点是可以将组织的运行成本保持在一个较稳定的水平上，从而有助于其产品或服务的价格保持稳定性。

（4）加强采购绩效评估

相当多的组织正在试图通过制定奖励制度来激励那些成绩斐然的采购人员，以促使他们关心组织的总体利益，努力为组织争取较好的供货条件。

3. 人际因素

集团组织购买行为的人际因素，是指集团组织内部各机构不同的人员之间的关系，其主体是不同地位、不同职权、不同情趣、不同说服力的各类参与者之间的关系。对于营销者而言，应当充分了解客户组织的人际关系状况，确定每个人在购买决策中扮演的角色及其影响力的大小，以便利用这些因素促成交易。

4. 个人因素

这里所指的个人因素，主要是指组织购买者中每一个参与购买活动的人员，各自在购买动机、个人经历、喜爱偏好等方面的因素。这些个人因素往往受到个人年龄、收入、受教育水平、职业、性格以及对风险态度等要素的影响。营销者了解个人因素，有利于对不同参与者采取不同的促销和公关措施。

三、汽车集团组织消费者的消费心理和消费行为

1. 出租车公司、客运公司、货运公司采购汽车的消费心理和消费行为

汽车作为生产资料，是出租车公司和其他营运公司进行生产时所需要使用的资源和工具，购买生产资料的价格、生产资料的耐用程度和维护生产资料的费用是它的使用者最关心的问题。

这类购买者在购车时往往将价格、油耗、维修是否方便、维修价格是否公道作为该车是否值得购买的衡量标准；而对其他一些方面，如外观是否突出个性、是否使用了最新科技、颜色是否优雅等方面没有特殊的要求。

汽车生产和经销商如果能够为此类购买者提供价廉物美的商品和优质实惠的售后服务，就能得到长期、稳定的客户群体。

将汽车作为生产资料的一般多为消费大户，所谓消费大户，是指行业或单位汽车消费量相对较高的用户。瞄准消费大户，进行重点公关，往往可以产生事半功倍的促销效果。

2. 政府采购汽车的消费心理和消费行为

在西方发达国家，一般都制定有“政府采购法”，凡属政府机关以及部队、学校等非营利性社会团体，在购买所需产品时，都必须通过公开竞卖和竞买的形式，来实现产品所有权的最终转移。例如，美国就制定了联邦《采购法》。法国政府为总统、总理、部长等国家领导人和政府高官配备的公车，一般都采用国产汽车，雷诺、标致、雪铁龙轮流供应，在国内相安无事。但是，这种做法却受到了欧盟委员会的指责，认为法国的公车配备方式有悖“公平竞争”的法则。为了增加政府采购的透明度，1999 年，法国政府通过“公开招标”的形式，确定了 2000 年政府高官公务用车的购买合同，除了雷诺、标致、雪铁龙之外，大众、欧宝、沃尔沃也参加了竞标。结果，雪铁龙公司以 30%的价格优惠取得了成功。雪铁龙公司负责人认为，优惠 30%，当然会挤占利润，但是，由此产生的威信效应和从众行为，却可以使雪铁龙受益匪浅。

由于政府采购车一般在价格上比私人买车优惠，所以对车商来说获利较少。而且，目前政府采购这个市场越来越小，仅占整个汽车销售市场的 10%～5%，但在售后服务方面的所得利润会更多些。一些大城市的私家车保有量大，所以并不凸显政府采购用车的市场份额。可是对一些中小城市来说，政府采购仍占很大的市场份额，所以政府采购对汽车行业来说不容忽略；特别是当个人消费市场出现低谷，整个市场陷入残酷的价格战时，政府采购市场就显示出一种强有力的“反经济周期”的拉动作用。

政府采购汽车有其特殊的心理和行为特点：第一，要求产品具有较高的品质和很好的安全性；第二，需要有既时尚又端庄、稳重的外观，与政府形象相称；第三，要有良好的售后服务体系；第四，产品要有较高的性能价格比和质量价格比；第五，企业要有保持产品一致性的能力；第六，政府采购行为越来越公开透明，企业向采购部门推荐的产品必须经得起公开、公正、公平的对比。

由于油价的上涨，许多大排量的国产中高档车型的销售受到一定的冲击，国内多家高档车生产企业已经开始进军公务车市场。进入公务车市场有助于高档品牌的树立，对其产量的提高也将起到强有力的支撑作用。

【案例分析】

案例一：每一种产品都有自己的味道

乔·吉拉德曾经说过：不要推销牛排，推销嗞嗞声；不要推销汽车，推销拥有车的感觉。

每一种产品都有自己的味道，乔·吉拉德特别善于推销产品的味道。

与“请勿触摸”的做法不同，乔·吉拉德在与顾客接触时，总是想方设法让顾客先“闻一闻”新车的味道——他让顾客坐进驾驶室，握住方向盘，自己触摸操作一番。如果顾客住在附近，乔·吉拉德还会建议他把车开回家，让他在自己的太太、孩子和上司面前炫耀一番，顾客很快地被新车的“味道”陶醉。根据乔·吉拉德本人的经验，凡是坐进驾驶室把车开上一段距离的顾客，没有不买他的车的；即使当时不买，不久后也会来买。新车的“味道”已深深地烙印在他们的脑海中，使他们难以忘怀。他们不仅亲身感受到了新车，还由此产生很多美好的联想，促使他们进一步下决心买下这辆车。

乔·吉拉德认为，人们都喜欢自己来尝试、接触、操作，人们都有好奇心和想象力。不论你推销的是什么，都要想方设法展示你的产品，而且要记住，让顾客亲身参与；如果你能吸引住他们的感官，让他们产生更多的联想，那么你就能掌握住他们的感情了。

这个案例说明，不同类型的消费者，想象力不同。想象对于发展和深化消费者对商品的认识、推动消费者的购买行为具有重要作用。乔·吉拉德充分运用消费者的想象，通过直观感受，营造拥有该品牌轿车之后从容、自在的生活片段画面，促使顾客想象，让他觉得眼前的车辆可以带给他许多超出车辆价值之外的东西，一旦拥有甚至会带来一个新的世界和新的生活。当然，启发顾客想象应该是基于现实的可能，而不应是胡思乱想。

案例二：女士钟爱的8款车

1. 大众POLO

上海大众汽车公司直接引进第四代波罗，外观小巧，色彩绚丽，简洁流畅，内饰精致、优雅。全新的汽车底盘，加上车体尺寸和轮距比原有款式有所增加，使车内空间更显宽敞。同时，生产企业还提高了车体和车内的质感，给人以接近高级轿车的感觉。

2. 大众甲壳虫

新一代的甲壳虫外形滑稽可爱，其设计走的是复古路线。新甲壳虫1998年重出江湖，虽然在动力系统布置上与旧甲壳虫迥然不同，但车厢内的布置仍然继承旧甲壳虫的某些传统，让人感受到有一种甲壳虫时代的延续性：仪表板力求简单明确，一只大圆表记录着车速、温度和油量，收音机在仪表台中央的位置上。整个仪表板与仪表台的布置都体现一个原则——简洁，而这正是旧甲壳虫的精髓所在。

3. 奔驰A160

每当街上有一辆A160疾驰而过，就会吸引众多的目光，因为它实在是太独特、太漂亮了。说起奔驰汽车，大家马上会想起S600、SLK这样的高级房车或跑车，实际上，在奔驰的大家族里，还有像Al60这样的小型车。它的排量是1.598L，但是极速却可达到180km/h。许多爱好者把它昵称为“小甜甜”，因为它的外形与众不同：它的车头线条呈弹头状，是一条一气呵成的大斜线，车身的其他线条处理也很圆，看上去惹人喜爱。值得一提的是A160的天窗是普通车子的两倍大，开着它在阳光下飞驰，让人享受着新鲜空气的感觉，好像是一只快乐的小鸟在飞。

4. 宝马MINICOPPER

上世纪60年代的英国，拥有财富的年轻人崇尚极度的个人自由，极其自信。在四十余年的岁月中，MINI的爱好者遍布全球。在中国，MINI却是时尚女性的新宠。2002年底登陆国内市场的新MINI轿车，外形古典，设计简洁实用，驾驶灵活稳定。

5. 奥迪 TT

很多人还记得电影《碟中碟Ⅱ》中的一个经典镜头，汤姆·克鲁斯与女主角在西班牙的山间公路高速追逐，其中女主角开的车子就是奥迪 TT。这是一辆令人着迷的小跑车，拥有它的美丽女性一定是充满魅力的，而且她的风骨一定是桀骜不驯的那种。奥迪 TT 装备了 20 气门涡轮鼓风增压四汽缸发动机，输出功率达 225 匹马力，令顶级版 TT 的功率/车重比例达到超级跑车的水平。圆形设计和超凡奔跑能力使得 TT 既平易近人又锋芒毕露。TT 的最高车速可以达到 260 km/h，同时它的悬挂系统非常出色，让人在高速疾驰中享受沉稳。

6. 东风雪铁龙塞纳 Xsara2.0i

东风雪铁龙推出的新车塞纳 Xsara2.0i，引起了广泛的关注。塞纳的外形与众不同，充满了浪漫的法兰西风情，非常适合时尚女性。新车型独特的 2.5 厢设计，低垂的车头，微微耸起的车尾，给人一种随时待命的跳跃动感。

排量为 2.0 升法国雪铁龙原厂的 16 气门引擎，最大可以提供 132 匹的马力，0～100 km/h 加速为 9 秒。同时它拥有的 6 碟 CD 系统、ABS 刹车、EBD 制动力分配、双安全气囊等设施，都是女性车友们所喜欢的。这款车的女性车主的特点应该是中产、时尚、眼光独特、喜欢运动。

7. 丰田威姿

丰田威姿设计时髦，椭圆形的曲线将这款小车勾勒得十分可爱、小巧灵活，在拥挤的都市中穿行绰绰有余。在日本，Vitz 采用 1.0 升发动机，而在欧美，Vitz 也提供 1.3 升和 1.5 升发动机。在中国，威姿发动机选用 1.0L、1.3L 两款，仅 0.3 的风阻系数，使得威姿展现出经济的低油耗和卓越的行驶性能，并达到新一代的安全标准。拥有纯正丰田血统的威姿将其目标直指中国家用轿车市场，意欲树立中国家用汽车的新标准。丰田汽车进入中国市场多年，但具有纯正丰田血统的本土车却不多见。

8. 上海通用赛欧

据说驾驶赛欧车成了年轻、有活力、有前途的代名词。赛欧系列同时配备博士 5.3 版本 4 回路 4 感应器、ABS 及新一代西门子双安全气囊等安全配置。赛欧 1.6 升 MPFI 黄金排量发动机，其功率和扭矩在同级轿车中也属于领先，起步加速都十分迅捷。赛欧自排挡采用世界名牌原装进口的日本 AISIN 的电子控制三模式自动变速器，具有雪地、运动、经济三种模式，换挡自由顺畅。轿车在内饰方面也不断升级，率先在 SRV 车型上加装了原厂天窗，加上全新数码音效 CD 唱机和 RKE 安全遥控门锁系统，赛欧在各方面的配备都十分完善。

最新市场调研显示：女性在购车时对车辆外观和颜色的重视程度远高于男性购车者。“外观颜色”在女性购车的潜意识中已被提升至仅次于“性能价格比”之后第二重要的位置，略高于“售后服务”、“油耗”、“配置”。绝大多数的女性对汽车的机械结构没有很大的兴趣，她们主要关心车子的外形是否好看，颜色是否鲜艳亮丽，内装触感是否柔和，配备是否贴心实用，最重要的是车子不要老出问题，而且买车、养车的负担不是很重等。

所以，只有针对不同消费者的类型，做好充分的消费心理和消费行为分析，生产和销售的不同车型，才能使汽车企业在激烈的市场竞争中立于不败之地。

思考题

4-1 汽车市场的特点是什么？

4-2 影响个人消费者的因素主要有哪些？

4-3 试述汽车消费者决策的过程。

4-4 影响集团组织购买的因素有哪些？

第五章　汽车市场分析

学习目标：了解汽车市场调查的意义；掌握汽车市场调查的主要内容、调查的步骤及其方法；了解汽车市场预测的步骤与方法；掌握汽车市场细分的依据；掌握汽车市场的定位指标及方法。

随着我国汽车工业的迅速发展，汽车市场的竞争也日趋激烈。为此，只有进行市场分析，对市场的现状、今后的走势进行调查和预测，将市场加以细分并进行正确的定位，才能更好地寻找营销机会，避开和减少风险，企业才能得到稳步发展。

第一节　汽车市场调查

一、汽车市场调查的概念及其意义

1. 汽车市场调查的概念

汽车市场调查就是运用科学的方法，有计划、有目的、系统地收集、整理和分析有关汽车市场营销方面的信息，得出调查的有关结论，并形成调查报告。具体来说，汽车市场调查是汽车生产企业、经销商对用户及潜在用户的购买力、购买对象、购买习惯、未来购买动向和同行业的情况等进行全面或局部的了解，弄清涉及企业生存和发展的市场运行特征、规律、动向以及汽车在市场产、供、销方面的状况及其相关的影响因素。

2. 汽车市场调查的重要意义

（1）汽车市场调查可以帮助汽车企业了解汽车市场营销环境状况以及未来的发展趋势，以便为汽车企业的营销决策提供科学的参考依据。

（2）汽车市场调查可以发现新的需求和机会，及时地拓展新的服务去满足这些需求。

（3）汽车市场调查可以掌握竞争者的态势，使汽车销售企业在竞争中知己知彼，更好地进行自我定位，以便在汽车市场上立于不败之地。

（4）汽车市场调查可以了解到宏观上的国家政策法规的变化对汽车销售企业发展的影

响，预测未来的经济走向，抓住发展机会。

可以说，汽车市场调查是汽车企业取得良好经济效益的保证。汽车企业应该牢牢地把握好市场调查这个重要的武器，认真、科学地开展市场调查工作。特别是在经济全球化、汽车市场竞争激烈、汽车市场变化迅速的今天，市场调查的意义更为突出。

二、汽车市场调查的内容

汽车市场调查的一般内容包括以下五个方面：

1. 汽车市场环境调查

汽车市场环境调查包括对政策法律环境、经济环境、科技环境以及社会文化环境等方面的调查。

(1) 政策法律环境调查。包括对政府有关汽车方面的方针、政策和各种法令、条例等可能影响到汽车企业发展的诸因素的调查。例如，汽车价格政策、汽车税收政策、汽车金融政策、人口政策、产业发展政策以及环境保护政策等。

(2) 经济环境调查。主要是调查所在地区的经济发展整体水平、经济结构、人口及就业状况、交通条件、基础设施情况等，同时还应重点调查该地区消费者的收入水平、消费结构和消费水平等。

(3) 科技环境调查。主要是对国际国内新技术、新车型的发展速度、变化趋势、应用和推广等情况进行调查。

(4) 社会文化环境调查。主要是调查社会的文化、风气、时尚、爱好、习俗等方面，通过这些方面的调查，可以比较具体地了解到消费者对汽车产品需求所带有的文化色彩，并根据不同的文化特点和文化层次，采用不同的市场营销策略。

2. 汽车市场需求及产品状况调查

汽车市场需求及产品状况调查，主要是对汽车产品种类、消费需求量、需求结构、需求时间、需求动机以及购买行为等方面的调查。

(1) 需求量调查。对于汽车企业来讲，需求量调查不仅要了解企业所在地区的需求总量、已满足的需求量，更重要的是调查潜在需求量。同时还必须了解企业的销售量在该地区销售量中所占的比例，即市场占有率。

(2) 汽车需求结构调查，主要是了解消费者的购买倾向。不仅要调查汽车需求总量，还要调查分品牌、分车型的需求情况，如本田、富康、奥迪、捷达等车型需求量。另外，还必须了解引起需求量变化的原因，并调查用户需求结构变化的趋势。

(3) 汽车需求时间调查。用户对于汽车产品的需求情况带有明显的时间差异性。就整车销售而言，节假日的销售量要远远大于其他时间，特别是春节前后，汽车销售更加火爆。汽车企业进行汽车需求时间的调查，有利于企业了解销售的时间性特点，更好地制定营销策略。

(4) 消费者购车动机与购买行为调查。购买动机调查，其目的主要是了解购买动机产生的各种原因，以便采取相应的诱导措施。购买行为调查实际上主要是了解消费者在何时购买、何处购买以及如何购买等情况。

3. 汽车市场竞争情况的调查

汽车企业在进行各种重要的市场营销决策之前，必须认真调查和研究竞争对手可能做出的种种反应，并时刻注意竞争者的各种动向。汽车企业在进行市场竞争情况调查的时候，首先应该明确竞争对手究竟是谁，然后展开有针对性的调查。针对竞争对手的调查主要包括五个方面的内容，如图 5－1 所示。

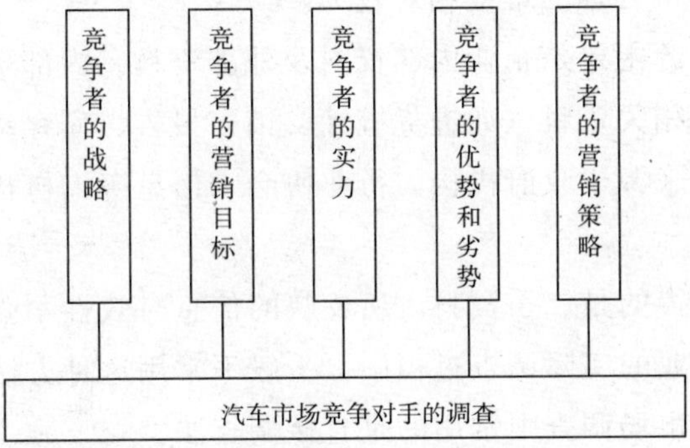

图 5－1　市场竞争对手的调查内容

4. 汽车企业自身营销组合要素调查

(1) 汽车销售企业代理的品牌与车型调查。

(2) 汽车价格调查，包括以下方面：

① 汽车市场供求情况的变化趋势；

② 影响汽车价格变动的因素以及汽车价格的变动趋势；

③ 汽车厂商各种不同的价格策略和定价方法对汽车价格的影响，以及价格变动后顾客的反应。

(3) 汽车营销渠道的调查。包括营销渠道的选择、控制与调整情况。

(4) 汽车的促销调查。包括广告效果的测定、公关活动以及营业推广活动的市场绩效等。

在进行实际的市场调查过程中，企业应该根据调查的主要目标，选择其中的相关内容进行重点的、详细的调查。

5. 汽车销售企业的客户满意度调查

客户满意度调查包括以下两个方面：

(1) 汽车销售企业人员素质的满意度调查；

(2) 汽车销售企业的售后服务满意度调查。

三、汽车市场调查的方法和步骤

1. 汽车市场调查的方法

汽车市场调查的方法可以分为间接调查法和直接调查法两种。

（1）间接调查法

间接调查法指的是从各种文献档案中获取资料的方法，通常间接调查所获得的都是二手资料，一般又把间接调查法称为二手资料调查法。间接调查法的主要优点是：获取信息所需的时间和费用较少；不受时间和空间的限制；间接调查收集的资料，不受调查人员和被调查者的主观因素干扰，反映的信息比较客观、真实。间接调查法的缺点是：间接调查所获取的信息时效性差；间接调查的信息很难与调查活动的要求一致，需要进一步加工处理；间接调查的资料分析处理的难度相对较大。

间接调查的资料来源主要是企业内部资料及外部资料。内部资料来源于企业的会计数据、各管理部门提供的相关资料（如进货统计、销售报告、库存动态记录等）以及其他各类记录。外部资料主要来源于政府机构、行业协会、信息咨询机构等的一些统计资料以及有关图书文献等。

由于间接调查所获得的是二手资料，所反映的信息时效性不强，而且还需要进行一定的加工处理，因此在企业的实际调查过程中，一般不常用这种方法，只是把它作为一种辅助的调查方法。在汽车市场调查中常用的是直接调查法。

（2）直接调查法

直接调查法是指通过实地调查收集资料、获取信息的一种方法。直接调查法所获取的都是第一手资料，时效性非常强，更能反映真实的市场情况，在汽车市场调查中经常使用。直接调查法主要包括访谈法、观察法、实验法三种方法。

① 访谈法

访谈法是通过直接或间接问答方式来收集信息的方法，是汽车市场调查最常用的方法。采用这种方法，调查人员可以灵活地提出各种设计好的问题，通过被调查人员对问题的回答来收集信息，因此针对性强。访谈法的具体方式又可以分为问卷调查、面谈调查、电话访谈调查等。

问卷调查是目前汽车销售企业中广泛采用的调查方法，即根据调查目的设计好各类调查问卷，然后采取抽样的方式确定调查样本，通过调查员对样本的访问，完成事先设计的调查项目，最后，经统计分析得出调查结果。问卷调查的成功与否关键取决于问卷的设计是否合理。

面谈调查是调查人员与被调查人员进行面对面的谈话、从而获得信息的一种方法。这种方法的最大特点是调查灵活、调查的信息全面、调查的真实性较强。面谈调查可以是个人访谈，也可以是集体座谈。

电话访谈调查是调查人员通过电话交谈来了解顾客意见的一种方法。例如，打电话定期询问顾客对汽车销售企业服务的感觉如何，有什么需要改进的方面等。

② 观察法

观察调查法是调查者在现场对被调查者的情况直接观察和记录而取得市场信息资料的一种调查方法。在观察时，调查人员既可以耳闻目睹现场情况，也可以利用照相机、录音机、摄像机等设备对现场情况作间接的观察，以获取真实信息。运用观察法收集资料的优点在于：调查人员与被调查者不发生直接接触，这种情况下，被调查者的活动不受外在因素的影响，处于自然的活动状态，行为真实，因而获取的资料更能反映实际。但观察法的缺点是：不容易观察到被调查者的内心世界，不易了解内在的东西，有时需要作长时间的观察才能得出结果。

观察法在汽车市场的调查中也运用得比较广泛，如对车型保有量的观察、汽车营销展厅的现场观察、车辆库存观察等。

③ 实验法

实验法是指在汽车市场调查中，将调查范围缩小到一个比较小的规模上，进行试验后取得一定结果，然后再推断出总体可能的结果，通过实验对比来取得市场信息资料的调查方法。具体做法是：从影响调查对象的若干因素中先选出一个或几个因素作为实验因素，在其他因素处于不变的条件下，了解实验因素变化对调查对象的影响。实验完成后，还需用市场调查方法分析这种实验性的推销方法或产品是否值得大规模推广。这种调查方法的优点是比较科学，具有客观性；缺点是实验的时间可能较长，成本高。

对于汽车产品而言，在改变品质、设计、价格、广告、陈列方法等因素时，可采用实验法，先做小规模的实验性改变，以调查顾客反应。

上面讲述了关于汽车市场调查的多种方法，在实际的调查过程中，调查者应该根据调查的目标、调查的内容等因素来选择其中最适合的调查方法。但总的来说，问卷调查的方法是汽车市场调查方法中运用得最为广泛的方法，而调查问卷的设计又是问卷调查的关键所在。下面将介绍问卷的设计技巧。

汽车市场调查一般可分为调查准备、调查实施和调查总结三个阶段。

2. 汽车市场调查的步骤

（1）准备阶段

① 初步分析情况，确定调查目标和范围

汽车市场调查的目的在于帮助汽车销售企业准确地做出经营战略和营销决策，在市场调查之前，调查者应首先分析初步情况，明确调查目标，确定指导思想，限定调查的问题范围。调查目标一般由企业营销综合职能部门提出，主管领导批准。调查目标和指导思想一经确立，在以后的调查活动中应始终围绕本次调查的总体目标和指导思想进行工作。

② 成立调查工作小组

为了使调查工作有计划、有组织地进行，成立调查工作小组是必要的。其组成人员可能包括市场营销、规划、技术研究、经营管理、财务或投资等多方面的人员。

③ 制定调查方案和调查程序

调查小组应根据调查的总体目标进行目标分解，做好系统设计，制订调查方案，确立调查方法与形式，并制订实施计划。制订实施计划是整个汽车市场调查过程中最复杂的阶段。它主要包括调查项目、调查方法、调查人员、调查费用、调查工作进度日程安排及监督检查、调查人员的工作考核等方面的内容。

(2) 实施阶段

进行实地调查是市场调查的正式实施步骤。实地调查即按计划通过各种方式到调查现场获取第一手资料。实地调查工作的好坏，将直接影响调查结果的准确性。为了保证调查工作按计划顺利进行，并获得比较可靠的信息，必须重视现场调查人员的选拔与培训工作，而且要充分估计调查过程中可能出现的问题，并建立报告制度，及时予以妥善解决。

(3) 总结阶段

① 整理分析调查资料

调查小组应对调查得到的资料及被调查者回函分门别类地进行编辑整理，过滤掉那些不真实或错误的资料，以保证资料的真实性与准确性。然后把整理好的资料进行统计分析，系统地制成各种计算表、统计表、统计图等，以方便参考。

② 提交调查报告

提交调查报告是整个调查工作的最后一个环节。调查报告是市场调查的最终结果，是评价整个调查过程工作好坏的唯一标准，决策者就是根据调查报告的结果来指导企业的经营决策。因此，要十分重视调查报告的撰写，必须及时写出准确、真实的调查报告。在编写调查报告时，要注意紧扣调查主题，力求客观、简单扼要并突出重点，使企业决策者一目了然。写作方面要求文字简练，避免或少用专门的术语，必要时可用图表说明。

四、汽车市场调查报告的撰写

从汽车市场调查报告的一般结构来看，一篇完整的汽车市场调查报告应包括标题、目录、概述、正文和附件。

1. 标题

标题一般把被调查单位、调查内容明确而具体地表示出来，如《关于深圳家用轿车市场调查报告》。有的调查报告还采用正副标题的形式。

2. 目录

除了只有几页纸的调查报告之外，一般的调查报告都应该编写目录，以便读者查阅特定内容。目录包含报告所分的章节及其相应的起始页码，通常只编写两个层次的目录，较短的报告也可以只编写第一层次的目录。需要注意的是，报告中的表格和统计图都要在目录中列明。

如果报告含有图表，那么需要在目录中包含一个图表目录，目的是帮助读者很快找到对一些信息的形象解释。因为图和表是独立的数字编号，因此，在图表目录中，应列出每一图表的名称，并按其在报告中出现的次序排列。

3. 概述

概述主要是阐述调查课题的基本情况，它是按照汽车市场调查课题的顺序将问题展开，并阐述在调查过程中对原始资料的选择、评价、作出结论、提出建议的原则等。主要包括三方面内容：

（1）简要说明调查目的，即简要说明进行调查的原因、目的和调查涉及的中心问题。

（2）简要介绍调查对象和调查内容，包括调查时间、地点、对象、范围、调查要点及调查的具体内容。

（3）简要介绍调查研究的方法。介绍调查研究的方法，有助于使人确信调查结果的可靠性，因此对所用方法要进行简短叙述，并说明选用方法的原因。例如，是用间接调查法还是直接调查法，是用直接面谈的方法还是邮寄问卷法等。

4. 正文

正文是汽车市场调查分析报告的主体部分。这部分内容必须准确阐明全部有关论据，包括从问题的提出到得出的结论，论证的全部过程，分析研究问题的方法，全部调查结果和必要的市场信息，以及对这些情况和内容的分析评论。

正文包括引言、调查方法、结论和局限性以及建议。

（1）引言

引言对调查的起因、目的和中心问题作出解释说明。调查的每个问题在正文的某一部分都应提供相应的结论。

（2）调查方法

调查方法部分要阐明以下五个方面的内容：

① 调查设计。说明所开展的项目是属于探索性调查、描述性调查还是因果性调查，以及为什么适用于这一特定类型调查。

② 资料采集方法。所采集的是初级资料还是次级资料。结果的取得是通过调查、观察还是实验。所用调查问卷或观察记录表都应编入附录。

③ 抽样方法。总体目标是什么，抽样如何确定，是什么样的样本单位，它们如何被选取出来。对以上问题的回答根据及相应的运算都须在附录中列明。

④ 实地工作。起用了多少和什么样的实地调查人员；对他们如何进行培训、监督管理；实地工作如何检查。这些方面对于最终结果的准确程度会带来十分重要的影响。

⑤ 分析方法。说明所使用的方法是定量分析方法还是定性分析方法。

（3）结论和局限性

结论在正文中占有较大篇幅。这部分内容应按一定的逻辑顺序提出紧扣调查目的的一系列结论。在结论中，还可以配合一些总括性的表格和图像加以说明。完美无缺的调查是难以做到的。所以，必须指出调查报告的局限性，诸如作业过程中无法回避的误差和抽样程序存在的问题等。在报告中，如果将成果加以绝对化，不承认它的局限性和应用前提，就不是科学的态度。当然，也没有必要过分强调它的局限性。

（4）建议

建议主要是调查小组根据调查结果给汽车销售企业提出的一些发展意见和思路。建议应该建立在调查结果的基础上，符合实际情况，符合企业的发展目标，而且确实具有可操作性。建议部分应该写得详细、具体、通俗。

（5）附件

附件是指调查报告正文包含不了或没有提及、但与正文有关而必须附加说明的部分。它是对报告正文的补充或是更详细的说明。附件通常包括的内容有图表目录、调查提纲、调查问卷和观察记录表、被访问人（机构单位）名单、较为复杂的抽样调查技术的说明、一些次关键数据的计算（关键数据的计算，如果所占篇幅不大，应该编入正文）、较为复杂的统计表和参考文献等。

第二节　汽车市场预测

一、汽车市场预测的概念及其意义

所谓市场预测就是在市场调研基础上，利用科学的方法和手段，对未来一定时期内的市场需求、需求趋势和营销影响因素的变化做出判断，为营销决策服务。

在研究汽车市场运行规律的基础上做好预测工作，对于提高市场营销水平具有以下重要的现实意义：

第一，汽车市场预测是对汽车市场未来需求、供给趋势等方面做出判断，有利于适应和满足消费者的需要。

第二，汽车市场预测有利于汽车企业提高经营管理和决策水平。

第三，汽车市场预测有利于汽车企业准确、理性地把握未来的汽车发展趋势。

第四，汽车市场预测有利于汽车企业提高经济效益。

市场预测大致包括市场需求预测、市场供给预测、产品价格预测、竞争形势预测等。对企业而言，最主要的是市场需求预测。

二、汽车市场预测的方法和步骤

1. 预测方法

市场预测方法有很多种，但常用的方法并不多，按照预测方式不同，预测方法大体可分为两大类：一类是定性预测方法，即质的预测方法；另一类是定量预测方法，即量的预测方法。前者容易把握事物的发展方向，对数字要求不高，能节省时间，费用小，便于推广，但往往带有主观片面性，数量不明确；后者则相反。人们在实际预测活动中，往往将两种方法相结合，即定量预测的结论必须接受定性分析的指导，唯有如此，才能更好地把握汽车市场的变动趋势。

（1）定性预测方法

1）定性预测方法简介

定性预测方法又称为判断分析预测法，它是由预测者根据拥有的历史资料和现实资料，依据个人经验、知识和综合分析能力，对未来的市场发展趋势作出估计和测算。从本质上来讲，它属于质的分析的预测方法。定性预测方法比较适合于对预测对象未来的性质、发展趋势和发展转折点进行预测，适合于数据缺乏的预测场合，如技术发展预测，处于萌芽阶段的产业预测、长期预测，等等。定性预测的方法易学易用，便于普及推广，但它有赖于预测人员本身的经验、知识和技能素质。不同的预测人员对同一问题的预测结论，往往会有较大差别。

定性预测方法的理论依据是相似类推原则。这一原则包括两个内容：

① 按发展时间顺序类推。即利用某一事物与其相似的其他事物在发展时间上的差别，把先发展的事物的表现过程类推到后发展事物上去，从而对后发展事物的前景做出预测。例如，通过对某些国家家用轿车普及过程的研究来预测我国家用轿车走向家庭的时间、车型，以及家庭购买特点等，就属于时间类推。时间类推的关键是把握事物的发展过程是否相似。如果相似性太小，那么预测就会失败。

② 由局部类推总体。即通过抽样，调查研究某些局部或小范围的状况，去预测整体和大范围的状况。例如，通过对一省一市汽车市场情况的调查，来预测全国汽车市场的情况。

2）常见的定性预测方法

① 德尔菲法。这种方法是在20世纪40年代末期由美国兰德公司（BAND）首创并使用的，是西方发达国家盛行的一种预测方法。至今这种方法已经成为国内外广泛应用的预测方法，它可以用于技术预测和经济预测、短期预测和长期预测。尤其是在缺乏统计数据而又需要对很多相关因素的影响做出判断的领域，以及事物的发展在很大程度上受政策影响的领域，更适合应用德尔菲法进行预测。这种方法是按规定的程式，采用背对背的反复函询方式，即由预测主持人将需要预测的问题逐一拟出，然后分寄给各个专家，请他们对预测问题逐一填写自己的预测看法并将答案寄给主持人。主持人进行分类汇总后，将一些专家意见相差较大的问题再抽出来，并附上几种典型的专家意见请专家进行第二轮预测。如此循环往复，经过几轮预测后，专家的意见便趋向一致，或者更为集中，主持人便以此作为预测结果。由于这种方法使参与预测的专家能够背靠背地充分发表自己的看法，不受权威人士态度的影响，因而保证了预测活动的民主性和科学性。在采用德尔菲法进行预测的过程中，选择专家与设计意见征询表是两个最重要环节，这是德尔菲法成败的关键。

② 集合意见法。集合意见法就是集合企业内部经营人员、业务人员等的意见，凭他们的经验和判断共同讨论市场趋势而进行市场预测的方法。由于经营管理人员、业务人员等对市场的需求和变化较为熟悉，因而他们的判断往往能反映市场的真实趋势。这种方法首先由预测者根据企业经营管理的要求，向研究问题的有关人员提出预测项目和预测期限的要求，并尽可能提供有关资料。然后，有关人员根据预测的要求及所掌握的资料，凭个人经验和分析判断能力，提出各自的预测方案。接着预测的组织者计算有关人员预测方案的方案预测值，并将参与预测的有关人员进行分类，计算各类综合期望值，之后确定最终的预测值。

定性预测方法还有社会（用户）调查法（即面向社会公众或用户展开调查）、小组讨论法（会议座谈形式）、单独预测集中法（由预测专家独立提出预测看法，再由预测人员予以综合）、领先指标法（利用与预测对象关系甚密的某个指标变化对预测对象进行预测，如通过对投资规模的监控来预测汽车需求量及需求结构）、主观概率法（预测人员对预测对象未来变化的各种情况作出主观概率估计），等等。

总之，随着社会经济和科学技术的发展，预测方法也在不断地发展和完善，汽车市场营销的预测人员应不断加强理论学习，并通过预测总结出一些实用的方法。

（2）定量预测方法

定量预测方法也叫统计预测法。它是根据掌握的大量数据资料，运用统计方法和数学模型，近似地揭示预测对象的数量变化程度及其结构关系，并据此对预测目标作出量的测算。应该指出，在使用定量预测方法进行预测时，要与定性预测方法结合起来，才能取得良好的效果。

1）时间序列预测法

时间序列是指将某种社会经济统计指标在一定时间上的一组观察数值，按时间先后顺序排列而成的序列。根据时间序列分析社会经济现象发展变化过程的规律性，测定其发展变化的趋势和程度，运用一定的数学方法构建预测模型，并据此确定市场预测值的方法，称为时间序列预测法。它具有以下特点：

① 假定事物的过去会同样延续到未来；

② 时间序列的数据变动的同时存在着规律性和不规律性；

③ 不考虑市场发展的因果关系。

为确保对经济现象发展过程及其规律性进行动态分析的正确性，保证时间序列中各数值之间具有可比性是十分重要的。因此，在编制时间序列过程中，总体范围、时间单位、指标的经济内容、指标的计算方法和计算单位等应尽量保持一致。

这种方法是利用过去资料找出一定的发展规律，将未来的趋势与过去的变化相类似地进行预测。

2）因果预测法

因果预测法就是演绎推论法。这是利用经济现象之间的内在联系和相互关系来推算未来变化，根据历史资料的变化趋势配合直线或曲线，用来代表相关现象之间的一般数量关系的分析预测方法。它用数学模型来表达预测因素与其他因素之间的关系，是一种比较复杂的预测技术，理论性较强，预测结果比较可靠。由于需要从资料中找出某种因果关系，所以需要的历史资料较多。

3）市场细分预测法

市场细分预测法是指对产品使用对象按其具有的同类性划分类别，确定出若干细分市场，然后对各个细分市场根据主要影响因素，建立需求预测模型的方法。

总之，预测未来发展，定性与定量的预测方法并不是相互排斥的，而是相辅相成的，定性预测有利于把握事物发展的质，定量预测有利于把握事物发展的量。预测实践中应综合运用两种预测方法，而且定量预测必须接受定性分析的指导。

(3) 如何选择合适的预测方法

随着市场预测应用的日益广泛以及预测研究的发展，近年来出现了多种不同的预测方法，每一种方法都有其自身的优缺点。即使对同一预测问题，若选用不同的预测方法、不同的取材和不同的分析思路，得到的预测结论也不一样，预测精度也不相同。仔细了解各种预测方法的基本原理、假设条件和适用范围，根据预测的具体要求和实际条件，因时因地制宜，选择合适的预测方法，往往可以收到良好的效果。

预测方法的选择取决于多种因素，例如预测目标及预测对象本身的特点、预测的范围、预测的时间界限、产品的生命周期以及数据资料的丰富程度和预测精度的要求等都是选择预测方法时必须考虑的问题。

1) 不同的预测目标适用的预测方法不同

产品需求预测、销售预测常运用趋势分析法或市场调查技术，即可满足一定的精度要求；而新产品开发预测一般多采用专家咨询法进行前景分析；对一些宏观部门或行业的某一产品预测，希望提供的是战略性的、带有指导意义的某一产品未来发展趋势的信息。这是由于某一工业产品的宏观发展必然与整个国民经济的发展和生产结构有一定的联系，如汽车工业的发展，必然与国民经济发展走势以及钢铁、能源、交通等其他行业的发展有关。所以，预测汽车工业的发展不但要考虑到工农业生产发展速度、固定资产投资指标等，也要考虑它与其他行业的关系，因而宏观预测常采用多元回归分析等多目标预测技术进行系统的预测。而对一个局部地区或企业，更关心的是某种产品的市场需求的具体信息，人们往往希望能对某种产品的市场需求量给出定量的描述。对这一类微观预测目标，由于其范围较小，所以抗干扰的能力较弱，单凭定量分析是不行的，需要结合市场调查对本地区市场进行综合分析。

2) 产品本身的特点是选择预测方法时需要考虑的重要因素

有些产品，例如汽车通用零配件、标准件，其特点是需求量大、需求面广，由于其各方面的许多正面影响与负面影响相互抵消，而总体需求却呈现出某种基本的发展趋势，因而其需求比较稳定。对这一类产品的预测，采用时间外推法不失为一种简易有效的方法。时间外推法主要是利用历史资料，根据预测销售量与较近实际数量有关的原理，运用数学方法，将发展趋势外延，从而达到预测未来的目的，如单纯移动平均法、趋势平均法等。对某些专用产品，例如一些通用性差的特殊用途的零配件，由于其服务面窄，供求关系比较明显，故可以用相关分析的方法进行预测。

3) 产品所处的生命周期不同，选择的预测方法不同

对处于不同生命周期的产品，应选择不同的预测方法。对处于投入期的新产品，因为其刚刚问世不久，人们对其还不太了解，积累的数据资料也少，在此情况下，很难采用定量计算的方法进行预测，这时通常采用市场调查法和类推法。市场调查法主要是用于调查

用户对新产品的反映。类推法是通过对历史上的同类产品发展过程的分析，或对其他地区同类产品发展趋势的类比分析，预测产品的需求前景。例如，可以通过对手扶拖拉机、小四轮拖拉机在农村发展趋势变化过程的分析，预测农用汽车的市场需求前景。此外还可以采用跟踪用户的直接调查方法，观察了解用户购买产品的目的，分析可能存在的潜在市场。而对那些进入成长期的产品，由于这类产品在经过一段时间的发展后，已经得到社会的承认，其生产组织、原材料供应、产品信誉和销售渠道等都相对稳定，处于这一阶段的产品，采用更加深入、细致、全面的市场调查，以确定用户购买动机、购买力、销售路线等，并采用趋势平均法进行销售量分析，较为有效。而处于成熟期的产品，由于竞争对手增多，购买者的选择性很强，这时市场情况变得复杂，销售量出现明显的起伏现象。这时的预测方法是：在预测短期销售量时，可采用单纯移动平均法，也可用相关因素分析法、因果关系法，预测产品成熟期的长短，以决定合理的库存量，采取有效的推销措施。对处于衰退期的产品，可通过市场调查，注意新一代产品的发展，降价处理老产品，将资金转为投向处于成长期的新产品。

4）预测的时间界限是选择预测方法时必须考虑的因素

短期销售预测，主要是月度预测，采用市场调查法、移动平均法较为适宜；近期市场需求预测，特别是一年之内的销售预测，一般采用市场调查法与指数平滑法；对一年以上的中期预测则不能不考虑到某些影响因素的作用，常需要配合因果分析法；而对长期发展的预测，不确定的因素更多，采用单纯定量预测方法是不适宜的，常常采用专家咨询法，对预测目标未来发展趋势进行定性分析。

此外，预测成本、现有的数据条件都是预测方法选择中必须考虑的问题。有的预测方法虽然精度高一些，但成本相当高；有的方法预测精度稍差一些，但却成本低廉。

在实际预测工作中，不能把上述因素分开考虑，而应该加以综合，权衡利弊，立足现有基础，做出恰当的选择。

当采用定量预测方法时，对同一预测对象的预测，人们既可以采用多种预测模型，也可以对同一模型采用不同的自变量。这种对同一预测对象采用多种途径进行预测的方法，叫做组合预测方法。它是现代预测科学理论的重要组成部分，其思想就是认为任何一种预测方法都只能部分地反映预测对象未来发展的变化规律，只有通过多种途径进行预测，才能更全面地反映事物发展的未来变化。实践证明，组合预测方法比单一预测方法对于提高预测结果的可信度，具有更显著的效果。

科学的预测要有科学的程序。不同的预测程序的繁简有所不同，但一般来讲，程序和过程是相互接近的。

2. 市场预测的内容

企业进行市场预测的内容很多，概括起来主要有以下几个方面：

（1）市场需求预测

这是根据有关资料对汽车产品未来的需求变化进行细致的分析研究，掌握需求的内在规律，对其发展趋势作出比较正确的估计和判断。市场需求预测是根据人口的变化、物质文化生活水平提高的程度、社会购买力的增减，以及人们的爱好习惯、消费结构的变化等因素，分析市场对产品的需求。这种需求既包括对产品数量的需求，同时也包括对产品质量、造型、规格、价格等方面的要求。它主要有以下几种：

第一种是产销趋势的中长期预测。这是把重点放在企业的长期经营方向上，侧重于根据科学技术的发展，深入研究影响企业产销的技术因素，并结合市场竞争、资源条件等的变化，制订企业的产品发展计划。

第二种是产销趋势的短期预测。这种预测要求以本企业产品的原材料来源、成本、价格等为依据，与同行业同类产品进行比较，做出近期内市场需求对本企业产销影响的预报，以指导本企业做出相应的对策。

第三种是单品种专项预测。主要是对本企业新产品投入市场后的销售状况和产品在价格、质量、造型、内饰等方面的反映进行研究和分析，提出改进和扩大新产品产销的建议。由于有关因素会直接或间接地影响需求变化，所以对引起需求变化的一些因素也应进行预测，例如，国民购买力、企业和事业单位购买力、社会发展、产品销路及经济发展等。

(2) 市场占有率预测

市场占有率是指在一定的市场范围内，企业某种产品中的销售量或销售额与该市场上同类产品的总销量或销售额之间的比率。市场占有率预测是对某种产品的某品牌需求量或最好销量的预测，市场占有率预测着重考虑的是产品本身的特性和销售努力对销售量的影响。

(3) 生产情况的预测

在了解市场需求和市场占有率的同时，必须深入了解自己和竞争对手的生产情况，了解市场上所有汽车产品的生产能力和布局，资源、能源等条件的情况，以及汽车产品的数量、质量和性能等，并且预测其发展变化趋势。

3. 市场预测的步骤

(1) 确定预测目标

进行预测首先要明确预测什么，通过预测要解决什么问题，进而明确预测目标。同时还应规定预测的期限和进程，划定预测的范围等。

(2) 收集、分析和整理相关数据资料

它是指围绕预测目标，收集相关数据资料，然后对资料进行有效的分析整理。预测所需资料包括与预测对象有关的各种因素的历史统计数据资料和反映市场动态的现实资料。其中，市场调查资料是一个重要的信息来源。收集、分析和整理数据资料是预测工作中重要的一环，因为只有正确地、充分地“总结过去”，才能正确地“推测未来”。数据资料收集要注意广泛性、适用性和可靠性。

(3) 选择预测方法

市场预测应根据预测目标和占有的资料，选择适当的预测方法。预测的方法与模型很多，各有其预测对象、范围和条件，应根据预测问题的性质、占有资料的多少、预测成本的大小，选择一种或几种方法。

(4) 分析误差

预测是对未来事件的预计推测，很难与实际情况完全吻合，因而要对预测结果进行判断、评价，要进行误差分析，找出误差原因并判断误差大小。若误差较大，应修改调整预测模型得出的预测值，或考虑其他更适合的预测方法，以得到较准确的预测值。一般误差最好控制在正负10%～15%之间。

(5) 进行预测，写出预测报告

预测报告应概括预测主要活动过程，列出预测目标、预测对象及有关因素的分析结论、主要资料和数据、预测方法的选择和模型的建立，以及预测值的评价和修正，实现预测结果的政策建议等内容。

第三节　汽车市场细分与市场定位

现代市场营销非常重视STP策略，即市场细分（segmentation）、目标市场选择（targeting）和市场定位（positioning）。

一、汽车市场细分化

1. 市场细分的含义

市场细分也称市场细分化（marketing segmentation），是指根据整体市场上顾客需求的差异性，以影响顾客需求和欲望的某些因素为依据，将一个整体市场划分为两个或两个以上的顾客群体，每一个需求特点相类似的顾客群就构成一个细分市场（或子市场）。在各个不同的细分市场，顾客需求有较明显的差异，而在同一细分市场上，消费者具有相同或相近的需求特点。

市场之所以能够细分，其客观基础是：其一，市场需求客观上具有差异性，购买动机和购买行为也具有差异性。可以说，正是由于这种差异性的存在，市场细分才有划分的标准。其二，市场需求还具有一定的相似性。如果用户的需要没有某种共性，那么市场细分就无从做起，企业不可能将每一个用户都作为一个细分市场。正是这种需要存在共性，市场细分才具有实际的营销意义。所以企业总是根据“求大同、存小异”的原则进行市场细分，使得同一细分市场具有较多的共性，不同细分市场之间的需求具有较多的差异性。

2. 市场细分的作用

市场细分对企业市场营销的影响和作用很大，它表现在以下几个方面：

(1) 有利于企业发掘新的市场机会。企业经过市场调查和市场细分后，对各细分市场的需求特征、需求的满足程度和竞争情况将了如指掌，并能从中发现那些需求尚未得到满足或需求尚未充分满足的细分市场，这些市场为企业提供了一个新的、极好的市场开拓机会。

(2) 有利于小企业开拓市场，在大企业的夹缝中求生存。顾客的需求是多变的、各不相同的。即使是大企业，其资源也是有限的，不可能满足整个市场的所有需求，更何况小企业。为求得生存，小企业应善于运用市场细分原理对整体市场进行细分，拾遗补阙，从中找到尚未满足需求的细分市场，采取与目标市场相应的产品、价格、销售渠道、销售促进的市场营销组合策略，从而获得良好的发展机会，取得较大的经济效益。

(3) 有利于企业确定目标市场，制定有效的市场营销组合策略。市场细分有利于企业深入了解顾客需要，结合企业的优势和市场竞争情况，进行分析比较，从细分市场中选择确定企业的目标市场。企业的经营服务对象已定，就能有的放矢，有针对性地制定有效的市场营销组合策略，提高企业经营管理水平，增强市场竞争力。

(4) 有利于企业合理配置和使用资源。企业根据市场细分，确定目标市场的特点，扬长避短，将有限的人力、物力和财力集中用于少数几个或一个细分市场上，可避免分散使用力量，从而取得事半功倍的经济效果，发挥最大的经济效益。

(5) 有利于取得信息反馈以调整营销策略。就整体市场而言，一般信息反馈比较迟钝，不易敏感地察觉市场变化。而在细分市场中，企业为不同的细分市场提供不同的产品，制定相应的市场营销策略，企业能较易得到市场信息，察觉顾客的反应。这将有利于企业挖掘潜在需求，适时调整营销策略。

3. 汽车市场细分的标准

市场细分通常是从消费者需求的不同角度将产品市场按照一定的标准进行细分。就一般的产品而言，消费者的利益取向总是可以遵循一定的规律进行划分和寻找。一般来说，形成市场需求差异性的因素都可以作为市场细分的依据。但由于市场类型的不同，细分的依据也有所不同。同时，各行业和各企业也可根据各自的特点和需要，选择适当的划分标准进行市场细分。

通常，市场细分与划分的标准有以下几种：

(1) 按地理位置细分。即按地理位置和区域细分市场，这是最常见的划分市场的方法。

(2) 按人口特点细分。包括按消费者的年龄、家庭类型、性别、收入水平、受教育程度等有标准地进行市场细分。如在研究轿车市场时，就常按居民的收入水平进行市场细分。

(3) 按购买者心理细分。包括按消费者的生活态度、个性、购买动机以及消费习惯等细分市场。例如，美国福特汽车公司曾按照购买者年龄来细分汽车市场，该公司的“野马”牌轿车原来是专门为那些想买便宜跑车的年轻人设计的。但后来发现，不仅年轻人喜欢购买“野马”车，而且许多中老年人也购买“野马”车，因为他们认为驾驶“野马”

车，可使他们显得年轻。这时，福特汽车公司的管理当局才认识到，“野马”车的目标市场不是年纪轻的人，而是那些心理上年轻的人。

(4) 按最终用户的类型细分。不同的最终用户对同一种产品追求的利益不同，企业分析最终用户，就可针对不同用户的不同需要制定不同的对策。如汽车市场可分为军用、民用两个市场。军用汽车要求质量绝对可靠，越野性能要好，要按期交货，但对价格不太在意；民用汽车则要求质量良好，服务周到，价格适中。

(5) 按用户规模细分。根据用户规模，企业可将市场划分为大、中、小三类客户。一般来说，大客户数量少，但购买额大，对企业的销售市场有着举足轻重的作用，企业应特别重视，注意保持与大客户的业务关系；而对于一般小客户或个人用户，企业就不应直接供应，而是通过中间商销售。

(6) 按用户的购买特点细分。购买特点主要指购买者的购买能力、购买目的、购买方式、购买批量、付款方式、采购制度和手续等。

在大多数情况下，市场细分通常不是依据单一标准细分，而是把一系列划分标准结合起来进行细分，目标市场取各种细分市场的交集。

4. 汽车市场细分的方法和要求

(1) 汽车市场细分的方法

企业在进行市场细分时必须注意以下问题：第一，市场细分的标准是动态的；第二，不同的企业在市场细分时应采用不同标准，因为各企业的生产技术条件、资源、财力和营销的产品不同，所采用的标准也应有区别；第三，企业在进行市场细分时，可采用一项标准，即单一变量因素细分，也可采用多个变量因素组合或系列变量因素进行市场细分。下面介绍几种市场细分的方法：

① 单一变量因素法。就是根据影响消费者需求的某一个重要因素进行市场细分。如购买轿车按用途细分市场，可分为出租运营、私家用车等。

② 多个变量因素组合法。就是根据影响消费者需求的两种或两种以上的因素进行市场细分，可以根据企业规模的大小、用户的地理位置、产品的最终用途及潜在市场规模来细分市场。例如，在整车销售中，可以按照发动机排量划分，也可以按照整车价格划分。而后者又可以将市场划分为高、中、低三个层次，每一层次的市场都有鲜明的特征。比如，高档车（高价格）消费群注重车辆的性能、外观、豪华程度，对价格并不敏感；而低档车（低价格）消费群则对价格相当敏感，而且要求油耗低、耐用等。

③ 系列变量因素法。根据企业经营的特点并按照影响消费者需求的诸因素，由粗到细地进行市场细分。这种方法可使目标市场更加明确而具体，有利于企业更好地制定相应的市场营销策略。可按地理位置（城市、郊区、农村、山区）、性别（男、女）、收入（高、中、低）、职业、购买动机（求新、求美、求价廉物美、求坚实耐用）等变量因素细分市场。

（2）汽车市场细分的基本要求

① 差异性。按照所选择的划分依据，各细分市场客观上必须存在明显的差异。如果市场细分后，各细分市场仍模糊不清，则这样的市场细分就是失败的。

② 可衡量性。指细分市场现有的和潜在的需求规模或购买力是可以测量的。如果细分的结果导致市场容量难以评估，则这样的细分也是失败的。

③ 可进入性。指企业拟作为自己目标市场的那些细分市场，企业必须有能力进入，能够为之服务，并能占有一定的份额。否则，细分的结果导致企业不能在任何细分市场上有所作为，这样的市场细分当然也是失败的。

④ 收益性。指企业在细分市场上要能够获取期望的赢利。如果容量太小，销售量有限，则这样的细分市场对企业就缺乏吸引力。因此，细分市场并不是越细越好，而应科学归类，保持足够容量，使企业有利可图。

⑤ 稳定性。指细分市场必须具有一定的稳定性。否则，如果变化太快，企业还未实施其营销方案，目标市场早已面目全非，则这样的市场细分同样也是失败的。

二、汽车企业市场定位

1. 市场定位的概念

所谓市场定位（ marketing positioning ），即指企业以何种产品形象和企业形象出现，以给目标用户留一个深刻的印象。

产品形象和企业形象是指用户对产品和企业形成的印象。如大家常说的“物美价廉”、“经济实惠”、“优质优价”、“豪华高贵”、“性能优良”、“技术领先”等就属于产品形象的概念范畴，而“对用户负责”、“质量过硬”、“工艺精湛”、“实力雄厚”等则属于企业形象的概念范畴。国内外各大汽车公司都十分注重市场定位，精心地为其企业及每一种汽车产品赋予鲜明的个性，并将其准确地传达给消费者。

市场定位不仅要反映汽车产品的内在特征，而且应反映由促销战略、定价决策和分销渠道选择而共同造就的产品形象。

可见，企业产品市场定位要解决的问题是：其一，顾客真正需要什么；其二，企业把自己的产品定在目标市场上的何处；其三，目标市场上竞争者的产品处于什么位置。

2. 市场定位的依据

对多数企业而言，产品市场定位是在寻求产品的差异化，突出产品对特定人群、特定消费需求的适用性。产品在目标市场上的定位问题，大致可归纳为根据属性定位、根据利益定位、根据用途定位、根据使用者定位、根据竞争者定位、根据产品种类定位以及根据质量和价格定位等七种。

汽车营销可以从产品、服务和形象方面进行差异化设计。

（1）产品差异化

产品差异化并不是每一种产品都有明显的差异化，但是，几乎所有的产品都可以找到一些可以实现差异化的特点。汽车是一种可以高度差异化的产品，其差异化可以表现在特色、性能质量、一致性、耐用性、可靠性上。

① 特色。特色是指产品的基本功能的某些增补性能。例如，对于汽车来说，其基本功能就是代步和运输，汽车产品的特色就是在基本功能上的增加。例如，保险带、安全气囊、ABS系统、空调和电动窗等。由于汽车可以提供的差异化项目很多，因此，汽车制造商需要确定哪些特色应该标准化，哪些特色是可以任意选择的。

产品的特色体现了制造商的创造力，一个新特色的产生可能为产品带来意想不到的生命力。例如，汽车安全气囊发明后，引起了业界的广泛注意，并且很快在世界各大汽车公司中被广泛运用。虽然到现在为止，该产品的安全性和实用性仍然备受争议，可是，无可争议的是，安全气囊已经成为中高档汽车中不可缺少的一个配置。由此可见，一个企业如果能率先推出某些有价值的新特色，就是一种最有效的竞争手段。

② 性能质量。性能质量是指产品主要特点在运用中的水平。一般来说，产品的性能可以分为低、平均、高和超级四种。性能高的产品总体来说可以产生较高的利润，但是，当性能超过一定边界后，由于价格因素的影响，会使愿意购买的人越来越少。例如，一家汽车企业在华东地区大量推销高性能越野吉普车，由于华东地区多是平原的地理环境，同时经济的发达使道路条件相对优越，因此，即使该吉普车的性能优越，购买人数也是相当有限的。

③ 一致性。这是指产品的设计和使用与预定标准的吻合程度。例如，帕萨特车设计为每百公里耗油5.8 L，那么流水线上的每一辆帕萨特轿车都符合这一标准，该汽车就具有高度一致性；反之，一致性就差。质量一致性是制造商信誉的体现，高度一致性可以增加消费者对该产品的信任度，从而在一定程度上会增加产品的销售量。

④ 耐用性。耐用性是衡量一个产品在自然条件下的预期操作寿命。一般来说，购买者愿意为耐用性较长的产品支付更高的售价。但是，如果某产品的时尚性相当强的话，耐用性就可能不被重视，因为，流行一旦过去该产品就失去价值。同样，技术更新较快的产品也不在此例，如计算机。总体来说，由于汽车产品的特点，耐用性是反映其优劣的一个重要指标，生产商完全可以将耐用性作为差异化因素加以宣传。

⑤ 可靠性。这是指在一定时间内产品保持正常的使用性能的可能性。购买者一般愿意为产品的可靠性付出溢价。由于汽车属于耐用商品，即属于较长期使用的产品，因此可靠性和耐用性一样，是受到汽车消费者重视的指标。

(2) 服务差异化

服务差异化除了实际产品差异化以外，企业也可以使其所提供的与产品有关的服务具有差异化。在整车销售中，服务的重要性正日渐为厂家所重视，并且成为评价销售业绩的一项重要因素。特别是当实际产品较难实现差异化时，要在竞争中取得成功的关键常常有赖于服务的增加和服务质量的提高。

在汽车营销中，服务差异化主要体现在订货方便、客户培训、客户咨询、维修和其他多种服务上。

① 订货方便。这是指如何使顾客以最为便捷的方式向公司订货。网络的普及和电子商务的盛行为顾客提供了一种随时随地可以订货的购物方式，这种便捷的订货方式已经开始被广泛使用，因此，作为汽车销售商和生产商，发展电子商务是必然的趋势。

② 客户培训。客户培训是指对客户单位的雇员进行培训。特许经营是当今汽车销售行业中比较常见的销售渠道策略，大多数汽车公司都会对它的特许经销商进行培训，以便他们更好地经营专卖店。此外，在汽车销售中，客户培训也可以看做是教会顾客如何了解并使用企业的新汽车，这项工作并不一定要靠销售人员来进行，一本详细的使用说明书也可以起到客户培训的作用。

③ 客户咨询。客户咨询是指卖方向买方无偿或有偿地提供有关资料、信息系统和提出建议等服务。例如，帕萨特助理式服务中要求销售人员为客户提供提醒服务，其中有提醒消费者按时享受生产商或经销商的承诺服务（如 7500 km 的免费保养）以及提醒消费者注意某些常规使用规范，比如进行年检、购置保险等。

④ 维修。维修是指消费者所能获得的修理服务的水准。由于汽车是一种耐用商品，消费者购买汽车后一般情况下总希望能尽可能长时间地使用。在中国，由于消费收入因素的影响，这一点可能更为明显。因此，汽车消费者非常关心他们从卖主那里可以获得的修理服务的质量。

维修是售后服务的一项内容，在服务营销日渐被汽车营销行业重视的今天，优秀的整车生产商和销售商都会注重维修服务的提供。

⑤ 服务人员。企业还可以通过聘用和训练比竞争对手更好的服务人员，以取得更很强的竞争优势。高素质的销售服务人员可以为企业赢得很高的声誉，从而战胜竞争对手。如果没有高素质的职员，企业服务的精神就无法得到体现，也就不可能实现企业原计划提供的服务。

⑥ 多种服务。公司还能找到许多其他方法，以提供各种服务来增加价值，也可以将上述差异因素融合起来。如果将企业提供的服务和产品融为一体的话，那么企业可以根据提供服务的差异性为产品定位。在汽车营销中，中高档汽车尤其是高档汽车面对的消费者的价格弹性相对较低，因此对于这些顾客来说，服务可能比价格更具有吸引力。对于高档汽车的购买者来说，舒适、快捷、无微不至的服务和汽车的外观、内饰一样，是拥有者身份地位的体现。

(3) 形象差异化

形象差异化就是即使竞争产品及其服务看上去很相似，顾客也能从企业或品牌形象方面得到一种与众不同的印象。为树立汽车企业形象，可以利用标志、文字、媒体和特殊事件等来完成。

标志可以提供很强的企业或品牌识别以及形象差异。标志将品牌名称视觉化和形象化，企业设计的标志和标识语应能被人轻而易举地辨认出来。例如，劳斯莱斯除了用两个R字叠合而成商标之外，还在车头安放了一个展翅欲飞的女神雕像，象征“速度之神”，现在人们一想起劳斯莱斯就会想起这个女神雕像。

企业选择的标志、文字通常由为企业或品牌做广告的媒体向外传播。有些广告通过一种故事情节、气氛或性能标准差异的表现，使企业和品牌显得与众不同。例如奇瑞曾为一款叫“东方之子”的轿车推出一个形象广告：“东方之子”急驰在高速公路上，几乎同时与空中的直升飞机一起到达目的地，勾起了飞机上的老总驾驶汽车的欲望，这毫无疑问地显示了该轿车良好的动力性能和舒适的乘坐性。

3. 市场定位的策略

(1) 比附定位策略。这种定位方法就是攀附名牌，比照名牌来给自己的产品定位，以借名牌之光而使自己的品牌生辉，如沈阳金杯客车制造公司“金杯海狮，丰田品质”的定位就属此类。

(2) 属性定位策略。这是指根据特定的产品属性来定位，如本田在广告中宣传它的低价，宝马在促销中宣传它良好的驾驶性能等。

(3) 利益定位策略。这是指根据产品所能满足的需求或所提供的利益、解决问题的程度来定位，如“解放卡车，挣钱机器”即属此定位。

(4) 针对竞争对手的竞争策略。这是指对某些知名而又属司空见惯类型的产品做出明显的区分，给自己的产品定一个相反的位置。

(5) 市场空当定位。这是企业寻找市场尚无人重视或未被竞争对手控制的位置，使自己推出的产品能适应这一潜在目标市场需要的定位策略。如国内有一家汽车厂最先推出MPV（多用途汽车）时在定位上就采用了这一策略，企业把 MPV 车定位在“工作＋生活”这个市场空当，获得了较好的效果。

(6) 性价比定位策略。这是指结合对照质量和价格来定位，如物有所值、高质高价或物美价廉等定位。例如，一汽轿车的红旗明仕的市场定位是“新品质、低价位、高享受”，即属此类。

4. 市场定位的步骤

企业在市场定位过程中，一方面要了解竞争者产品的市场定位，另一方面要研究目标用户对产品的各种属性的重视程度，然后选定本企业产品的特色和独特形象，从而完成产品的市场定位。

(1) 调查研究影响定位的因素。调查内容主要包括：竞争者的定位状况，即企业要对竞争者的定位状况进行确认，并要正确衡量竞争者的潜力，判断其有无潜在的竞争优势；目标用户对产品的评价标准，弄清楚用户最关心的问题，并以此作为定位决策的依据。

(2) 选择竞争优势和定位战略。企业通过与竞争者在产品、促销、成本、服务等方面的对比分析，了解自己的长处和短处，从而认定自己的竞争优势，进行恰当的市场定位。

(3) 准确地传播企业的定位观念。企业在做出市场定位决策后，还必须大力宣传，把企业的定位观念准确地传播给潜在用户。但要避免因宣传不当在公众心目中造成三种误解：一是档次过低，不能显示出企业的特色，例如面向社会集团销售的轿车就应避免给人档次过低的印象；二是档次过高；三是混淆不清，在公众心目中没有统一明确的认识。上述误解将会给企业形象和经营效果造成不利影响。

【案例分析】

案例一：野马的成功

1964 年，著名的美国汽车大王李·艾柯卡，为福特汽车公司推出的新产品“野马”轿车，取得了轰动一时的成功，两年内为福特公司创造了 11 亿美元的纯利润。当时，购买野马车的人打破了美国历史的纪录，在不到一年的时间里，野马汽车风行整个美国，各地还纷纷成立野马车会。为什么野马汽车如此受人欢迎？这与其独特周密的营销策划是分不开的。李·艾柯卡在仔细分析了市场状况之后，制定了一整套推出野马汽车的营销策略，令人瞩目的销售业绩使他获得了“野马之父”的称号。

1. 选择目标市场

1962 年，李·艾柯卡就任福特汽车公司分部总经理后，便策划生产一种受顾客欢迎的新车，这一念头是他对整个汽车市场以下的营销环境作了充分调查研究之后产生的：

（1）福特公司的市场研究人员调查得知，第二次世界大战以后，生育率激增，几千万婴儿已长大成人，今后十年的人口平均年龄要急剧下降，20～24 岁年龄组要增长 50%，购买新车的 18～34 岁年轻人可望占到一半。根据这一信息，艾柯卡预见到今后 10 年的汽车销售量将会大幅度增长，而对象就是年轻人。

（2）随着受教育程度的提高，消费模式也在改变，妇女和独身者顾客数量增加，两辆汽车的家庭也越来越多，人们愿意把更多的钱花在娱乐上。人们正在追求一种样式新颖的轻型豪华车。

（3）艾柯卡在欧洲了解福特汽车公司生产的“红雀”牌汽车销售情况时，发现“红雀”车太小了，没有行李箱，虽很省油，但车型不漂亮，如不尽快推出一种新型车，公司就可能被竞争对手击败。

于是，艾柯卡根据上述信息提出了一个目标市场，适合这个市场的车应当是：车型要独树一帜，容易辨认；为便于妇女和新学驾驶汽车的人购买，要容易操纵；为便于外出旅行，要有行李箱；为吸引年轻人，外形要像跑车，而且要胜过跑车。

2. 根据目标市场进行产品设计

有了新车的设计思路，福特的设计专家们便开始行动。李·艾柯卡授意车型经理和生产经理主持车型设计，指出这种新车一定要兼具式样好、性能强、价格低三大特色。这种车应当是小型的，但又不能太小，必须能容下四人；它必须是轻型的，重量不能超过2500 磅；价钱方面，要带有全套自选设备而不能超过 2500 美元。1962 年秋天，新车的泥塑模型呈现在艾柯卡面前。1963 年春天，样车陈列在福特公司设计中心，与公司的强大竞争对手通用汽车公司的雪佛兰新车并排展示，进行对比性分析。样车一再改进，最后的形状为：方顶，流线型；前长后短，低矮大方；整车显得既潇洒又矫健。

艾柯卡把新车的命名也看做是产品设计的一部分。在早期设计阶段，新车被叫做“猎鹰特号”，后又有人想叫它“美洲豹”、“雷鸟×型”等，艾柯卡认为均不理想，于是委托广告公司代理人去底特律公共图书馆找目录。此公司从A到Z列出成千动物，最后筛出一个“野马”，这是一个激动人心的地道的美国名字。美国人对第二次世界大战中野马式战斗机的名字印象极为深刻，用“野马”作为新型车的名字，不仅能显示出车的性能和速度，有着广阔天地任君闯的味道，而且很适合美国人放荡不羁的个性。

此后的工作是为“野马”车确定价格。新车试制小组在底特律选定了52对有中等收入的青年夫妇，请他们到福特公司展厅来品评新车。白领夫妇对新车造型表示满意，蓝领夫妇则把“野马”看作他们所追求的地位和权势的象征。艾柯卡请他们为新车估价，几乎所有人都估计约10000美元，并表示家中已有车，将不再购买这种车。当艾柯卡宣布车价在2500美元以内时，他们十分惊讶，都表示将购买这种能显示身份和地位的新车。在研究了消费者心理之后，艾柯卡把车价定在2368美元，并开始设计下一步的营销策略，为打开野马车的销路作精心的策划。

3. 新车上市的促销活动

福特公司在正式推出“野马”轿车之时，采用了多种多样具有轰动效应的促销手段，真可谓奇招迭出，一鸣惊人。

“野马”车正式投放市场前四天，公司邀请了报界100多名新闻记者参加从纽约到迪尔本的70辆“野马”汽车大赛，这些车飞驰700英里无一发生故障，证实了“野马”车的可靠性。于是，几百家报纸都以显著的位置热情地刊出了关于“野马”车的大量文章和照片。表面上看，这只是一次赛车活动，实际上是一次告知性广告，使“野马”成为新闻界的热门话题。

在“野马”车投放市场的当天，福特公司在2600种报刊上登了全页广告，并在数家电视台播出广告短片。广告使用了所谓的“蒙娜丽莎”手法：一幅朴素的白色“野马”车在奔驰的画面，注上一行简单的字是“真想不到”，副题是售价2368美元。由于公关经理的努力，新车照片同时出现在《时代》和《新闻周刊》封面上。关于这两大杂志的惊人宣传效果，艾柯卡后来回忆说：“《时代》和《新闻周刊》本身就使我们多卖出10万辆!”

福特公司还在全国15个最繁忙的机场和从东海岸到西海岸的200家假日饭店的门厅里陈列了“野马”车。公司选择最显眼的停车场，竖起巨型的广告牌，上书“野马栏”，以引起消费者的注意，激发人们的购买欲望。

同时，福特公司向全国的小汽车用户直接寄发几百万封推销信，既达到了促销的目的，也表示了公司忠诚为顾客服务的态度和决心。

此外，公司大量上市“野马”墨镜、钥匙链、帽子、玩具车，甚至在面包铺的橱窗里也贴上广告：“我们的烤饼卖得像‘野马’一样快。”

由于从选定目标市场、产品设计到销售“野马”车的各个环节，福特公司均作了一系列精心的策划，“野马”车获得了汽车销售史上的巨大成功，各地订货单源源不断。到

1965年4月16日，即“野马”车诞生一周年的时候，“野马”车已售出418812辆，创下了福特公司的销售纪录。

“野马”车之所以成功，关键就在于其符合市场需要的定位。其成功就在于公司决策者能正确地在市场调查的基础上进行市场细分，并在细分的基础上找准了目标市场，最后能针对目标市场的特殊性进行产品定位和价格定位。

有需求才有市场，但现代市场上的需求已不同于以前，需求的层次性已越来越明显，因此，正确运用营销策略已成为现代市场营销取得成功的关键，这也是“野马”车营销成功所带给我们的启示。

当然，成功的STP策略还离不开市场调查以及其他市场组合策略的相呼应，这也是这个案例告诉我们的一个道理。

案例二：奇瑞A3的市场定位

奇瑞汽车股份有限公司于1997年1月8日注册成立，是国际化背景下我国自主品牌的先驱。自第一辆汽车下线至今，奇瑞汽车已连续10年蝉联自主品牌销量冠军，是目前中国自主品牌汽车的领跑者，被誉为“自主汽车品牌的旗手”。奇瑞汽车是自主品牌当之无愧的代表，奇瑞汽车的发展方向就是自主品牌的发展方向。

奇瑞A3“是奇瑞人精心打造的一款世界车，是在全球同步技术平台上十年磨一剑设计的产品”；是中国轿车自主研发的集大成者。奇瑞A3是奇瑞公司生产的从“价格优势”向“技术领先”“品质领先”转变、从“成本领先”向“品牌创新”转变的产品，被奇瑞公司定位于中国汽车起步就与世界同步的具有标志性意义的里程碑。

奇瑞公司把奇瑞A3作为第一款品牌转型产品，誓言要通过奇瑞A3扭转奇瑞品牌和产品在消费者心目中的形象，真正与合资品牌产品同台竞技。按照公司领导的说法，奇瑞A3不再以性价比为卖点，要卖出“自主品牌的尊严”，奇瑞公司要靠奇瑞A3扭转奇瑞和自主品牌在消费者心目中的形象。奇瑞公司给奇瑞A3定的销售目标是在未来几年内，取代奇瑞最畅销车型QQ，成为月销万辆俱乐部的成员，成为中国的畅销汽车品牌。

奇瑞公司把奇瑞A3作为自主品牌高速成长过程中具有里程碑意义的一个战略车型，奇瑞A3被寄予厚望：颠覆自主品牌在消费者心目中低质低价、只能跟合资品牌实施错位竞争的品牌形象。它是向合资品牌发出进攻宣言。

案例三：某4S汽车销售公司市场研究方案

1. 研究目的

（1）了解本公司代理品牌市场情况；

（2）分析影响车型销售的原因；

（3）加强企业与使用顾客、潜在顾客的感情沟通；

（4）本公司的市场占有情况。

2. 研究内容

(1) 市场情况

① 公司所售车型的使用情况：使用用途；同档次车型的社会保有量、市场份额情况；潜在消费者首选车型的比例和规格；对同类车型性能的比较；同类产品价格比较；售后服务质量比较。

② 所代理车型的知名度及其所处的地位；本公司的社会知名度及所其处地位。

③ 影响汽车购买的因素：经济环境、服务质量、影响源（媒体与舆论）、竞争对手分布。

(2) 广告情况

企业、产品广告的接触率；广告评价；广告形式、内容、途径的改进意见。

(3) 售后服务

售后服务的技术，售后服务的质量，需要改进的建议。

(4) 基本情况

消费者的性别、文化程度、年龄、职业、个人收入。

3. 研究方式

(1) 售后服务现场调查；

(2) 购车用户电话或上门拜访；

(3) 驾驶学校、出租公司访查；

(4) 老顾客推荐；

(5) 问卷为主、访谈为辅，召开两次由老顾客参加的销售服务人员交流访谈会；

(6) 调查与公关相结合。

4. 样本情况

(1) 城市样本：××市；

(2) 集体样本：从全市中随机抽取五所驾驶学校，两家汽车出租公司；随机抽取全市车管所两家；

(3) 老顾客样本：从购车顾客中调查150～200人；

(4) 潜在顾客样本：老顾客推荐目标消费群随机抽150～200人；

(5) 经销商样本：同车型竞争对手两家；竞争车型3～5种。

5. 研究日程

研究立项：10月底前完成；

调查准备：11月10日前完成；

制订计划：11月11日～11月17日；

实施计划：11月18日～12月1日；

数据整理：12月2日～12月8日；

报告写作：12月9日～12月24日；

提交报告：12月25日。

6. **研究经费**

(1) 问卷设计调查经费小计：8899元（按500份问卷、100份登记表计）。其中，问卷费：2233元；调查费：3000元；礼品费：1200元；公关费：300元；分析处理费：2166元。

(2) 访谈会经费小计：2620元（按每次30人计）。其中，招待费：780元；礼品费：1200元；公关费：240元；场租费：200×2=400元。(3) 管理费小计：2303元（预算的20%）。(4) 经费总计：13823元。

案例四：调查问卷

访员编号： 问卷编号： 访问日期：

填写说明：请按实际情况回答，我公司将赠送礼品，并对有效的问卷进行抽奖。凡未特别注明的均为单选，并在相应的空格内打“√”。

(1) 请问您有几年驾龄？

□正在考驾照 □1年 □3～5年 □5年以上

(2) 您正常驾驶的平均行车速度是多少？

□每小时30公里以下 □每小时30～50公里 □每小时50～60公里

□每小时60～70公里 □每小时70～80公里 □每小时80公里以上

(3) 您每天大约开多少时间的车？

□1小时内 □1～1.5小时内 □1.5～2小时内 □2～3小时内

□3小时以上

(4) 您买家用轿车是因为：

□经济条件允许 □自己开着玩，个人喜好 □代步工具

□气派，赶时髦 □周围邻居或熟人都有 □为了旅游，出行方便

□其他（具体写出）

(5) 您所知道的家用轿车品牌有哪些？

□桑塔纳 □捷达 □富康 □奇瑞风云 □凯越 □飞度

□其他

(6) 您之所以买这款车是因为（可多选）：

□价格实惠 □维修方便 □有一定知名度 □别无选择

□朋友介绍 □其他

(7) 您平常开车的交通状况是：

□严重塞车 □经常塞车 □不塞车 □畅通无阻

(8) 您一般会在什么情况下换车？

□车辆报废 □经济条件允许 □看个人兴趣 □有合适的新车型

(9) 您目前开的这款车性能如何?

□很好　□较好　□好　□一般　□差

(10) 您认为这款车的适用人群是(可多选):

□公务员　□白领阶层　□出租营运　□私营企业主　□知识分子

□企业经理　□其他

(11) 请问这款车哪些方面您感到满意?

□机械性能　□款式　□油耗　□售后服务　□操纵性

(12) 您考虑同档次的车可接受的理想价位是(选择最接近的价格):

□6万～7万　□7万～8万　□8万～9万　□9万～10万

□11万～12万　□12万～13万　□其他

(13) 您购买车时首先考虑的因素是:

□性价比　□油耗　□操纵性　□安全性　□售后服务　□款式

(14) 您在选择购车地点时,首要因素是:

□离家近　□价格最低　□服务质量好　□有实力的

□有熟人的销售企业　□其他

(15) 您喜欢的付款方式是:

□现金　□转账支票　□分期付款　□消费信贷

(16) 您认为应该从何种渠道做广告效果更好?

□电视　□网络　□电台　□报纸　□专业杂志　□其他

(17) 您进行汽车保养时,首先考虑的是:

□服务质量　□技术水平　□保养设备　□交通便利　□其他

(18) 您对这一品牌的车型售后服务满意吗?

□很满意　□满意　□一般　□不满意

(19) 您认为售后服务还需在哪些方面改进(可多选)?

□技术　□服务质量　□环境设施　□服务规范化　□配件价格

□其他

(20) 您认为哪种销售人员值得信赖?

□稳重　□灵活　□专业　□能言善辩　□其他

(21) 您知道我公司代理这种品牌吗?

□知道　□不知道　□记不清

(22) 您是从何种渠道知道我公司的(可多选)?

□电视广告　□报刊　□熟人介绍　□网络　□其他

(23) 您对我公司提供的服务满意吗?

□很满意　□满意　□一般　□不满意　□不知道

(24) 请问您暂时不买车的原因是:

□价格不满意　□款式不合适　□使用率不高　□环境污染

□准备买　□其他

(25) 如果条件都成熟，您会在什么时候购买私人轿车？

□马上　□半年内　□1年内　□1～3年内　□不一定

□不会买　□不知道

(26) 您的性别：

□女　□男

(27) 您的年龄：

□18～22岁　□23～30岁　□31～40岁　□41～50岁　□50岁以上

(28) 您的文化程度：

□高中及以下　□中专　□大专　□本科　□研究生

(29) 您的个人月收入：

□1000元以下　□1001元～2000元　□2001元～3000元

□3001元～5000元　□5000元以上

(30) 您的职业：

□服务行业　□白领雇员　□公务员　□私营企业主　□科技人员

□文化工作者　□医务人员　□自由职业者　□企业经理

□其他人员

感谢您的合作，祝您全家愉快，谢谢！

思考题

5-1　汽车市场调查有什么重要意义？

5-2　汽车市场调查的主要内容是什么？

5-3　汽车市场调查的方法和步骤有哪些？

5-4　汽车市场预测的步骤和方法有哪些？

5-5　什么是市场细分？市场细分的作用是什么？

5-6　汽车市场细分的标准和步骤有哪些？

5-7　什么是市场定位？市场定位的策略有哪些？

第六章 汽车产品策略

学习目标：理解汽车产品的概念；掌握产品的生命周期理论及其不同时期的营销策略；了解汽车品牌与商标策略；了解新产品开发过程及其策略。

市场营销中的营销因素可以概括为四个要素，即产品、价格、分销和促销，这四个要素是企业营销活动的主要手段，一般称为营销因素或市场因素。对于汽车企业，其营销活动是以满足汽车市场需求为目的，而汽车市场需求的满足，只能通过供应某种品牌的汽车产品和相应的汽车服务来实现。因此，产品策略是汽车市场营销组合策略的基础，直接影响和决定着其他营销策略，对汽车市场营销的成败关系重大。在现代汽车市场经济条件下，每个汽车企业都应致力于汽车产品的开发、汽车产品结构的优化组合、汽车产品和服务质量的提高，以更好地满足汽车市场需求，取得更好的经济效益。

第一节 产品与产品组合

一、产品概念

一般的经济理论把人们为了生存需要、通过有目的的生产劳动所创造的物质定义为产品。产品不仅包含有形的实物，而且还包括无形的信息、知识、版权、实施过程以及劳动服务等内容。

GB/T19000 系列标准所作的产品定义是“活动或过程的结果”或者“活动或过程本身”。该定义给出的产品概念，既可以是有形的，如各种实物，也可以是无形的，如服务、软件，还可以是有形与无形的组合，如实施一个由计算机控制的某种产品的生产过程。这是现代社会对产品形式概念的理解。

市场营销是一个满足用户需要的过程。用户要求汽车能够满足自己运输或交通的需要，以及满足自己心理和精神上的需要，还希望生产厂家能够提供优质的售后服务，如备件充裕、维修网点多、上门服务、“三包”（即包修、包退、包换）等。营销学对产品的理解是广义的，广义的产品概念具有两方面特点：一是并不是具有物质实体的才是产品，凡是满足人们需要的一切东西（实物、服务、主意）都是产品；二是从企业的角度看，产品包括物质实体以及随同物质实体出售时一起提供的服务，即产品＝实体＋服务。

二、产品的整体概念

现代市场营销产品的概念，是一个包含多层次内容的整体概念，而不单是某种具体的、有形的东西。以往学术界曾用三个层次去表述汽车产品的整体概念，即实质产品、形式产品和延伸产品（附加产品）。但近年来，国外一些权威学者更倾向于用五个层次来表述汽车产品的整体概念。

第一层是汽车核心产品层。这又称为汽车实质产品层，是指向汽车消费者提供的基本效用或利益。汽车消费者购买某种品牌汽车产品并不是为了占有或获得汽车产品本身，而是为了满足某种需要。例如，为了运输货物或满足出行需要，这就是汽车产品的核心内容。营销活动所推销的是汽车产品的基本效用或利益，而非汽车产品的表面特色。汽车消费者之所以愿意付出一定的代价购买该汽车产品，正是基于此。

第二层是汽车形式产品层。它又称为汽车基础产品层，是指汽车核心产品层得以实现的基本形式。所谓形式，是向市场提供的实体或产品的外观。任何汽车产品总具有实体，汽车产品的外观指汽车产品出现于市场时具有可触摸的实体和可识别的面貌，并不仅仅指是否具有外形。汽车市场营销学将汽车形式产品归结为由四个标志所构成，即质量水平、外观特色、汽车造型、汽车品牌。至于汽车产品的基本效用则必须通过某些具体的形式才能实现。因而汽车市场营销人员应该首先着眼于汽车消费者购买汽车产品时所追求的实际利益，以求更完善地满足汽车消费者的需要，从这点出发，再去寻求实际利益得以实现的形式，进行汽车产品设计。

第三层是汽车期望产品层。它是指汽车消费者在购买该汽车产品时期望得到的东西。期望产品实际上是指一系列属性和条件。例如，汽车消费者期望得到舒适的车厢、导航设施、安全保障设备等。

第四层是汽车延伸产品层。它又称为汽车附加产品层，是指汽车消费者购买汽车形式产品和汽车期望产品时所能得到的汽车附加服务和利益，即储运、装饰、维修、保养等。例如，美国的汽车业通常提供四种担保，即基本担保、动力装置担保、腐蚀担保和排放物担保。

为了满足不同的服务需求，1987 年 1 月，福特公司推出四种延伸的观念就是来源于对汽车消费者消费需要的深入认识。由于汽车消费者购买汽车产品是为了满足某种需要，因而他们购买时，希望能得到与满足这种需要有关的一切事物。可见，汽车消费者的某种需要实际上是整个系统。认识到这一点就会理解，汽车企业所出售的也必须是一个整体，这样才能充分满足消费者的需要。企业只有向汽车消费者提供具有更多实际利益、能更完美地满足其需要的汽车延伸产品，才能在竞争中获胜。

第五层是汽车潜在产品层。它是指包括现有汽车产品的所有延伸和演进部分在内，最终可能发展成为未来汽车产品的潜在状态的汽车产品。汽车潜在产品指示汽车产品的可能发展前景，如普通汽车可以发展为水陆两用汽车等。汽车延伸产品主要是针对今天的汽车产品，而汽车潜在产品则代表着今天的汽车产品可能的演变。

显然，现代营销学的上述研究成果，对我国的汽车市场营销人员正确理解产品概念和做好产品策划，是具有重要的启示意义的。

现代市场营销学关于产品概念的五个层次的内容，实质产品是核心。企业必须在实质产品上下工夫，不断开发创新，生产出适合顾客需要的新品种，并提高产品质量，以更好地满足用户的需要。在抓实质产品的同时，也要抓好形式产品和延伸产品。形式产品是顾客购买商品时首先获得的印象，对激发顾客购买欲望具有促进作用。延伸产品是伴随顾客购买商品而随之出现的进一步要求，可以说是顾客的后顾之忧。企业若能在顾客购买商品的同时提供这些服务，顾客就会放心地购买企业的产品，这对其他顾客也能起到一种示范和广告作用。期望产品为企业检查其形式产品或延伸产品是否很好地满足用户的期望提供了参考，而潜在产品则为企业不断地改进产品、开发新产品提供了方向。

三、产品组合

产品组合又称产品搭配，是指企业提供给市场的全部产品线和产品项目的组合或结构，可以简单地理解为企业的全部业务经营范围。企业为了实现营销目标，充分有效地满足目标市场的需求，必须设计一个优化的产品组合（见表 6-1）。

表 6-1 汽车产品组合类型

	组合宽度	组合深度	组合长度	组合相容度
汽车超市	宽	浅	长	差
汽车专卖店	窄	深	短	好

产品线是指在某种特征上互相关联或相似的一组产品，通常属于产品大类的范畴。这种类别可以按产品结构、生产技术条件、产品功能、顾客结构或者分销渠道等变数进行划分，譬如汽车产品的某一车型系列就是按产品结构划分的一条产品线。

产品项目是指所有产品中不同品种、规格、质量和价格的特定产品，例如一个车型系列中各种不同档次、质量和价格的特定品种。

对于产品组合的衡量，通常可以采取以下四个变数：一是产品组合的宽度。这是指产品组合中所包括的产品线的数目，譬如我国一汽集团拥有的车型、品牌系列均是较多的，其产品组合的宽度相对较宽。二是产品组合的深度。这是指一条产品线中所包括的产品项目的数目，如一个车型系列中的产品品种的多少。三是产品组合的长度。这是指产品组合中所有产品项目的总数，即企业产品深度的总和。四是产品组合的相容度。这是指各条产品线在最终用途、生产条件、分销渠道或其他方面相互关联的程度。例如，两个车型系列中在零部件总成上的通用性高低，便是产品组合相容度的概念范畴。

产品组合为企业分析自己的利润支点提供了手段。企业可以通过对其所有的产品项目和产品线进行销售额、利润等方面的统计和比较，从而为分析、评价、调整和优化产品组合提供依据，剔除不好的产品项目或产品线，找到具有发展前途的产品项目或产品线。同时，通过分析，企业还可以发现经营风险及其产品在市场上的竞争地位。譬如企业尽管有很多的产品线和产品项目，但企业的销售额与利润均来自同一个产品项目，这就表明企业具有较大的经营风险，一旦这个产品项目遭到竞争对手的围攻，企业就会陷于被动地位。

企业在进行产品组合分析之后，还要进行产品组合决策，即企业对上述产品组合予以决策。产品组合多表明产品覆盖面宽，产品组合少则表明产品覆盖面窄。

汽车产品组合决策对企业的市场营销有着重要意义：一是增加产品组合宽度（如车型系列多），扩大经营范围，可减少单一车型的经营风险；二是增加产品组合的长度或深度（品种多），可使产品线丰满，同时给每种产品增加更多的变化因素，有利于企业细分市场，提高产品的市场占有率和用户满意率。在市场竞争激烈的情况下，增加产品品种是提高企业竞争能力常用的手段。目前我国的汽车市场，除了中型载货汽车的品种发展较为完善外，其余各种车型都还有很大的品种发展余地。而在轿车和重型汽车方面对车型系列的发展空间还很大，因而各汽车企业更要做好产品线与产品项目的决策，以谋求企业更大的发展空间。

产品组合决策一般应参照以下原则进行：

1. 产品项目（品种）发展策略

企业如果增加产品品种便可增加利润，那就表明产品线太短；如果减少品种便可增加利润，那就表示产品线太长。产品线长度以多少为宜，则主要取决于企业的经营目标。目前我国汽车市场已经进入买方市场，各汽车企业有增加产品线长度、不断丰富产品品种的趋势。产品项目的调整是企业市场营销经常面临的决策，营销人员必须经常根据汽车市场行情的变化，分析各品种的销售增长率和利润率，以确定各品种的获利能力，决定应该增加或减少哪些品种的生产与投放，从而保证市场营销取得最大的成效。

2. 产品线（车型系列）发展策略

企业产品系列的发展受到各种因素的制约。这些因素主要有以下几种：

（1）其他企业的产品系列。即其他企业是否有相同系列的汽车产品，如有，则应分析这些产品的水平如何，在市场上是否畅销，市场规模有多大等。这些问题的答案是否正确将影响到本企业产品线的发展。

（2）本企业的经营战略如何。

（3）本企业的产品开发能力以及产品线形成生产能力所需的资金等。

企业只有对上述问题进行调查摸底后，才能制订科学的产品发展计划。所以产品线发展策略实际上是一个做好企业新产品开发决策的问题。

第二节　产品生命周期理论与营销策略

任何一种产品（如某个车型系列），在市场上都不会永远畅销，它自投入市场到退出市场都要经历销售形势由弱到强、又由盛转衰的发展演变过程。由于这一规律的存在，企业就必须做到：第一，必须为其处于不同发展阶段的产品制定适当的营销策略，即产品的阶段营销策略；第二，必须不断地做好产品改进和新产品的研发工作，不断地向市场推出新产品，以取代那些处于衰退和即将衰退的产品。否则，企业就不可能持久地立足于市场。

一、产品生命周期

产品生命周期是现代市场营销的一个重要概念。企业对自己产品生命周期的发展变化进行研究，有助于掌握其市场地位和竞争动态，为制定产品策略提供依据，对增强企业的竞争能力和应变能力也有重要意义。

生命周期概念的种类包括需求生命周期、需求-技术生命周期、产品生命周期和产品使用周期。需求生命周期，是指人类的某种需求所持续的时间，其特点是周期可能很长。如人类对交通的需求，自远古时代至今直到未来，这种需求都存在。需求-技术生命周期，是指能够满足人类某种需求的具有某种功能的产品（技术）所持续的时间，如某种类型的交通工具可以满足人类对交通的需求，但如果有更好的交通工具出现，原来的交通工具的寿命也就终结了。譬如汽车诞生和普及以后，人们对马车的需要就减少了，马车的寿命就逐渐终结了。产品使用周期（又叫做产品的自然寿命），是指某一具体的产品从投入使用到弃之报废所经历的时间，它主要受使用过程中的有形磨损（物理磨损）和无形磨损（技术磨损）的双重影响。

这里着重讨论产品生命周期。它是指一种产品自开发成功和上市销售，在市场上由弱到强，又由盛转衰，再到被市场淘汰所持续的时间。汽车产品的市场寿命，可以理解为某种车型（或品种）从上市到被市场淘汰（新产品出现）所经历的时间。其长短主要取决于市场竞争的激烈程度和科技进步的快慢，市场寿命主要是产品无形磨损（失去技术上的比较优势）的结果。现代市场营销所指的产品生命周期是指市场寿命（又称为经济寿命）。

一般认为，产品生命周期的典型形态包括以下五个阶段：

（1）产品开发期。这是产品生命的培育阶段，它始于企业形成新产品构思。在此阶段，产品的销售量为零，企业投入的研究开发经费与日俱增。

（2）市场导入期。在此阶段产品开始上市，知名度还不高，销售增长率缓慢增加，为打开市场，企业对该产品的促销宣传等费用较大，该产品很可能还没有为企业带来利润。

（3）快速成长期。在此阶段，产品的知名度日益扩大，销售增长率迅速增加，利润显著增长，竞争者的类似产品也可能开始出现。

(4) 平衡成熟期。产品开始大量生产和销售，销售量和利润额达到高峰后并开始下降，销售增长率趋缓，市场竞争加剧，产品成本和价格趋于下降，但在成熟期后期，营销费用开始渐增。

(5) 衰退期。市场竞争激烈，开始出现替代的新产品。原产品的销售量明显下降，销售增长率为负值，利润减少，最后因无利可图而退出市场。

产品生命周期是一种理论抽象，虽然各个阶段的转化一般没有具体的数量界限，难以非常具体地去描述它，但它又是客观存在的，是可以感知的。通常根据产品销售量、销售增长率和利润等变化曲线的拐点去划分（如图 6－1 所示）。不同产品的生命周期长短以及各个阶段时间的长短可能有较大的差别，但总的来说，随着科技进步的加快以及竞争的加剧，产品生命周期有缩短的趋势。结合汽车产品而言，汽车市场营销人员在判断产品处于生命周期哪个阶段时，应加以综合分析，而不可仅仅以销售量去衡量。因为汽车市场形态还会受到国家宏观调控政策的影响，一时的滞销可能是由于国民经济处于低速运行状态所致，此时不一定意味着产品到了衰退期；反之，一时的畅销可能是由于经济发展过热造成的，此时不一定意味着产品处于成长期。所以企业对产品所处的生命周期阶段要进行综合分析作出判断。

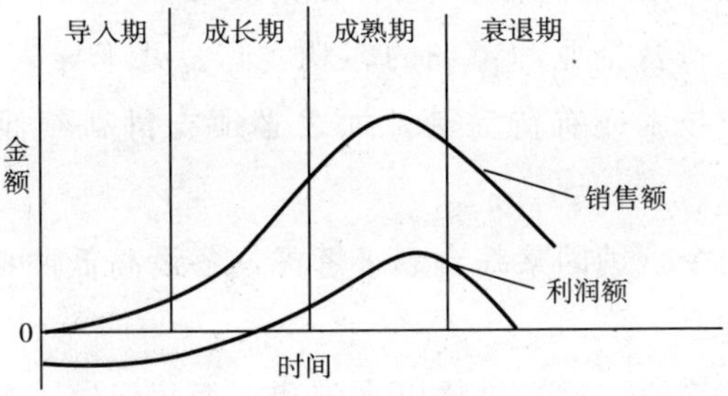

图 6－1　汽车产品的生命周期

产品的生命周期对不同的汽车品种是不一样的。国外汽车产品生命周期的统计规律表明，重型汽车的产品生命周期要长一些，轻型汽车短一些，轿车则更短一些（有的只有两三年）。

现实生活中，具体产品的生命周期形态更是多种多样。例如有的产品因预测失误，在导入期便夭折；有的产品在设计时虽然看起来尽善尽美，但市场却不接受，销售增长十分缓慢；有的产品在成长期后可能没有成熟期而直接转入衰退期；有的产品可能在衰退期还能“起死回生”。随着企业在不同阶段采取的营销策略的不同，生命周期也会表现出不同的形态。对企业来讲，理想的产品生命周期的形态应该是：开发期、导入期和成长期要短，投入要少，很快达到销售的高峰，并持续很长的时间，这样企业可以获取大量利润；而衰退期要缓慢，利润缓慢减少。企业应当通过实施正确的营销策略，尽量让产品的生命周期按理想的形态发展。

二、产品生命周期各阶段的特点和营销策略

产品在不同生命周期阶段具有不同的市场特点，企业需要制定不同的营销目标和营销策略（见表 6 - 2）。由于产品开发期属于新产品开发阶段，其营销目标与营销策略将在下一节专门讨论，在此只讨论其他各个阶段的营销目标与营销策略。

表 6 - 2　产品寿命周期各阶段的基本特点和营销策略

项目＼阶段	导入期	成长期	成熟期	衰退期
销售额	低	快速上升	最高	下降
单位成本	高	平均水平	低	低
销售利润	无	上升	高	下降
营销策略	建立知名度	抢占市场	争取利润最大	实现产品更新换代

1. 导入期营销策略

在这个阶段，为了扩大新产品的知名度，企业需要大力促销，广泛宣传，引导和吸引潜在用户，争取打通分销渠道，并占领市场。营销策略要突出一个“准”字，即市场定位和营销组合要准确无误，符合企业和市场的客观实际。处于导入期的新产品由于产量小、销售量小、成本高、生产技术还有待完善，加之必须支付高额促销费用，所以定价需要高些。

如果把价格与促销两个营销因素综合起来考虑，各设高低两档，则对于导入期的新产品的营销策略有以下四种：

（1）高价格、高促销策略。这一策略以高价和大量的促销支出推出新产品，以期尽快收回投资。它的适用条件是：①产品确有特点，有吸引力，但知名度还不高；②市场潜力很大，并且目标用户有较强的支付能力。如某些国外汽车公司在推出富有特色的中高级轿车时常采用这一策略。

（2）高价格、低促销策略。这一策略以高价和少量的促销支出推出新产品，目的是以尽可能低的促销费用取得最大限度的收益。这种策略的适用条件是：①市场规模有限；②产品已有一定的知名度；③目标用户愿支付高价；④潜在的竞争并不紧迫。

（3）快速渗透策略。这一策略以低价和大量的促销支出推出新产品，以争取迅速占领市场，然后再随着销量和产量的扩大，使产品成本降低，取得规模效益。这种策略的适用条件是：①市场规模很大，但用户对该产品还不了解；②多数购买者对价格十分敏感；③潜在竞争的威胁严重；④单位成本有可能随生产规模扩大和生产经验的积累而大幅度下降。如日本、韩国的汽车公司在刚进入北美市场时，便采用了此种营销策略。

（4）缓慢渗透策略。这一策略以低价和少量促销支出推出新产品。低价可扩大销售，少量促销支出可降低营销成本，增加利润。这种策略的适用条件是：①市场规模很大且消

费者熟悉该产品；②市场对价格敏感。

企业应根据具体情况灵活运用以上策略。

2. 成长期营销策略

新产品上市后如果适应市场的需要，即进入成长期。在此阶段，销量迅速增长，营销策略的重点应放在一个“好”字上，即保持良好的产品质量和服务质量，切忌因产品销售形势好就急功近利，粗制滥造，片面追求产量和利润。企业为了促进市场的成长，应做好以下工作：①努力提高产品质量，增加新的功能、特色；②积极开拓新的细分市场和增加新的分销渠道；③广告宣传的重点，应从扩大产品知名度转向促进用户购买；④在适当时间降低售价，以吸引对价格敏感的用户，并抑制竞争。

上述成长期的市场扩张策略可以提高企业的竞争地位，但同时也会增加营销费用，使利润减少。因此，对处于成长期的产品，企业常面临两难抉择：是提高市场占有率，还是增加当期利润量率。如果企业希望取得市场主导地位，就必须放弃当期的最大利润，以便下一阶段获得更大的收益。

3. 成熟期营销策略

产品进入成熟期的标志是销售增长率渐缓，市场趋于稳定，并持续较长时间。由于销售增长率降低，竞争日益加剧，品牌逐渐形成。这个阶段的营销策略，应突出一个“争”字，即争取稳定的市场份额，延长产品的市场寿命。

企业对处于这个阶段的产品不应满足于保持既得利益和地位，而要积极进取，进攻是最好的防御。成熟期可供选择的策略有以下三种。

第一种是调整市场。企业应寻找新的细分市场和营销机会，特别是要提高产品的地区覆盖率，挖掘更多的用户。

第二种是改进产品。企业可通过改变产品特性吸引顾客，扩大销售。它又包括两种策略：一是提高产品质量，主要是改善产品性能。如提高汽车的动力性、经济性、操纵稳定性、舒适性、制动性和可靠性等，力争创名牌、保名牌。此种策略适用于企业的产品质量有改善余地而且多数买主期望提高质量的场合。二是增加产品的功能，即提高产品的使用功效。如提高轿车的观瞻性、舒适性、安全性和动力性等，采取小型车高级化等措施，都有利于增加产品品种，扩大用户选择余地，使用户得到更多的效用。

第三种是调整营销组合。企业可通过改变营销组合的一个或几个因素，来扩大产品的销售。如开展多样化的促销活动，改变分销渠道，扩大附加利益和增加服务项目等。营销组合之所以必须不断调整，是因为它们很容易被竞争者效仿，以致使企业失去竞争优势。

4. 衰退期营销策略

企业对处于衰退期的产品，如仅仅采取维持策略，其代价常常是十分巨大的，不仅要损失大量利润，而且还有许多其他损失。例如，在经营管理上要花费很多精力和时间，影响企业的声誉并影响新产品的开发，损害企业形象，削弱企业在未来市场上的竞争能力等。因此，对大多数企业来说，应该当机立断，弃旧图新，及时实现产品的更新换代。在这个阶段，营销策略应突出一个“转”字，即有计划、有步骤地转产新产品。

当决定放弃某种“超龄”产品时，还要进一步做出以下决策：是彻底停产放弃，还是把该品牌出卖给其他企业；是快速舍弃，还是渐进式淘汰。需注意的是，企业的老产品停产后，应继续安排好其配件供应，以保证在用老产品的使用需要；否则，企业形象仍会受到损害。

第三节　汽车品牌策略

品牌和商标是形式产品整体概念的重要组成部分，其作用对于营销者和消费者来说都是不可或缺的。了解品牌和商标的含义及其作用，掌握制定和实施品牌（商标）策略的原理与方法，有利于优化产品组合。

一、汽车品牌概念

1. 品牌的概念和性质

品牌的定义应该分为广义和狭义两种。

从广义上说，品牌是消费者或潜在消费者因看到或听到品牌名称或标志而产生的有关产品、技术、企业实力、保障、承诺、文化精神等一切联想和认知印象的总和。

从狭义上说，品牌就是消费者和产品或产品服务的关系。

品牌就其实质而言，它代表着销售者对其产品特征、利益和服务的承诺。久负盛名的品牌就是优质的保证。不仅如此，品牌还是一个非常复杂的要素系统，这些要素有以下几种：

（1）属性。品牌最基本的含义就是代表着特定的产品属性，如驰名汽车品牌就是产品信誉好、价值高、高贵耐用等产品属性的象征。

（2）利益。品牌还体现着特定的利益，顾客通过购买特定品牌产品，其品牌属性要转化为用户或消费者的特定利益，如著名品牌就可以让消费者获得心理上的满足。

（3）价值。品牌凝聚着生产经营者的价值观，这种价值观是可以得到一定的消费者群体认同的，如驰名品牌代表着企业持之以恒的核心价值观。

（4）文化。品牌还蕴藏着特定的文化底蕴，如企业文化、民族文化甚至国家的文化。

（5）个性。品牌就是要让消费者能够将此种商品与彼种商品区别开来，每个品牌都有自己的个性。

（6）用户或消费者群。每个品牌实际上还代表着一定的消费者群体，起到“物以类聚、人以群分”的作用。

现实生活中，营销者常常只注重品牌的属性，而忽视品牌的其他要素。如只注重产品的功能，一旦有功能更好的产品出现，企业原来苦心经营的品牌价值就会丧失殆尽。其实，价值、文化和个性才是品牌最持久的意义，品牌有了这些内涵，即使出现功能更好的产品，原来的品牌价值依然存在，只要企业及时改进产品，对其市场营销就不会带来过大的损失。正如可口可乐总裁所说的那样，即使可口可乐公司一夜之间倒闭，只要这个品牌不倒，公司同样会在一夜间复生。

品牌的性质可以通过其作用和价值去体现。首先，品牌无论对营销者，还是对消费者，都具有重要作用。对营销者而言，品牌有利于促进产品销售，树立企业形象。借助品牌，消费者了解了某个品牌的产品属性，记住了品牌及其相应的产品，也记住了企业，有利于企业建立稳定的用户群，培养用户的品牌忠诚度。正因为如此，企业就会珍惜品牌，约束不良的经营行为，并利用品牌的无形力量支持企业的新产品销售，不断优化产品组合。品牌还便于企业的营销管理，如做广告和签订合同可以简化手续，对销往不同目标市场的产品给以不同的品牌，有利于强化目标市场的营销。所以创立和发展品牌，使之行销全国乃至全世界，是企业家梦寐以求的一个重要目标。对消费者而言，品牌有利于他们选择和区别商品，形成自己的品牌偏好，维护消费权益。

其次，品牌还是企业的无形资产，是企业知识产权的重要组成部分。它的价值体现在超过商品或服务本身以外的价值，即体现在为消费者提供的附加利益上，这种附加利益越多，品牌对消费者的吸引力就越大，品牌价值就越高。不仅如此，品牌只要使用得当，管理有方，品牌价值就不会在使用中贬值，相反还可能增值，这又是它与有形资产不同的地方。

2. 商标的概念

商标是一个专门的法律术语，是指经过政府商标管理部门依法注册、企业取得专用权的品牌。所以商标与品牌的联系十分密切，但两者在概念外延上也有着明显的区别。

第一，商标是一个法律概念，受法律保护，任何人未经注册商标所有者允许，不得使用该注册商标；假冒、仿冒和恶意抢注他人商标，均是侵权行为，为法律所不容。所以商标可以起到防止他人假冒、维护公平竞争的作用。而品牌是一个市场概念，需要市场接受，需要消费者认同，假若品牌出现危机，消费者对品牌的信心下降，那么品牌价值就会减小。

第二，商标是品牌中被消费者易于识别的标志和符号部分，商标是品牌的一个组成部分；而品牌不仅是一个易于区分的名称和符号，更是一个多要素组成的综合象征，需要赋予其形象、个性和生命。建立一个品牌不仅需要好的品牌名称和标志，更需要在品牌个性、品牌认同、品牌定位、品牌传播、品牌管理等方面做大量的工作。

第三，商标不管使用与否，商标总是有价值的。因为至少在商标的申请注册、维护管理等环节上，企业已经为商标花费了一定的成本；而品牌如果不使用就没有价值，因为品牌的价值是通过特定品牌的产品或服务在市场上的表现来进行评估的。所以商标的产权或使用权可以转让与买卖。那些驰名商标通常具有很高的价值，是企业的重要财富。国外有的调查机构所作的民意测验表明，世界十大著名商标中汽车商标有两个，分别是“奔驰”（位列第三）和“丰田”（位列第七）。

商标的专用权，是在商标得到政府商标管理部门（知识产权管理局）批准后才成立的。目前，国际上对商标权的认定有两种方式：一种是采用注册在先的原则，如中国、德国、法国等大陆法系国家；另一种是采用使用在先的原则，如英国、美国、加拿大、澳大利亚等英美法系国家。但驰名商标的认定，一般采取注册权超越优先申请的原则。例如某品牌被一个国家商标管理机关认定为驰名商标，即使该商标在其他国家或地区没有申请注册，它也要受到商标保护（《保护工业产权巴黎公约》的规定），所以驰名商标的专用权是自动跨越国界的。

二、品牌营销策略

品牌和商标策略包含的内容比较广泛，在此只简要介绍三个方面的内容。

1. 品牌设计策略

品牌和商标有制造商品牌（也称全国性品牌）、中间商品牌（也称自有品牌）和服务标记三种。目前我国汽车市场上只有制造商品牌，汽车产品从出厂到用户手中，其品牌均不发生变化。但汽车经销企业有的则有其服务标记，它的作用主要是用于将本企业同其他经销企业加以区别，树立其经营形象，表示其货源正宗、实力雄厚等。服务标记同企业的“厂标”、学校的“校标”一样，也是知识产权，不容假冒与侵犯。

品牌设计包括对品牌名称的设计和对品牌标记的设计，一般应当遵循这样一些原则和要求：简洁醒目、易记易读；构思巧妙、暗示属性；富蕴内涵、情意浓重；避免雷同、超越时空。

对品牌名称的设计，企业除了考虑是采用单一品牌还是多个品牌之外，还必须遵守有关法律规定，如我国禁止使用领袖人物姓名、国旗、国徽等文字或图案作商标，否则不予注册登记。品牌名称设计的策略有以下四种：

（1）体现个人意志的命名策略。所谓体现个人意志，是指以个人智慧为基础，由企业决策者或者专家和专家集团等来决定汽车的品牌。从管理学的角度看，这是一种非常传统的命名模式。当企业管理权和资本所有权紧密结合并“合二为一”的时候，采取此种命名模式就是不可避免的了。

（2）体现群体智慧的命名策略。所谓体现群体智慧，是指在广泛征求群众意见的基础上，通过多中选优的过程来决定汽车的品牌。从市场营销学的角度看，汽车的品牌不但是汽车的代表，而且是消费者选择的线索和汽车价值的体现，具有强烈的促销功能。同时，理想的汽车品牌，还具有为汽车增色添彩、附加价值的作用。小小品牌通天下，“无烟作坊”创效益，世界上许多汽车大家们，都把品牌设计视为一种与汽车生产并驾齐驱的“价值工程”。

（3）移花接木的命名策略。所谓移花接木，即借用其他公司的汽车品牌，为自己生产的汽车命名。

（4）自我演变的命名策略。所谓自我演变，即随着汽车的更新换代，其品牌也在进行相应的演变。

2. 品牌定位策略

消费者的偏好千变万化，不同地区、不同行业对品牌也有不同的看法和评价。因此，建立品牌的关键是在消费者心中确定一个形象，即品牌定位。品牌定位有多种方式，有以消费者类型为主导的定位体系，有以市场形态及空隙度为主导的定位体系，有以技术在产品中的含量或质量表现为主导的定位体系，也有以不同价格来反映的定位体系。但品牌定位最基本的是建立在它所希望的、对目标客户具有吸引力的竞争优势上。

（1）按目标市场定位的策略。目标市场是企业通过市场细分而确定的特定消费者群。由于不同消费者群的社会地位、经济条件、心理倾向、个性特征等方面各不相同，因此，他们对品牌的认知选择和价值判断也千差万别。显然，无论是品牌的命名还是品牌的使用，都必须根据目标市场的特点进行定位。

（2）按企业理念定位的策略。企业理念也可以称为“MI 理念识别系统”，它既是企业形象识别系统的重要组成部分，也是企业行为的出发点和动力源。显然，不同的企业理念必然会导致不同的经营行为。情同此理，影响品牌命名及使用的最先和最后的因素，毫无疑问是企业的理念。按企业理念进行定位，既可以保持汽车品牌的稳定性，也可以保障企业的长远利益。

3. 品牌延伸策略

企业决定使用自己的品牌后，所面临的抉择是：对本企业的各种产品是分别使用不同的品牌还是使用统一的品牌，如何利用已成功的品牌的声誉来推出改良产品或新产品等。这些都是品牌延伸策略必须考虑的问题。基本的品牌应用策略有以下三种：

（1）统一品牌策略。企业所有的产品使用同一品牌，它的好处是：推出新产品时可省去命名的麻烦，并可节省大量的广告宣传费用；如果该品牌已有良好的声誉，可以很容易地用它推出新产品。但是任何一种产品的失败都将会使整个品牌受损失。因此，使用单一品牌的企业，必须对所有产品的质量都要严加控制。

（2）个别品牌策略。即企业的各种产品分别使用不同的品牌。这种策略的最大好处是：可把个别产品的成败同企业的声誉分开，不至于因为个别产品的失败而有损整个企业的形象。但这要为每个品牌分别做广告宣传，费用开支较大。

（3）企业名称与个别品牌并用的策略。在每个品牌名称之前，统统冠以企业的名称，以企业的名称表明产品的出处，以品牌的名称表明产品的特点。这种策略的好处是，既可利用企业名誉推出新产品，节省广告宣传费用，又可使品牌保持自己相对的独立性。世界上大型汽车企业无不使用这一策略，如丰田公司、通用公司等。

第四节　汽车新产品开发策略

一、新产品和新产品开发

汽车市场营销活动中，汽车新产品的含义与科技发展上的新产品的含义并不完全相同。所谓汽车新产品，是指对该汽车企业而言一切新开创的汽车产品。它包括以下四种类型：

1. 全新产品

全新产品主要指采用新原理、新技术、新材料、新设计、新工艺而研制成的具有新结构、新功能的前所未有的汽车产品。这种新产品一般需要经历相当长的开发时间才会出现，是第一次进入市场，它的出现往往会改变人们的生产方式和生活方式。因此，绝大多数汽车企业都不易提供这种新产品。

2. 革新产品

革新产品是指采用各种科学技术，对现有汽车产品进行较大的革新，使产品的性能有较大的突破，从而给使用者带来新的利益的产品。例如，将普通型桑塔纳轿车改进为 LPG 双燃料轿车等。

3. 改进新产品

改进新产品是指使用各种改进技术，对现有汽车产品改良其性能、结构和外形，提高其质量，以求得规格型号的多样性和款式花色的翻新。如在汽车上安装 ABS 系统或全球定位系统等。一般来说，这类汽车新产品与原有的汽车产品差别不大，开发比较容易，而且进入市场后，比较容易为汽车消费者接受，但是，较易仿效，竞争激烈。

4. 新牌号产品

新牌号产品是指企业对现有汽车产品只作很小改变，或突出汽车产品某一方面特点，使用一种新牌号，就可成为一种新产品。有时，这种新产品是仿制市场上某种畅销的产品，只是标出新牌号，以便于竞争。如 1985 年铃木公司将 SJ413 取掉后座，稍加改进后命名为铃木武士，推入美国市场。这种新产品进入市场，只要具有某一特色，就很容易被使用者接受和普及。

以上四类汽车新产品，其“新”只是相对意义上的。这种“新”是由汽车消费者所确认的，只要汽车消费者认为某种汽车产品具有其他汽车产品所没有的特点，能给自己带来某种新的效用或利益，这种汽车就是“新产品”。

前面已讲过，任何汽车产品都有寿命周期，一种汽车产品长期占领市场、一成不变的现象是十分罕见的。为了延长汽车产品的寿命周期或者继续开展经营活动，企业就必须开发汽车新产品。对于一个汽车企业来说，其兴旺发达只有两条途径：一是开发汽车新产品，二是开拓汽车新市场。在科学技术日新月异的今天，激烈的市场竞争使得近十几年出现的工业技术有30%已经过时，电子技术有50%已经过时，汽车产品市场寿命周期大大缩短。在这种情况下，汽车企业要提高适应能力和竞争能力，最重要的途径是不断开发汽车新产品。在我国，几乎每个汽车新产品的面市，均会引起一段时间的热销，市场的反应也大大胜过降价效应。

开发汽车新产品具有重要的战略意义，但开发汽车新产品又是一件难度极大的工作，难就难在汽车新产品要有创新，创新又与科学技术的重大突破密切相关，而科学技术的重大突破，并非轻而易举之事。人们的汽车消费需求既是多变的，又是复杂的。开发汽车新产品面临“众口难调”的局面，开发汽车新产品费用昂贵，而且要受环境的制约等。这一切都表明，开发汽车新产品绝非易事。要想开发的汽车新产品能获得成功，必须遵循一套科学的方法和程序。

二、新产品开发过程

从汽车市场营销观点出发，汽车新产品的开发要经历创新构思——过滤筛选——概念发展——产品试制——市场试销——正式上市等几个阶段。

1. 创新构思阶段

(1) 调研阶段

汽车新产品始于构思，构思贵在创新，汽车产品构思是汽车新产品诞生的开始。现代企业越来越感到闭门造车、苦思冥想式的发明创造已不适应社会经济发展和市场的需要。一个汽车新产品应当适应汽车市场的需要，因此，汽车企业在进行汽车新产品开发前应当进行充分的市场调查。

调研的对象主要有以下三类：

① 消费者。汽车消费者的需求是开发汽车新产品的起点和归宿，因此，汽车消费者的需求是汽车产品创新构思的重要来源。汽车企业要通过直接调查、用户座谈会、整理来函和来电等多种途径，收集汽车消费者的希望和要求。例如，克莱斯勒汽车公司询问最近汽车购买者对汽车喜欢与不喜欢的意见，应该做什么改进以及对每个改进他们愿意花费的费用等。这种调查将会对产品今后改进提供大量的创意。

② 竞争产品。调查和分析竞争汽车产品成功或失败之处，借鉴竞争汽车产品的经验教训，实事求是地判断其利弊，对于汽车企业汽车新产品的创新构思有积极的帮助。

③ 销售者。销售人员直接联系广大汽车消费者，他们最先感受到汽车消费者的不满与抱怨，也最早感到竞争的压力，他们往往成为汽车新产品构思的最好来源之一。

(2) 开题阶段

在进行了调研之后，汽车企业了解汽车消费者需要什么，接着就是要针对这种需要进行构思，而汽车新产品的构思应当充分发挥想象力。常见的创新构思方法有两种：

① 智力激励法。该法由管理学者奥斯本提出，其目的在于广开言路，充分鼓励和激励职工动脑筋、想办法，使大家的各种创新构思以及各种设想、联想，甚至空想和幻想等都能公开地、无保留地发表出来。具体做法是：针对某一行为组成动脑团队。一接到汽车

消费者提出的问题，主持人即通知团队成员，安排于次日或隔日开会。开会时，让一切设想自由发表，众多的设想被收进录音带。为使会议达到最佳效果，奥斯本认为必须遵循四个原则：一是不应对任何设想进行批评或抨击；二是鼓励自由奔放的设想；三是设想越多越好，争取成功的机会；四是除激发原始的设想外，更要组合这些设想以衍生出更多的设想。

② 哥顿法。这是美国人哥顿提出来的一种方法，它的特点如下：

a. 参加会议时准备出主意、提方案的人并不知道要解决的是什么样的具体问题，只有负责引导大家思考的会议主持者知道。

b. 把问题抽象化向与会者提出来，而原来的问题则不讲，利用熟悉的事物作为迈向陌生事物的跳板。例如，不提如何改进剪草机问题，而提出："用什么办法可以把一种东西断开?"在此，不提"剪断"，因为它会使人想起剪刀；不提"割断"，因为它引导人们从各种刀具方面去思考。针对如何断开，人们提出剪刀、刀切、扯断、电割、锯断、冲开等，进而提出理发推子形式的刀片、镰刀形式的旋转刀片等。

c. 对解决抽象问题的方案，会议主持者逐个研究，看能否解决原来的问题，会议结束时把问题提出来。

哥顿法的优点在于先把问题抽象化，然后提出解决的方案。这是因为，在开发新产品的时候，如果只是根据具体的事物来想办法，无论如何也会受到现有事物的约束，得不出彻底解决的方案。如果根据抽象的问题而想出的方案，会得到一些平常想不到的办法。

2. 过滤筛选阶段

这一阶段也可以说是分析阶段，这一阶段必须尽量避免两种失误：一种是误会，即将有希望的汽车新产品构思设想放弃；一种是误用，即将一个没有前途的汽车产品设想付诸实现，结果惨遭失败。

进行有成效的筛选必须从不同角度进行考量，全面分析影响汽车新产品成败的因素。汽车新产品失败的原因见表 6-3。

表 6-3 汽车新产品失败的原因

汽车新产品失败的原因	汽车新产品失败类型所占比例（%）
对市场判断的失误	25
对技术发展判断的失误	25
生产和创造费用判断的失误	15
组织管理不善	15
研制失败、生产失败	10
销售失败	10
合 计	100

筛选后的汽车产品仍需经过进一步的开发程序，方能形成完整的汽车产品概念。产品

设想是企业正在研究与开发拟推向市场的可能产品。汽车产品概念乃是汽车企业欲使汽车消费者接受而形成的意念。汽车消费者购买的不是汽车产品设想而是汽车产品概念，一个汽车产品设想可以衍生成许多汽车产品概念，作为开发的目标。从汽车产品开发到汽车产品概念的形成，经营者要经过"5W1H"阶段。即不断向自己提问："何人（who）使用？何时（when）使用？为何（why）使用？如何（how）使用？何地（where）使用？喜欢什么（what）形态？"考虑这些问题的过程便是汽车产品概念的形成过程。这些问题的不同组合便形成了不同的汽车产品概念。对于众多不同的汽车产品概念，仍可采用筛选阶段所用的评分法，将一些不切合实际的概念予以剔除。

汽车产品概念一旦形成，汽车企业还要通过一定的途径在汽车消费者中进行测试，收集其反映。概念测试与最后的汽车产品越近似，该概念测试的可靠性越高。

3. 概念发展阶段

（1）立项阶段

本阶段的目的在于预估汽车新产品的销售量及收益率，并衡量其是否符合企业的目标，如适合，即可开发。在此阶段，要对以下几项因素进行预告：

① 未来销售量。汽车产品应否开发，很大程度上取决于汽车产品开发后是否有销量。虽然这个量难以精确预测，但科学的估测，有助于对其所承担的风险和可能得到的利益进行权衡。

② 首次购买销售量。首先，估计市场潜力，将汽车产品的销售对象加以划分，估算市场的各个部分将购买的数量，从中减去已有的汽车产品的数量，即得出各部分潜在的销售量，各部分潜在销售量之和即为市场潜力；其次，估计市场渗透率，并由此估算现有市场潜力中可似渗透的比率；最后，得出首次购买销售量。

③ 重复购买销售量。首先，预估产品的使用寿命；其次，预计重复购买率。汽车消费者再次购买时，由于受到对同类产品的选择和经济发展等因素的影响，实际购买时间与是否购买等均会发生变化。

④ 未来成本与利润。此项预估可以参考以下公式：

$$Z_t = (P_t - C_t) Q_t - F_t - M_t \qquad (6-1)$$

式中：Z_t——t 年的利润额；

P_t——t 年的平均价格；

C_t——t 年的单位变动成本；

Q_t——t 年的销售量；

F_t——t 年的不变成本；

M_t——t 年的推销费用。

（2）产品设计阶段

这一阶段，汽车企业要根据立项设计出符合汽车消费者需要的汽车产品，一般来说，汽车企业开发汽车新产品的过程是耗时最长、也是最可能失败的阶段，因为好的创意未必在技术上可行。

整车厂在新车开发中，往往要经过几年的努力才可能推出一款可行的新车型，这期间将淘汰大量的构思。汽车新产品从最初的构思到正式设计结束后，就完成了开发的过程，紧接着进入新产品试制阶段。

4. 试制阶段

① 研制阶段。企业根据设计，生产出样车。对于汽车设计来说，这一阶段企业主要是进行实际样车的研制和计算机模拟测试。

② 测试阶段。对生产出的样车进行一系列的实验，观察其可靠性和使用性。计算机在生产领域中广泛运用后，越来越多的汽车企业，特别是整车厂开始使用计算机模拟测试，这种测试可以大大减少研发的费用。根据测试的结果，汽车企业将修改设计。

③ 试制阶段。可行的设计完成后，应当将此设计交给有关部门，将研制的汽车产品试制成实体的汽车产品。

5. 市场试销阶段

（1）试销阶段

本阶段包括以下两个内容：

① 试用。将汽车新产品交特定使用人使用，观察使用结果，分析其是否有进一步改进与完善的地方，进而加以改进与完善。

② 试销。将试用后的汽车产品提供给经过挑选的、可以信赖的、有限范围内的汽车消费者，由汽车消费者的购买行为对汽车新产品予以评价。

当然，并不是所有的汽车产品都必须经过市场试销，有些选择性不大的汽车产品，而且汽车企业对之又抱有信心，具有成功的把握，就无须进行市场试销。汽车新产品试销之前，要做一些决策，包括确定试销的地区范围、试销时间的长短、在试销过程中需要搜集哪些资料以及试销后将采取什么行动等。

汽车的开发通常采用推出概念车的方法来进行市场测试。汽车整车厂会运用确定的概念生产出少量的汽车，也就是概念车，在车展或其他公众场合中展出，听取意见，再决定是否进入批量生产。这主要是因为汽车开发的费用大，不可能像小型日用品那样，通过试销来确定是否大量投产。

（2）定型阶段

根据市场试销的结果，完善原设计，使新产品更加符合汽车消费者的期望以及降低成本，提高竞争力。一个汽车新产品正式定型后，企业就完成了定型（完善）阶段的工作。

6. 正式上市阶段

汽车新产品一旦定型，就应当不失时机地立刻将新车推向市场。

汽车新产品投产之后，汽车企业必须考虑为之制订完善的营销计划，建设销售网络。企业需要训练并激励销售人员，安排好广告与促销。所有这些，都必须支付很大的费用。许多正式上市的新产品，其第一年的销售费用有时高达销售收入的一半以上。

通常，汽车新产品并不是一开始便向全国市场推出，而是先向主要的地区与市场推出。如果试销的结果充满希望，汽车企业可能尝试以急进的方式全速促销该产品，尤其在竞争者将跃入同一市场时，更应如此。如果缺乏足够的信心，以渐进的方式较缓慢地进入市场，固然可以避免损失，但会失去许多机会利润。

三、产品开发的组织管理

企业的新产品开发工作涉及众多部门，各部门既要各司其职，又要协调配合，按照并行工程的原则进行管理，以共同搞好新产品开发，缩短产品开发周期。为此，产品开发必须有组织地进行，强化新产品开发的管理职能。

新产品开发的组织管理工作的关键是设置好各部门的职能及工作流程，尤其是在企业经营战略指导下，在进行科学的产品开发规划与计划阶段，应做好组织工作。

汽车企业除了应设立汽车技术、工艺材料和技术装备研究单位来具体从事产品开发工作外，还必须设立新产品规划委员会，该委员会应由市场营销、财务、制造等各个部门共同参与，在主管领导或总工程师的领导下，专门对新产品规划做出决策，审批产品开发计划，对企业的市场营销战略目标负责。

企业独立自主开发能力的形成是一项系统工程，决非朝夕之功。它不仅受到汽车工业和科学技术的整体水平及相关工业（含汽车零部件工业）等外部条件的影响，而且受到企业内部的多种因素的影响。就企业内部因素讲，企业新产品开发除了应有先进的设计手段（如高效率的CAD系统）、实验检测手段（如检测设备、试车场等）外，还要拥有一支强大的产品开发技术队伍。从某种意义上说，现代企业之间的竞争就是人才的竞争，企业拥有数量足够、质量较高、学科结构合理的实验和设计人员，是开发出有竞争力的汽车产品的基本条件。

由于现代的汽车产品技术含量很高，它涉及多种学科和领域。尤其是轿车产品，为了满足美观、舒适、安全、节能和环保等项指标的要求，要涉及许多高技术领域、高技术产品以及社会科学的某些学科。这就要求汽车工业企业要有各学科和技术门类的科学家、工程师和设计师。同时，人才的学科结构需不断调整，使之趋于合理。对我国企业而言，产品开发人员要增加计算机科学和电子学等方面的科学家和工程师的比例。此外，企业还应在基础研究、产品设计、产品试验各领域有自己的学科带头人，这些人应有扎实的基础理论，同时富有想象力、创造力和实践能力等特征。企业应依靠这些学科带头人，把企业的产品开发能力推向更高水平。

【案例分析】

案例一：长丰猎豹汽车的品牌营销

20世纪90年代后期，湖南古城永州，一座现代化的汽车工业城市已具雏形，被国家经贸委有关领导称为“冷水滩模式”的湖南长丰汽车制造股份有限公司经过三年默无声息的快速发展后，开始走向全国，面向世界。

1. 寻找品牌价值认同

1998年之前，“潇洒骄傲，唯我猎豹”作为长丰公司首推的猎豹汽车形象广告语，并未充分体现品牌与产品的个性，更没有展现企业的内涵。因此广告语推出之后，反响平平。1998年，长丰公司开始在中央电视台大投入地推出企业形象与产品形象广告，即“长丰集团猎豹汽车”。凭借中央媒体的权威性，猎豹汽车知名度开始上升，但因广告缺乏鲜明的视觉冲击力与记忆点，观众心中并未留下太多的印象。此后，猎豹又推出了“三菱品质，中国制造”的广告语，但使用时间较短。

过多的主张和频频变换的定位，使猎豹品牌形象模糊不清。对于猎豹，策划的第一项任务便是对品牌进行整合，找准定位。品牌不只是名称，更多的应是品牌的精神文化以及理念追求，只有挖掘出品牌的内涵，才可能创造出品牌的价值。为此，策划者们确定了体现企业的理念与建立可持续发展的强势品牌的品牌策略原则，并决定从品牌价值认同中寻找突破口。

考虑到汽车是一种价值相对昂贵的产品，其表现品牌应具有综合性，因而策划过程中策划者放弃了差异化诉求策略，转向从“高品质”与“技术来源”方面寻求突破。“三菱技术”在世界轻型越野车工业史中是最为完善与先进者之一，而猎豹技术正是沿袭这种技术，在中国造就了高品质的轻型越野车。事实上，在国内几家屈指可数的越野车生产企业当中，猎豹无论是从技术上还是从品质上都遥遥领先。猎豹品牌的技术内容被确定为“世界一流技术”，“中国越野之王”被确定为品牌的理想内容。

2. 品牌策略思路设计

1998年7月，策划公司、企业管理层、日方代表在经过充分讨论后，确定“世界一流技术，中国越野之王”为企业定位广告语。定位广告语一推出，就以品牌宣言的形式迅速提升了猎豹品牌的价值形象。

而后策划者又根据企业战略目标，确定了猎豹品牌形象策略的基本构架，包括四个阶段：第一阶段是猎豹品牌定位，即传播“世界一流技术，中国越野之王”的理念，以战略概念的定位与品质内涵的推广，对猎豹品牌加以整合与升华。第二阶段是猎豹品质定位，即以“安全舒适”、“奔放豪华”、“成功信任”为猎豹汽车品质上的诉求点，根据国内汽车市场的走向，在猎豹汽车原有的营销基础上，整合完善有效的传播的方式，以“基于产品，立足形象，建立双向信息交流”为指导思想，逐步完善猎豹汽车市场营销的基础。第三阶段是强化猎豹品牌形象，即实现猎豹品牌形象的统一规范，植入猎豹品牌价值观，创造一种较为浓厚的越野车文化氛围。第四阶段是树立长丰企业形象，以品牌的良好形象为基础，加强对企业形象的塑造，逐步实现企业的内部与外部形象的统一。

3. 品牌形象广告创意

确定了基本策略，另一项任务就是创意出既体现战略思想、又满足企业现实需要的广告。在品牌形象的塑造过程中，随着市场的变化，宣传主题也应有所变化；但不论怎样变化，所变化的只是基本主题的深化和延伸。万变不离其宗的原则要求品牌广告的创意不能仅仅拘泥于产品本身，它应有更广阔的延伸空间。下面的猎豹汽车广告正是在这种思想指导下诞生的。

画面：

(1)（远景）清晨，红日初升之时，在丛林的灌木丛中，猎豹的徽标闪闪发光。（音乐渐起）

(2)（镜头推近）徽标在慢慢地蜕变，首先徽标的前部蜕变成一只眼睛，外椭圆变成了若隐若现的猎豹斑纹，最后徽标变成了一头猎豹，傲然屹立在丛林中。

(3) 猎豹冲出树丛，以矫健的身姿在丛林中狂奔。树木、落叶飞舞。（猎豹发出一声慑人的轻吼）

(4) 猎豹腾空飞跃中，逐渐演变成一头金属猎豹。

(5) 金属豹变成了汽车。猎豹车在泥地狂奔，泥花飞溅。（泥花飞溅的“啪啪”声，汽车转弯的摩擦声）

(6) 汽车辗过小溪，水花四射。

(7) 汽车正面朝镜头冲过来，前面的徽标闪闪发光。

(8) 汽车冲上山崖，岿然屹立。（轻音读出：世界一流技术，中国越野之王）。

(9) 汽车隐去，画面定格徽标。（重音读出：长丰集团猎豹汽车）。

长丰公司在世界汽车工业之林中，依然是蹒跚学步者。要建立现代化的汽车企业，扛起发展民族汽车工业的大旗，首要的一点是创造出与世界品牌同步的汽车文化。从此意义上讲，猎豹在创建品牌上的勇气是令人赞赏的。

汽车在其发展过程中已形成了它独有的文化。驾驭、征服与自由，应该是现代人对汽车文化理解的主层面。因此，世界著名汽车厂商都注重开发汽车产品的文化内涵，从外形到内饰，从表现风格到内在品质，无不体现着他们对文化价值的认识和追求，以至于一部好车一眼就能让人看出它出于哪个国家、哪个厂家。

当然，要建立完善的、系统的、个性化的汽车文化并不是一蹴而就的事情，它需要企业付出长期艰辛的努力。品牌经营的一种重要形式就是文化经营，它既需要企业在内部建立理念，又需要企业在外部传播概念。因此，为使猎豹品牌更具个性化，策划人员建议企业为猎豹车起别名。有人曾向企业推荐使用“沙漠独立旅”和“绿色军营”的别名，前者强调征服、自由与个性，后者突出军队用车性质。其实，赋予汽车品牌个性化的命名，这只是开始，企业文化的传播或许要用很长时间。

案例二：宝马汽车的品牌营销

“如果你只是跟着别人的步伐，那么你就不要期望能够超越它。”这是宝马公司总裁 Pis Chetsider 先生在表述其公司哲学时的一句名言。宝马公司凭借这一追求、创新的公司哲学和独具特色的营销方略，使得宝马汽车犹如一匹剽悍的黑马，长驱欧美，驰骋亚洲。

1993 年，大多数国家的汽车制造业被卷入一个全新的调整时期，处于汽车王国的美国制造厂商早在上世纪 80 年代就被迫进行传统结构的修正，欧洲各国、日本也在不景气中开始类似的重新改组。面对低迷的市场，宝马公司适时地采取行动，整合市场定位，探索提高生产力的策略，从而绕过汽车市场的低谷。当时，宝马公司是德国唯一既能够避免减时工作影响却又能创造利润的汽车制造商，生产的汽车数量达到 537397 辆，维持了在汽车市场中高级豪华车种最成功的品牌地位。

独具特色的宝马公司市场营销方略，集中反映在它的厂牌定位、产品策略、定价策略和沟通策略上。

1. 设计、动力与科技——宝马的厂牌定位

“最完美的驾驶工具”是宝马别出心裁的厂牌定位。这个诉求结合“设计”、“动力”与“科技”三大要素，从而塑造了宝马“尊贵、年轻、活力”的形象，这一形象与传统名牌奔驰汽车的“尊贵、传统、豪华”区分开来。宝马公司所有的传播沟通策略都至少以其中一项作为主题依据，每一个要素的定义都特别考虑到宝马自己的顾客群，因此，使得宝马车在亚洲成为“成功的新象征”。

宝马公司的厂牌定位，巧妙地绕过了奔驰这一强劲敌手。通过区别旧与新，宝马从其他厂牌中分离出来，全力吸引新一代，寻求经济和社会地位成功的亚洲商人，明确表述宝马车能够满足那些在乎形象、追求极致表现的车主的所有要求，而不是紧紧跟随奔驰过去的陈旧步伐。

2. 系列优雅风格——宝马的产品策略

宝马品牌的汽车种类繁多，分别以不同系列来设定它们的等级。从娇小型、时髦的 3 系列，到提供安全舒适空间的 5 系列，到再发展适合高级人员的 7 系列房车，直到独特优雅的 8 系列双门跑车，所有车系都具备了宝马汽车惯有的优雅风格、潜在的动力、高品质的做工，以及无与伦比的安全标准。从而进一步稳固宝马车“成功的新形象”。

3. 高价位——宝马的定价策略

宝马的目标在追求成功的高价政策，以高于其他大众车厂牌的价格出现。这一定位是基于宝马优于其他厂牌的产品及具备完善的服务特性，以及宝马品牌象征的价值。这一价位策略达到了以下目的：作为宝马汽车品质的指标，价格也传达了品牌象征与声望的信息；相对于竞争厂牌的专用性与独特性，消费者的社会成就可以在他的生活里得到反映。从价位角度再次折射出宝马“成功的新形象”。

4. 广告、直销、项目策划——宝马的沟通策略

如上所述，宝马公司对亚洲市场的目标主要在加强宝马车的形象，并赋予宝马的顾客一种价值：当和顾客接触时，他们无时无刻不忘传达宝马与生俱来的实力——创新、动力、美感。因此，宝马公司的沟通策略无不紧紧围绕着宝马新形象来进行。

当与豪华汽车市场潜在顾客沟通时，宝马公司首先确立了沟通战略目标：成功地把宝马车的牌子定位融入潜在车主中；加强车主与宝马车之间的感性联结；在宝马车的整体象征之下，一致地勾勒宝马公司产品与服务的组合；针对宝马公司的产品提供详尽的讯息。

依据上述战略目标，宝马公司通过自己的沟通管道——广告、直销、项目策划等把这一战略变成现实。

今天的消费者面临着无数的广告和商业信息的包围。为了能够有效地接触到自己的顾客群，宝马公司采用不同的沟通管道，包括广告、直销、项目策划等。

(1) 多层次的广告

随着全球化的发展，整合宝马在多种不同广告上呈现的“象征”显得十分重要。为了适应这项需要，宝马公司在亚洲地区发展了一套牌子象征的计划。今天愈来愈多的媒体具备超越国界的影响力，使其所传达的信息能够一致，宝马公司充分利用统一的广告手法树立起完整的宝马形象。

不论在哪一个市场，宝马公司的广告任务都集中在提升并支援宝马的整体形象上，并通过以下四个层次予以推进：

第一层，企业性宣传活动——全球性地推广和定位品牌；

第二层，亚洲地区广告网——以塑造宝马品牌的优越形象以及建立其在当地的信誉与地位来支援宝马的品牌广告网；

第三层，全国性形象塑造活动——在各地树立形象以提高品牌知名度，进一步赢取短期利益，并支持品牌所诉求的信息；

第四层，适当用当地行销的策略性广告——激发销售量，引导并支援产品的定位。

以上四个层次广告逐层递进，并配之以亚洲地区品牌宣传活动，使宝马车的形象日臻完美，收到了预期的效果。

区域性品牌宣传活动的主旨侧重点是提升厂牌，利用宝马车清晰明确的定位，诉说宝马车在亚洲是成功的新象征。

在第一阶段的宣传活动里，主要是告诉消费者有关宝马车销售雄踞高级豪华车市场第一的位置，同时阐明了宝马公司的成就与成功经验。

在第二阶段的宣传活动里，宝马采用第7系列作为主打产品，用于证明在汽车设计、安全、舒适和照顾顾客的需求方面，宝马公司是顶尖汽车市场里的领导者。

(2) 直销

直销在世界各地日渐成熟的事实已成共识。在一些国家，这种比较个性化的沟通方式的支出已达到企业所有宣传费用的一半。宝马公司同样十分重视直销方式，所以公司在策划广告和制订销售计划时，与目标消费者群直接对谈占了愈来愈重的比例。身为一个独特、个性化且技术领先的品牌，宝马公司锁定的对象并非大众化汽车市场。随着亚洲市场的快速发展，宝马公司了解到变化了的环境对顾客群沟通方式的影响，因此宝马公司采用慎选的个性化手法，用适宜有效的方式把信息传达给消费者，这就是宝马公司的直销计划。这一计划是依据消费者方面、产品方面、市场方面、沟通方面的诸种趋势而制订的。

以沟通方面为例，由于信息污染程度愈来愈严重，特别在广告上，愈来愈多的电视台与报刊的广告宣传，使得对已锁定的主顾客的沟通工作愈来愈不容易进行。在这种情况下，宝马车在亚洲直销的两个主要目标更加明显：一方面要有能力面对明确的目标顾客，另一方面要能把信息成功传达给目标主顾客。但是在这方面采用传统广告是很难实现的。因此，只有直销最符合这种需要。同时，直销还具有下列功效：使宝马公司成为和顾客距离最近的一个成功企业，并表现出对宝马车主或驾驶人的承诺；利用有条理的面谈和宝马公司的顾客建立一定的关系，将公司的各项服务，如财务状况、销售情形、售后服务和零件配备等直接对外宣示；缩小目前目标顾客群信息渴望程度的差距，利用顾客来作为宝马公司的“品牌大使”；利用现有宝马车客户的资讯来发展内部管理资讯系统。

(3) 项目策划

在争夺客户方面，宝马公司成功地策划了两个销售促进活动，达到了直接与目标客户接触、争取潜在客户的目的。

一是宝马国际金杯赛：这项活动对宝马公司和重要目标客户的直接沟通有很大的帮助。这是目前高尔夫球业余赛中规模最大的，共有6万名参赛者并在20个以上的国家举行。它使宝马车在目标客户心中显示出来。同时它又与其他营销项目密切配合，其作用集中体现在：传达了一些其他营销手段方法不能如此集中表达的信息；高尔夫球呼唤出了目标客户的心声；提供了与目标客户直接沟通的机会；使高尔夫球赛代理商在车主和潜在客户间建起了一座桥梁。这一活动更提供了以下机会：帮助顾客下决心购车；保持了与顾客的联系；增加品牌忠诚度；使客户把宝马车和代理商的形象带上潮流；支援正在筹备的策划，并起到公共关系的作用。

二是宝马汽车鉴赏巡礼。这是宝马公司营销策划的又一力作。随着竞争的加剧，潜在客户沟通的方式就变得一定要和其他品牌不同，而且要安排在特定的环境里，因而宝马汽车鉴赏巡礼的主要目的就是把宝马汽车的世界带给目标客户。这一项目非常具有激发性，因为陈列展示的宝马汽车，反映出它的基本特性、动力、创新和美感。宝马公司通过这一活动把它的经验和领先的意识灵活地带给目标客户。宝马公司这一销售促进活动，加强了潜在客户、现在客户和潮流领导者之间的关系，沟通了与其他场合不易传达的潜在客户的联络，传递了有关品牌和产品的特性，把客户产品的印象带上潮流，加强和肯定了品牌的形象，并介绍或提供了某些典型汽车。

此外，宝马公司还对一些特别锁定的目标客户开展了一些特别项目策划：如每月定期和某些主要的新闻记者聚会；和一些媒介代表探讨车子的功能；和特别目标客户群尝试驾驶7个系列的宝马车；为进口商主动提供一些社交及文化活动；资助一些现有和固定的活动，如运动、社交和文化等。

“宝马就等于形象、动力和性能。”宝马车和它的品牌所代表的就是实际资产、竞争力和将来的丰厚利润。宝马车今天的成熟，得益于它的策略性管理，它的优越地位和口碑。

思考题

6-1　整体产品包括哪五个层次？其中最基本的层次是哪个？

6-2　产品组合的策略是什么？

6-3　产品生命周期包括哪四个阶段？每个阶段的策略重点是什么？

6-4　品牌营销的策划包括哪些内容？

6-5　新产品开发策略的过程是什么？

第七章 汽车定价策略

学习目标：了解汽车产品成本的构成和影响定价的主要因素；掌握汽车定价的主要方法和主要的定价策略。

确定产品价格是市场营销过程中一个非常重要、非常敏感的环节，它直接关系到产品能否为消费者所接受，关系到市场占有率高低、需求量的变化和利润的多少。因此，汽车定价策略是汽车市场竞争的重要手段。定价策略是指根据营销目标和定价原理，针对生产商、经销商和市场需求的实际情况，在确定产品价格时所采取的各种具体对策。定价策略是市场营销组合中极其重要的部分。

第一节 汽车定价概述

一、汽车定价的概念

汽车定价，就是确定汽车价格的过程。汽车价值决定汽车价格，汽车价格是汽车价值的货币表现。但是由于受到汽车市场供求关系等的影响，汽车价格和价值的运动表现往往不尽一致。

二、汽车价格的构成

1. 汽车生产成本

它是汽车价值的重要组成部分，是汽车价格形成的基础，也是制定汽车价格的重要依据。

2. 汽车流通费用

它是发生在汽车从汽车生产企业向最终消费者移动过程各个环节之中的，并与汽车移动的时间、距离相关，因此它是正确确定同种汽车差价的基础。

3. 国家税金

它是汽车价格的构成因素。国家通过法令规定汽车的税率，并进行征收。税率的高低直接影响汽车的价格。国家对汽车企业开征增值税、所得税、营业税，在汽车产品的流通过程中还有消费税和购置税。

4. 汽车企业利润

它是汽车生产者和汽车经销者为社会创造和占有的价值的表现形态，是汽车价格的构成因素，是企业扩大再生产的重要资金来源。

5. 汽车价格的类型

从汽车市场营销角度来看，汽车价格组成类型有以下几种：

汽车生产成本＋汽车生产企业的利税＝汽车出厂价格；

汽车生产成本＋汽车生产企业的利税＋汽车批发流通费用＋汽车批发企业的利税＝汽车批发价格；

汽车生产成本＋汽车生产企业的利税＋汽车销售费用＋汽车销售企业的利税＝汽车销售价格。

6. 汽车购置费用

汽车购置费用是消费者拿到一辆车实际承担的费用，即汽车购置费用是在汽车销售价的基础上加上车辆的购置税。

第二节　影响汽车产品定价的主要因素

价格是一个变量，它受到诸多因素的影响和制约，汽车产品价格的高低主要是由汽车产品中包含的价值量的大小决定的。一般来说，我们可以把这些因素区分为企业的外部因素和内在因素。外部因素主要有市场供求情况、竞争情况、政策环境和社会环境、消费心理、价格弹性等；内在因素主要有生产成本、产品特性、产品寿命等。

一、外部因素

1. 产品供求因素

汽车产品的价格与供求的关系十分密切。一方面，市场价格对汽车产品的供求起调节作用。通常在自由竞争的市场经济条件下，产品本身的价值量保持不变，如果供求平衡，汽车产品的价格就会基本稳定；当某种汽车产品的价格上涨时，就会刺激汽车生产企业扩大生产与供应，同时也能吸引新的资本投入该汽车产品的生产，从而增加产品的供应数量；反之，当价格下跌时，会引起汽车产品供应量的减少。另一方面，汽车产品的供求关系也直接影响到汽车产品的定价。在供大于求时，企业往往只能采用保本或微利定价法，甚至要采用变动成本定价法；在求大于供时，企业可以以最大利润或合理利润进行定价。由此可见，供求状况是汽车产品定价时必须考虑的重要因素。企业应及时了解汽车产品在市场上的供求状况，适时地采取提高价格或降低价格的措施，以刺激汽车产品的生产或汽车市场的需求，从而扩大产品的销售。

市场上汽车产品的供求状况直接反映了汽车产品的供给量与社会购买力之间的适应状况。所以说，市场需求是影响汽车产品价格的最重要的外因之一，它决定了产品价格的最高上限。

就我国目前的汽车市场来说，从表面上看，汽车销售潜力和市场的容量都非常大，汽车产品正处于求大于供的状况，但实际上汽车市场正逐步趋向于供大于求的境地，形成了一个买方市场。因此，企业应主要从营销导向方面入手，提高市场占有率。

2. 市场竞争因素

西方经济学家把竞争按其程度分为完全竞争、完全垄断、垄断竞争和寡头垄断四种状态，不同的竞争状态下，产品的价格不同。

(1) 完全竞争

完全竞争是指同种产品有多个营销者，他们都以同样的方式向市场提供同类的标准化的产品，他们的产品供应量都只占市场买卖总量的极小份额，任何一个企业都不可能单独左右该种产品的市场价格。产品价格在多次交易中自然形成，各个经销商都是价格的接受者而不是决定者，企业的任何提价或降价行为都会招致对本企业产品需求的骤减或利润的不必要流失。在完全竞争状态下，产品定价应随行就市。

(2) 垄断竞争

垄断竞争是指某种产品有多个营销者，虽然他们都以同样的方式向市场提供同类的产品，但是他们中只有极少数的企业对产品的价格起决定性作用。在这种情况下，一个行业中有许多企业生产或销售同种产品，而且每个企业的产量或销售量只占市场供应总量中的一小部分。虽然同行企业很多，但每个企业无论在生产或销售的产品的性能、品牌、质量、花样和式样上，还是在企业所处地理位置或服务方式上，都有很大的差异性，竞争激烈，随时可能有新的企业参与竞争，而且随时也可能有企业退出竞争。在此情况下，只有少数的买者或卖者拥有较优越的条件，可以对产品价格起较大的影响作用。这时，企业已不是一个消极的价格接受者，而是一个对价格有影响力的决定者。

(3) 寡头垄断

在寡头垄断状况下，生产某种产品的绝大多数企业由少数几家大企业控制，每个大企业在相应的市场中占有相当大的份额，对市场的影响举足轻重。在这种情况下，产品的市场价格不是通过市场供求决定的，而是由几家大企业通过协议或默契形成的。在这种联盟价格形成后，一般在相当长的时间内不会变动。

(4) 完全垄断

完全垄断是指一种产品完全由一家或极少数几家企业控制，而且此种产品在市场上没有现成的替代品。在这种市场环境中，垄断企业没有竞争对手，而且有较高的自由定价的权利，可以独立地或与极少数几家企业协商制定价格，可以在国家法律允许的范围内随意定价，产品定价极高，只要市场能够承受即可。在完全垄断状态下，非垄断性企业定价应十分谨慎，以防垄断者的价格报复。

可见，在不同的市场竞争模式中，企业的定价自主权是不一样的，价格制定决策也不同。现代汽车生产企业应该具有通过用汽车产品定价的手段去应付甚至避免竞争的意识。当以此为定价目标而进行定价时，企业应当根据市场实际情况（包括对市场有决定性影响的竞争者的情况），将汽车产品的实际价格确定为低于竞争对手，或者高于竞争对手（当企业条件优越，实力雄厚时）。这种定价目标比较适合于那些实力雄厚而且易于实现目标的企业。

3. 社会环境因素

社会环境因素主要包括国家政策和社会经济因素两个方面。商品经济的广泛发展，特别是价值规律自发作用的结果，有时会产生某种盲目性。因此，大多数国家对产品价格都有不同程度的规定。我国发展社会主义市场经济，要在充分发挥市场机制的基础上，对产品定价进行宏观管理。国家通过制定价格方针政策和具体规定，如制定商品基位价格、浮动幅度，或制定产品差价率、利润率与最高限价范围，对产品价格进行管理，协调国家、部门、企业、个人利益分配关系，以引导生产，指导消费。因此，汽车产品定价要符合国家有关部门制定的政策、法规，包括税收、信贷利率的限制，这样既有监控性、保护性，也有限制性。

在社会经济方面，当汽车生产企业的投资和建设处于高潮的经济繁荣期，汽车产品的社会需求量就会随之提高，相应的汽车产品价格也会呈现上涨的趋势；当社会经济处于衰退和调整时期，汽车产品的社会需求量随之减少，价格也就容易降低。因此，对汽车生产企业来说，社会环境因素已成为产品定价时所必须考虑的重要因素之一。

4. 消费者的心理因素

消费者的心理因素对价格的影响主要表现在人们对汽车产品的预期价格上，即消费者在心目中认为这种汽车应该值多少钱，因此，企业在制定或调节汽车产品的价格时，必须认真分析消费者的心理。任何一种商品都是为消费者服务的，消费者在购买汽车时往往受到不同心理倾向支配，如自我感觉优越心理、追求时尚心理、炫耀心理等，不同的消费心理对汽车产品的价格有不同的要求。企业只有在研究并掌握了不同的消费心理之后，才能制定出最佳的汽车产品价格。

5. 市场供需弹性

市场价格和市场供求状况之间存在着一种双向互动的关系。一方面，市场价格随市场供求关系变化而变化，当商品供过于求时，价格下降；供不应求时，价格上涨。另一方面，市场价格的变动也能引起供求关系的变动。这些规律对企业价格策略的变动有着极为重要的指导意义，企业变价时必须考虑市场的需求弹性和供给弹性。

（1）需求弹性

1）需求价格弹性

不同商品的市场需求量对价格变动的反应程度不同，通常用需求价格弹性来表示商品需求量对价格变动的敏感程度。需求价格弹性是指商品的市场需求量随着价格变化而变化的程度，即价格变化率引起的需求量变化率大小，用公式表示如下：

$$E_d = \frac{Q_2 - Q_1}{Q_1} \bigg/ \frac{P_2 - P_1}{P_1} \tag{7-1}$$

式中：E_d——需求价格弹性系数；

P——价格；

Q——需求量。

通常情况下，价格上涨将导致需求量下降，因而需求价格弹性 $E_d<0$，但有时在人们“买涨不买落”的心理驱使下，也会出现 $E_d>0$ 的情况。

分析商品的需求价格弹性，通常采用其绝对值 $|E_d|$ 形式。因而，需求价格弹性在理论上有五种情况：完全无弹性（$|E_d|=0$）；单位弹性（$|E_d|=1$）；完全有弹性（$|E_d|=\infty$）；缺乏弹性（$|E_d|<1$）和富有弹性（$|E_d|>1$）。但是在现实生活中，前三种情况非常罕见，主要还是缺乏弹性和富有弹性两种情况（见图 7-1）。

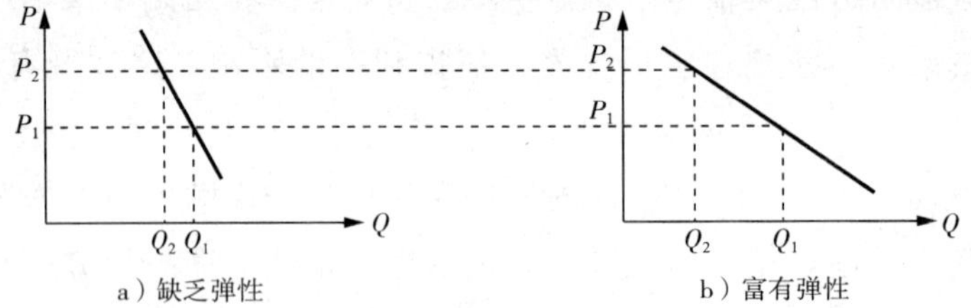

图 7-1　需求价格弹性

汽车企业在制定价格策略时，对需求价格弹性大（富有弹性）的产品可用适度降价的办法，刺激需求量的增加，扩大销售，从而取得更大的收益。但对需求价格弹性小（缺乏弹性）的产品，则不宜采用降价策略。因为降价后，需求量并未增加多少，反而使企业的收益下降；反之，采取适度提价的策略，需求量也不会明显下降，更有利于企业增加收益。一般而言，轿车比商用汽车的需求价格弹性大；私人购买比集团购买的需求价格弹性大。

2）需求交叉弹性

需求交叉弹性，是指相关两种商品中一种商品的价格变动比率，引起的另一种商品的需求量变动比率，即一种商品的需求量变动对另一种商品价格变动的反应程度。需求交叉弹性用公式表示如下：

$$E_{xy} = \frac{Q_{x2} - Q_{x1}}{Q_{x1}} \bigg/ \frac{P_{y2} - P_{y1}}{P_{y1}} \tag{7-2}$$

式中：E_{xy}——x 商品对 y 商品的需求交叉弹性；

P_y——y 商品的价格；

Q——x 商品的需求量。

上式中，如 $E_{xy}>0$，表明此种产品价格上涨，会导致另一种产品需求量增加，这两种产品互为替代品，例如不同车型的汽车产品即属于这种情况。如 $E_{xy}<0$，表明此种产品价

格上涨，会导致彼种产品需求量下降，这两种产品即为互补品，例如整车与其零配件即属互补品。

3）影响需求弹性系数的因素

影响需求弹性系数的因素很多，就汽车产品而言，主要有以下因素：

① 消费者对汽车的需求程度，即汽车对于消费者而言到底是生活必需品还是奢侈品。一般而言，奢侈品比生活必需品需求弹性大。

② 替代品或竞争产品的数量和竞争力的强弱。凡替代品或竞争产品少并且竞争力不强的产品，需求弹性就小；反之，需求弹性就大。

③ 产品质量和币值的影响。凡用户认为价格变动是产品质量变化或币值升降的必然结果时，需求弹性就小；反之，需求弹性就大。

（2）供给弹性

供给弹性也可分为供给价格弹性、供给交叉弹性。这里，我们只介绍供给价格弹性。供给价格弹性指价格变动比率与供给量变动比率之比，即供给量变动对价格变动的反应程度，用供给弹性系数来表示。公式表示如下：

$$E_m = \frac{Q_2 - Q_1}{Q_1} \bigg/ \frac{P_2 - P_1}{P_1} \tag{7-3}$$

式中：E_m——供给价格弹性系数；

P——价格；

Q——供给量。

供给取决于生产，影响供给价格弹性的因素比影响需求价格弹性的因素要复杂得多，主要有以下一些因素：

①产品生产周期的长短。这是影响供给弹性大小的最重要的因素。短期内的供给价格弹性系数要小于长期内的系数。

②生产的难易程度。容易生产的产品的供给价格弹性较大，反之较小。

③生产要素的供给弹性。生产要素的供给弹性大，产品的供给价格弹性也大。

④生产所采用的技术类型。采用资本密集型技术生产的产品，生产规模一经确定，就较难变动，从而供给价格弹性也小；有些产品采用劳动密集型技术，生产规模变动较易，从而其供给价格弹性也大。

6. 其他营销组合因素

汽车产品价格的制定还受到其他营销组合因素的影响。对于新建的中小型汽车生产企业，或者知名企业的汽车产品处于导入期和成长期，价格可定得高一些，而处于成熟期和衰退期的生产企业的汽车产品定价则应相对低一些。质量好、性能好、品牌知名度高的汽车产品的价格可以定得高一些；反之，则必须定得低一些。当企业用于广告或其他方面的费用支出较多时，价格应相应提高；反之，汽车产品的价格就可以定低一些。可见，汽车产品的定价不能脱离其他营销因素而单独决定。

二、内部因素

1. 生产成本

成本是商品价值的基本部分。汽车产品的生产成本是指汽车企业为研究开发、生产和销售汽车产品所支付的全部实际费用以及企业为其产品承担风险所付出的代价的总和。如前所述，汽车成本是汽车定价的基础。如果其他条件不变，汽车产品的成本越高则定价越高，成本越低则定价越低。如果说市场需求决定了汽车产品价格的最高上限，那么成本就决定了汽车产品价格的最低下限。在竞争激烈的汽车市场上，企业要想用降价的方法来提高汽车产品的竞争力，就必须首先降低汽车产品的生产成本，只有成本减少，才能使汽车产品降价具备可靠的经济基础。如果市场价格不变，成本越低则产品价格竞争力就越强，利润就会提高，成本越高则利润就越低。可以看出，降低产品生产成本是企业提高其利润的一项重要的措施。

2. 汽车的车型与配置

实际上，一种车型、一种配置的价格，往往在其设计阶段就已经确定下来了。既然车型决定价格，通过改变车型和配置来改变价格，已经成为一种基本的价格策略。

汽车营销的实践发现，高档汽车往往拥有较大的价格空间，因此可以通过降价甚至提价来赢得市场竞争；低档汽车的价格空间非常有限，在价格竞争中总是处于不利的地位。那么，对于经济型车来说，摆脱困境、赢得竞争的主要途径就是通过改变车型、改变配置的方式，频频推出新车型以增强竞争优势。

3. 汽车的市场价值

产品质量是产品价值的重要组成部分。因此，分级定价、优质优价，即“一分价钱一分货”，是一个重要和基本的定价原则。但是，市场是多变的，消费者对汽车质量与价格的认识也是有差异的。不同的产品适用不同的组合方式，不同组合方式可以带来不同的市场效果。

4. 汽车产品的寿命周期

在上一章中我们讲述了任何产品都有其寿命周期。汽车产品的寿命周期是指某种车型从投放市场开始、到被市场淘汰为止所经历的整个过程。汽车产品一般都会经历投入期、成长期、成熟期和衰退期四个阶段。汽车产品处在不同的寿命周期阶段会有与之对应的不同营销策略安排，汽车产品在其寿命周期的各个阶段的价格策略也有所不同。

第三节　汽车产品的定价方法

一般认为，汽车产品的基本定价方法有三种，即成本导向定价法、需求导向定价法和竞争异向定价法。各种方法的具体内容如下：

1. 成本导向定价法

成本导向定价法就是以产品的成本为中心定价的方法，这一类定价法有许多具体形式。这里介绍两种常见形式：一种是成本加成定价法，即按产品成本加上一定比例的毛利定出产品的销售价格，这是成本导向定价法的基本形式；另一种是目标利润定价法，这是根据企业所要实现的目标利润来定价的一种方法。成本导向定价法一般可运用“盈亏平衡图”（图 7－2 所示）给产品定价。

“盈亏平衡图”是一种总收益、总成本和总利润随着产销量的不同而变化的关系图。其解析公式如下：

$$R=(P-AC_v)Q-C_f \quad (7-4)$$

$$P=AC_y+(R_s+C_f)/Q \quad (7-5)$$

式中：R——总利润或总亏损；

P——单位产品价格；

Q——销售量；

C_f——固定成本总额；

AC_v——单位产品可变成本。

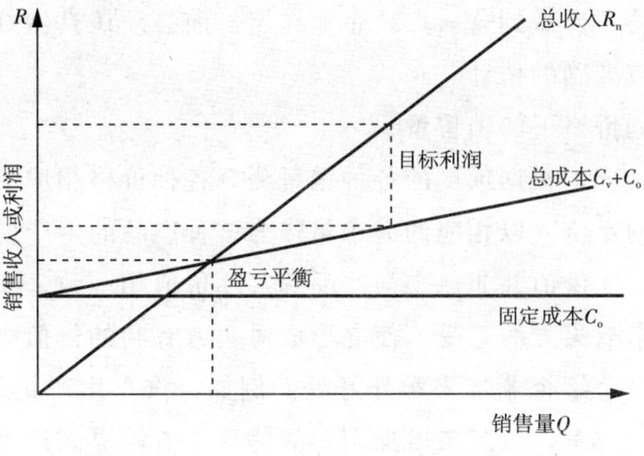

图 7－2 盈亏平衡图（量本利分析图）

成本导向定价法反映了基本的价格原理，即只有当产品的平均价格水平高于总成本时，企业才能进行有效的再生产。其优点：一是简便、实用；二是将本求利，一般不大会诱发价格竞争。其缺点：一是定价过程脱离市场，所定价格要么高于市场可接受价格，面临滞销风险，要么低于市场可接受价格，面临市场抢购和机会损失风险；二是定价过程使得企业有利可图，因此企业缺乏技术革新以及缺少主动控制和降低成本的动力与压力。需要指出的是，成本导向定价法有时会被认为是在生产观念指导下的产物。但由于其简便易行、能有效抑制价格竞争的显著优点，所以至今在很多企业还得到了广泛的使用。

2. 需求导向定价法

这种方法是企业通过广泛的市场调研，首先对企业的产品确定一个市场可以接受，并使企业获得较大利润、且具有一定竞争力的价格作为目标价格。在此价格条件下，预测产品的市场销售量，据此推算出目标成本，然后在产品设计和生产过程中，做好成本控制，使得产品成本在目标成本之内，从而保证了新产品具有较强的价格竞争力，所定价格能为市场所接受。这就是说，价格要定在成本之前，是价格决定成本。福特曾说过："我的政策是降低价格，我们从不认为成本是固定不变的。所以，一个方法是先定一个很低的价格，使所有的人不得不发挥最高效率，以创造出更多的利润，我们就用这种强迫的方法发现了更多制造和销售汽车的办法，这比任何无压力的调查研究有用得多。"

采用需求导向定价法，要做好以下两项关键的工作：

(1) 找到比较准确的顾客感受价值

所谓顾客感受价值，是指买方根据自己的经验、标准或观念对产品的认同价值。例如，顾客在看了产品后，营销者向顾客询问："你认为这一产品值多少钱?"或者"此产品的售价为××元，你认为值这个价吗?"用户对这些问题的回答，反映的即为顾客感受价值。

在运用顾客感受价值定价时，如果所定价格高于用户的感受价值，产品就可能无人问津，企业销量就会减少；而所定价格低于用户的感受价值，又会使企业损失获得更大赢利的机会。所以营销者要尽量将产品的价格定在与大多数用户感受价值相近的水平上，这样才可以获得定价的成功。要做到这一点，企业在定价前必须认真做好营销调研工作，对顾客的感受价值做出比较准确的估计。

(2) 准确预测不同价格下的销售量

运用量本利分析公式，根据预测的各种销量测算各种价格相应的利润，以最大总利润对应的价格作为产品的定价，以相应的需求量作为该种产品的生产量。

需要说明的是，感受价值并非总是与产品的实际价值相一致。实际上，卖方可运用各种营销策略和手段去影响买方的感受，使之形成对卖方有利的价值观念。所以，感受价值定价法如果运用得当，会给企业带来额外好处。例如，汽车生产企业可以生产质量优异、性能独特、内饰豪华的汽车，以此来增加用户的感受价值，提高产品身价，从而带动本企业产品在用户心目中的地位。

需求导向定价法的优点：一是考虑了市场需求对产品价格的接受程度；二是对企业有降低成本的压力和动力。因为顾客的感受价值一定，显然产品成本越低，实现的利润就越大。同时也应该看到，需求导向定价法也有一些缺点：一是定价过程复杂，特别是各种价格下的市场需求量难以做到准确估计；二是由于技术等各种因素的限制，不一定总是能将产品成本降到用户的感受价值之下，所以此方法不一定总是具有可行性。可以看出，需求导向定价法与成本导向定价法的优缺点刚好相反。

3. 竞争导向定价法

竞争导向定价法是企业依据竞争产品的品质和价格来确定本企业产品价格的一种方法。其特点是：只要竞争产品的价格不变，即使本企业的产品成本或需求发生变化，价格也不变；反之亦然。这种方法定价也简便易行，所定价格竞争力强，但价格比较僵死，有时企业获利较小。

竞争导向定价法比较适合市场竞争激烈的产品。营销者在运用这一方法时，应当强化用户的感受，使用户相信本企业产品的价格比竞争对手更符合用户的利益。在当代竞争激烈的国际汽车市场上，不少汽车公司便采用此法。例如，日产汽车公司的定价，就是先充分研究丰田汽车公司相似产品的价格，然后再给自己的产品制定一个合适的价格。如果丰田的价格调整了，日产公司通常也要做出相应的反应。

在使用竞争导向定价法时，企业不仅应了解竞争者的价格水平，还应了解竞争者所能提供的产品及质量。这可从以下几个方面去做：一是获得竞争者的价目表；二是派人员去比较用户对价格的态度，如询问购买者的感受价值以及购买者对每一个竞争者提供的产品质量感觉如何；三是购买竞争者提供的产品并与本企业产品进行比较，有必要的话可以将竞争者的产品拆开来研究。一旦企业知道了竞争者的价格和提供的产品，它就可以用这些信息作为自己制定价格的一个起点。如果企业提供的产品与一个主要竞争者的产品类似，则企业应将自己的价格定得接近于竞争者，否则会失去销售额；若企业提供的产品不如竞争者，企业的定价就应低于竞争者；若企业提供的产品比竞争者的好，则企业的定价就可以比竞争者高。

竞争导向定价法常见的具体方法有两种：一种是随行就市定价法。指按行业近似产品的平均价格定价，是同质产品惯用的定价方法，也比较适合产品的成本难以估计、企业打算与竞争者和平共处、对购买者和竞争者的反应难以估计等场合。另一种是投标定价法。指购买者采取公开的或行业的相关渠道发布采购信息，邀请供应商在规定的时间内投标（该过程叫招标）。有意参加招标的各供应商，各自秘密地填写招标书内容，在规定的截止日期前将填写的招标书交给招标人（该过程叫投标）。招标人公开或在内部监督的条件下，于截止日期揭开各供应商的投标书内容（该过程叫开标），然后招标人根据各供应商填报的价格，并参考其他条件（供应商的产品质量、服务、交货期等）进行评议（评标），确定最终中标情况，宣布招标结果（结标）。事实上，投标者的报价就是在进行竞争性定价。

值得强调的是，企业在使用竞争导向定价法时，必须考虑竞争者可能针对本企业的价格所做出的反应。从根本上来说，企业使用竞争导向定价法是为了利用价格来为本企业的产品适当定位，同竞争者抗争。

第四节　汽车产品定价策略

汽车价格竞争是一种十分重要的汽车营销手段。在激烈的汽车市场竞争中，汽车企业为了实现自己的营销战略和目标，必须根据产品特点、市场需求及竞争情况，采取各种灵活多变的汽车定价策略，使汽车定价策略与汽车市场营销组合中的其他策略更好地结合，促进汽车销售，提高汽车企业的整体效益。因此，正确采用汽车定价策略是汽车企业取得汽车市场竞争优势地位的重要手段。

一、汽车新产品定价策略

在激烈的汽车市场竞争中，汽车企业开发的汽车新产品能否及时打开销路、占领市场和获得满意的利润，除了汽车新产品本身的性能、质量以及必要的汽车市场营销手段和策略之外，还取决于汽车企业是否能选择正确的定价策略。汽车新产品定价有三种基本策略（如图 7-3 所示）。

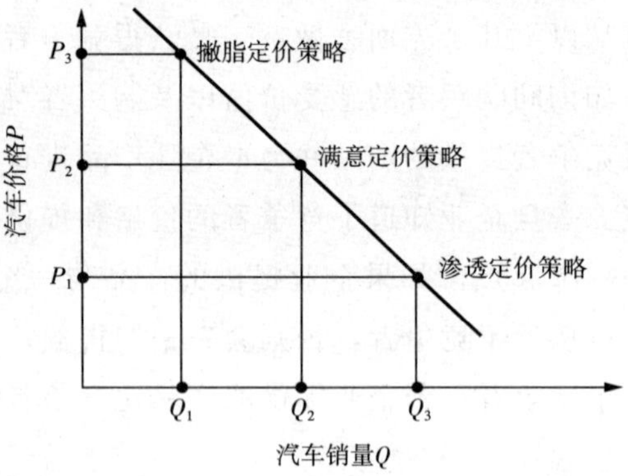

图 7-3　汽车新产品定价策略

1. 撇脂定价策略

这是一种汽车高价保利策略，是指在汽车新产品投放市场的初期，将汽车价格定得较高，以便在较短的时期内获得高额利润，尽快地收回投资。

这种汽车定价策略的优点是：其一，汽车新产品刚投放市场，需求弹性小，尚未有竞争者。因此，只要汽车新产品性能超群、质量过硬，就可以采取高价，来满足一些汽车消费者求新、求异的消费心理。其二，由于汽车价格较高，因而可以使汽车企业在较短时期内取得较大利润。其三，定价较高，便于在竞争者大量进入市场时主动降价，增强竞争能力，同时，也符合顾客希望价格由高到低的心理。

这种汽车定价策略的缺点是：其一，在汽车新产品尚未建立起声誉时，高价不利于打开市场，一旦销售不利，汽车新产品就有夭折的风险。其二，如果高价投放市场销路旺盛，很容易引来竞争者，从而使汽车新产品的销路受到影响。

这种汽车定价策略一般适用于以下几种情况：

（1）汽车企业研制和开发的这种技术新、难度大、开发周期长的汽车新产品，高定价也不怕竞争者迅速进入市场。

（2）这种汽车新产品有较大的市场需求。由于汽车是一次购买，享用多年，因而高价市场也能接受。

（3）高价可以使汽车新产品一投放市场就树立起性能好、质量优的高档品牌形象。

2. 渗透定价策略

这是一种汽车低价促销策略，是指在汽车新产品投放市场时，将汽车价格定得较低，以便使汽车消费者容易接受，企业能够很快打开和占领市场。

这种汽车定价策略的优点是：一是可以利用低价迅速打开新产品的市场销路，占领市场，从多销中增加利润；二是低价又可以阻止竞争者进入，有利于控制市场。

这种汽车定价策略的缺点是：投资的回收期较长，见效慢，风险大，一旦渗透失利，企业就会一败涂地。

这种汽车定价策略一般适用于以下几种情况：

(1) 制造这种汽车新产品所采用的技术已经公开，或者易于仿制，竞争者容易进入该市场。利用低价可以排斥竞争者，占领市场。

(2) 投放市场的汽车新产品，在市场上已有同类汽车产品，但是，生产汽车新产品的企业比生产同类汽车产品的企业拥有较大的生产能力，并且该产品的规模效益显著，大量生产定会降低成本，收益有上升趋势。

(3) 该类汽车产品在市场中供求基本平衡，市场需求对价格比较敏感，低价可以吸引较多顾客，可以扩大市场份额。

以上两种汽车定价策略各有利弊，企业选择哪一种策略更为合适，应根据市场需求、竞争情况、市场潜力、生产能力和汽车成本等因素综合考虑。

3. 满意定价策略

这是一种介于撇脂定价策略和渗透定价策略之间的汽车定价策略。它所定的价格比撇脂价格低，而比渗透价格要高，是一种中间价格。这种汽车定价策略由于能使汽车生产者和消费者都比较满意而得名。由于这种价格介于高价和低价之间，因而比前两种定价策略的风险小，成功的可能性大。但有时也要根据市场需求、竞争情况等因素进行具体分析。

二、按汽车产品寿命周期的定价策略

在汽车产品寿命周期的不同阶段，影响汽车价格的因素诸如成本、消费者和竞争者状况都存在差异，因此，汽车定价策略要适时而定。

1. 导入期

汽车消费者在起初接触汽车新产品的价格敏感性与他们长期对汽车价格敏感性之间是没有联系的。大多数消费者对新产品的价格敏感性相对较低，因为他们倾向于把汽车价格作为衡量汽车质量的标志，而且，此时没有可作对比的其他品牌汽车。但不同的汽车新产品进入市场，反应是有很大差异的。

2. 成长期

在成长期，消费者的注意力不再单纯停留在汽车产品的效用上，开始比较不同汽车品牌的性能和价格，汽车企业可以采取汽车产品差别化和成本领先的策略。一般来说，成长期的汽车价格最好比导入阶段的价格低，因为这时消费者对产品的了解增加，价格敏感性提高。对于那些对价格并不敏感的市场，则不应使用渗透定价。尽管这一阶段竞争加剧，但行业市场的扩张能有效防止价格战的出现；有时汽车企业为了赶走竞争者，也可能会展开价格战。例如，美、日、韩三国的汽车企业就是在美国汽车市场走向成长期时才爆发价格战的。

3. 成熟期

成熟期的汽车有效定价的着眼点不是努力争得市场份额，而是尽可能地创造竞争优势。这时候注意不要再使用捆绑式的销售，因为那样只会使组合汽车产品中一个或几个性能更好的汽车产品难以打开市场。这时市场对基本汽车产品定价的可调范围缩小，但可以通过销售更有利可图的辅助汽车产品或优质服务来调整自己的竞争地位。

4. 衰退期

衰退期中很多汽车企业选择降价，但遗憾的是，这样的降价往往不能刺激起足够的需求，结果反而降低企业的赢利能力。衰退期的汽车定价目标不是赢得什么，而是在损失最小的情况下退出市场，或者是保护甚至提高自己的竞争地位。一般有三种策略可供选择，即紧缩策略、收缩策略和巩固策略。它们的含义分别是：将资金紧缩到自己力量最强、汽车生产能力最强大的汽车生产线上；通过汽车定价，获得最大现金收入，然后退出整个市场；加强自己的竞争优势，通过削价打败弱小的竞争者，占领他们的市场。

三、折扣与折让定价策略

在汽车市场营销中，汽车企业为了竞争和实现经营战略的目标，经常对汽车价格采取折扣和折让策略，直接或间接地降低汽车价格，以争取消费者，扩大汽车销量。灵活运用折扣和折让策略，是提高汽车企业经济效益的重要途径。

具体来说，折扣和折让定价策略分为以下五种类型：

1. 数量折扣

数量折扣是根据买方购买的汽车数量多少，分别给予不同的折扣。买方购买的汽车的数量越多，折扣越大。

数量折扣可分为累计数量折扣和非累计数量折扣。前者规定买方在一定时期内，购买汽车达到一定数量或一定金额时，按总量给予一定折扣的优惠，目的在于使买方与汽车企业保持长期的合作，维持汽车企业的市场占有率；后者是只按每次购买汽车的数量多少给予折扣的优惠，这可刺激买方大量购买，以减少库存和资金占压。这两种折扣价格都能有效地吸引买主，使汽车企业能从大量的销售中获得较高的利润。

2. 现金折扣

现金折扣是对按约定日期提前付款或按期付款的买主给予一定的折扣优惠价，目的是鼓励买主尽早付款以利于资金周转。运用现金折扣应考虑三个因素：一是折扣率大小；二是给予折扣的限制时间长短；三是付清货款期限的长短。

在国际结算中，现金折扣用于信用证结算的交货期折扣。

3. 交易折扣

交易折扣是汽车企业根据各个中间商在市场营销活动中所担负的功能不同，而给予不同的折扣，所以也称功能折扣，如运输、仓储、售后服务的分工等。

4. 时间折扣

时间折扣有两层含义，一是季节折扣，二是时段折扣。

季节折扣是指在汽车销售淡季时，给购买者一定的价格优惠，目的在于鼓励中间商和消费者购买汽车，减少库存，节约管理费，加速资金周转。季节折扣率应不低于银行存款利率。

时段折扣是在一些特定的时段，如开业当天、展览会期间、周年庆典期间等时段内给予一定比例的折扣优惠。

5. 运费折让

运费是构成汽车价值的重要部分，为了调动中间商或消费者的积极性，汽车企业对他们的运输费用给予一定的津贴，支付一部分甚至全部运费。

企业是否要采取折扣和折让定价的策略、折扣的限度为多少，还要综合考虑市场上各方面的因素。特别是当市场上同行业竞争对手实力很强时，如果实施了折扣定价，可能会遭到强大竞争对手的更大折扣反击。一旦形成了竞相折价的市场局面，则要么导致市场总价格水平下降，在本企业仍无法扩大市场占有率的情况下将利益转嫁给了消费者，与竞争对手两败俱伤；要么就会因与竞争对手实力的差距而被迫退出竞争市场。因此，企业在实行折扣和折让定价策略时要考虑竞争者实力、折扣成本、企业流动资金成本、消费者的折扣心理等多方面的因素，并注意避免市场内同种商品折扣标准的混乱，才能有效地实现经销目标。

四、针对汽车消费者心理的定价策略

这是一种根据汽车消费者心理要求所采用的定价策略。每一品牌汽车都能满足汽车消费者某一方面的需求，汽车价值与消费者的心理感受有着很大的关系。这就为汽车心理定价策略的运用提供了基础，使得汽车企业在定价时可以利用汽车消费者心理因素，有意识地将汽车价格定得高些或低些，以满足汽车消费者心理的、物质的和精神的多方面需求。汽车企业可通过汽车消费者对汽车产品的偏爱或忠诚，诱导消费者增加购买，扩大市场销售，获得最大效益。具体的心理定价策略如下：

1. 整数定价策略

在高档汽车定价时，往往把汽车价格定成整数，不带尾数。凭借整数价格来给汽车消费者造成汽车属于高档消费品的印象，提高汽车品牌形象，满足汽车消费者的某种心理需求。

整数定价策略适用于汽车档次较高、需求的价格弹性比较小、价格高低不会对需求产生较大影响的汽车产品。由于目前选购高档汽车的消费者都属于高收入阶层，自然会接受较高的整数价格。

2. 尾数定价策略

尾数定价策略是与整数定价策略正好相反的一种定价策略，是指汽车企业利用汽车消费者求廉的心理，在汽车定价时，不取整数而带尾数的定价策略，如某款家用轿车定价为9.98万元。这种带尾数的汽车价格给汽车消费者直观上一种便宜的感觉，同时往往会给消费者一种汽车企业经过了认真的成本核算才定价的感觉，可以提高消费者对该定价的信任度，从而激起消费者的购买欲望，促进汽车销售量的增加。

尾数定价策略一般适用于汽车档次较低的经济型汽车。经济型汽车价格的高低自然会对需求产生较大影响。

3. 声望定价策略

与尾数定价法相反，声望定价策略是根据汽车产品在消费者心目中的声望、信任度和社会地位来确定汽车价格的一种汽车定价策略。声望定价策略就高不就低，如将近20万元的车不是定在19万多，而是定在20万元以上，表明是20万元档次的车。声望定价可以满足某些汽车消费者的特殊欲望，如地位、身份、财富、名望和自我形象等，还可以通过高价格显示汽车的名贵优质。有报道称，在美国市场上，质高价低的中国货常常竞争不过相对质次价高的韩国货，其原因就在于美国人眼中低价就意味着低档次。

声望定价策略一般适用于具有较高知名度、有较大市场影响的著名品牌的汽车。

4. 招徕定价策略

这是指将某种汽车产品的价格定得非常之高，或者非常之低，以引起消费者的好奇心理和观望行为，来带动其他汽车产品的销售的一种汽车定价策略。例如，某些汽车企业在某一时期推出某一款车型降价出售，过一个时期又换另一种车型，以此来吸引顾客时常关注该企业的汽车，促进降价产品的销售，同时也带动同品牌其他正常价格的汽车产品的销售。招徕定价策略常为汽车超市、汽车专卖店所采用。

5. 分级定价策略

这是指在定价时，把同类汽车分为几个等级，不同等级的汽车采用不同价格的一种汽车定价策略。这种定价策略能使消费者产生货真价实、按质论价的感觉，因而容易被消费者所接受。而且，这些不同等级的汽车若同时提价，对消费者的质价观冲击不会太大。

分级定价策略，等级的划分要适当，级差不能太大或太小，否则，就起不到应有的分级效果。

五、针对汽车产品组合的定价策略

一个汽车企业往往不止生产一种产品，常常会有多个系列的多种产品同时生产和销售，这些同一企业的不同种汽车产品之间的需求和成本是相互联系的。但同时它们之间又存在着一定程度的“自相竞争”，这时候的企业定价就不能只针对某一产品单独进行，而要结合相关联的一系列的产品，组合制定出一系列的价格，使整个产品组合的利润最大化。这种定价策略主要有以下两种情况：

1. 同系列汽车产品组合定价策略

这种定价策略即把一个企业生产的同一系列的汽车作为一个产品组合来定价。在其中确定某一车型的较低价格，这种低价车可以在该系列汽车产品中充当价格明星，以吸引消费者购买这一系列中的各种汽车产品；同时又确定某一车型的较高价格，这种高价可以在该系列汽车产品中充当品牌价格，以提高该系列汽车的品牌效应。

同系列汽车产品组合定价策略与分级定价策略有部分相似，但前者更注重系列汽车产品作为产品组合的整体化，强调产品组合中各汽车产品的内在关联性。

2. 附带选装配置的汽车产品组合定价策略

这种定价策略即指将一个企业生产的汽车产品与其附带的一些可供选装配置的产品看作一个产品组合来定价。譬如，汽车消费者可以选装汽车企业的电子开窗控制器、扫雾器和减光器等配置。汽车企业首先要确定产品组合中应包含的可选装配置产品，其次再对汽车及选装配置产品进行统一合理的定价。例如，汽车价格相对较低，而选装配置的价格相对稍高一些，这样既可吸引汽车消费者，又可通过选装配置来弥补汽车的成本，增加企业利润。

附带选装配置的产品组合定价策略一般适用于有特殊、专用汽车附带选装配置的汽车。

六、针对竞争对手的定价策略

针对竞争对手的定价方法很多，有通行价格法，即以行业的平均价格来定价；有对等定价法，即与竞争者对峙，进行价格比拼；有差异定价法，即绕开对手，在低、中、高不同层次上定价；还有降价定价法，伴随着降价，实现促销目标。

七、国内汽车厂商的降价措施

当今的国内市场，使用最广泛的当数降价策略。

近几年来，中国汽车市场汽车产品价格下降成为市场大趋势，不管是主动的降价还是被动的降价，国产汽车无一例外地走上降价之路。然而，在降价过程中，若能把握主动，巧妙安排营销组合，则降价也不失为一项有效的价格策略。

1. 直接降价

就是由厂方出面发布产品降价的信息。它的优点是信息权威、可信度高、全国上下步调一致，降价一宣布就可能在车市上引起连锁反应。但是由于人们对降价比较敏感，直接降价可能造成产品滞销的负面印象，所以许多厂家不愿意直接降价。

2. 优惠降价

优惠其实是一种变相的降价，但优惠的面目更易为厂方和消费者接受，所以现在被用得最为普遍。如今车市上优惠的方式非常多，如价格优惠、送汽油票、送保险、送装饰等。

3. 跟风降价

某种车型在同一档次的对手降价之后，企业为了争取主动，扭转自己的不利地位，也会进行相应的价格调整，这都是跟风降价。

4. 新车上市即调低价格

最突出的就是广州本田新雅阁汽车。新雅阁汽车不是在滞销而是在上市不久且非常紧俏的情况下大幅降价，这进一步促进了它的畅销。这种降价策略前所未有，对车市的影响非常大。

5. 增配置不降价

这一招既可让厂家避免背上降价的“黑锅”又可以提高产品的性价比，让消费者得到实惠，所以车市上用得最多的就是上档次、增配置而价格不变。

以上五种降价策略都不同程度地发挥了作用，并给中国的汽车市场带来了一定程度上的繁荣。然而，降价是策略，而不是战略。企业的长期发展应将价格策略纳入企业战略的范畴，不是被动的降价，不是寻求简单的促销，而是在企业发展战略的框架内巧妙地运用，通过营销组合，实现企业发展的目标。

【案例分析】

案例一：撇脂定价，输了两家

两款在中国上市不足一年的进口品牌轿车——长安福特嘉年华和福建东南菱帅相继于2003年8月1日和8月8日宣布降价，这一事件引出了业内人士的诸多话题。当然，有一点大家却是众口一词的，即“这完全是意料中的事”。

2003年以来，在定价问题上引发人们议论最多的要数年初上市的广州本田汽车公司的新雅阁汽车和4月份上市的一汽大众汽车公司的奥迪A4。一个是贴近民意，以超低价入市，撼动了整个中国车市，其市场份额一路飘红；一个是高举高打，决意要鹤立鸡群，坚持守在大多数消费者只能仰视的价格制高点。

显而易见，就价格策略而言，广州本田汽车公司所采用的是典型的渗透法定价，而一汽大众汽车公司所采用的则是一种典型的撇脂法定价。我们不得不承认，国内这两大汽车企业在这场价格战略中可谓各取所需，都成了现实的赢家。尽管奥迪A4上市以来曾招致全国一片骂声，且上半年有不低的压库现象，但一汽大众汽车公司的奥迪A4则通过这样的定价，不仅捍卫了奥迪品牌的高端性，同时，该品牌既定的目标客户想逃也无处可逃(目前尚无第二竞争品牌)；而对广州本田汽车而言，他们所渴求的市场扩张目标也已成囊中之物。但具有同样的背景，在同样的上市时机，长安福特汽车公司的嘉年华车和福建东南汽车公司的菱帅车却成了路人皆知的输家（尽管当事者并不承认）。

定价为本，降价为末。单从两款车的入市价格策略而言，他们均采用了撇脂定价法，这也是双双落败的源头。如前所述，撇脂定价法成立的一个最重要前提是短期内几乎没有竞争的危险。就当时而言，恐怕只有奥迪A4尚存有几分这样的优势。对嘉年华车与菱帅车而言，不仅竞争品牌林林总总，且这些品牌在中国个个都已被养得膘肥体壮，亦如猎豹般矫健，而嘉年华车与菱帅车自身反倒身世驳杂，并不纯正。

福特嘉年华车在欧洲虽号称集万千宠爱于一身，曾创下“金方向盘奖”、“年度汽车奖”、“设计理事会奖”、欧洲区销售冠军、英国销量冠军、德国销量冠军、西班牙销量冠军——但因撷取这些荣耀的年份太久了，所以眼下的大部分消费者对此都很清楚。另外，最让中国人如鲠在喉的还有嘉年华那萎靡不振的三厢车外形居然来自印度！

菱帅车是引进日本三菱汽车公司 LANCE 整车技术。该车曾以动力纯粹而闻名于世，最大输出功率高达 74 千瓦，0～100 千米加速时间仅需 12.36 秒。该车由厂家全力推介的价值亮点在于，日本三菱汽车曾以此车为基础平台开发出夺取 WRS 比赛冠军的 LANCEREVO 车型；该车在中国的配置诸如 ABS＋四轮碟刹、双 SRS 气囊、电动除雾后视镜、倒车雷达、HUD 抬头显示器等也是菱帅的抢眼点，且整车尺寸已达 4.43/1.7/1.41 米，与捷达相当。于是东南汽车公司借此就向消费者开出了 12.38 万元～18.8 万元的天价。对于此定价，有消费者戏言："相对于 18.8 万元的高价，不要说菱帅开个天窗，就是在车内开个花园也不值！"

中国有句俗话说得好：不怕不识货，就怕货比货。就福特嘉年华而言，它的荣耀不仅年代稍远，车型也并非原汁原味，远比不了大众高尔夫，近比不了波罗；而东南菱帅在开发年代上很难讲与世界同步，在造型与配置上更不是别克凯越、雪铁龙赛纳、日产阳光等车型的对手。不仅如此，无论是东南汽车公司还是长安福特公司，其在销售渠道及售后服务等整体素质上也不是国内几大主力轿车企业的对手。

如此，两大品牌在上市半年就不得不舍本逐末大幅降价，这不仅对硕果仅存的老客户的忠诚度带来重大挫败，而且其品牌形象的大幅缩水也已成定局。

案例二：雅阁汽车，一步到位的价格策略

广州本田汽车有限公司是在原广州标致废墟上建立起来的，成立于 1998 年 7 月 1 日，注册资本为 11.6 亿元人民币，由广州汽车集团和本田工业株式会社各出资 50%建设而成。建厂初期广州本田公司引进本田雅阁最新 2.0 升级系列轿车，生产目标为年产 5 万辆以上，起步阶段为年产 3 万辆。生产车型为雅阁 2.3VTi－E 豪华型轿车、2.3VTi－L 普通型轿车和 2.0EXi 环保型轿车。1999 年 3 月 26 日，第一辆广州本田公司的雅阁轿车下线。同年 11 月通过了国家对雅阁轿车 40%国产化的严格验收。2000 年 2 月 28 日，广州本田公司轿车项目通过了年产 3 万辆的项目竣工验收。2004 年初广州本田公司已经达到了年产汽车 24 万辆的产能规模。目前，广州本田公司生产和销售的车型有四款：雅阁、奥德赛、三厢飞度和两厢飞度。

对于中国汽车市场来说，雅阁车的价格策略也显得高人一筹，在产品长期供不应求的情况下施放"价格炸弹"反映了厂家的长远眼光。

2002 年被人们称作中国汽车年，在这一年里，中国汽车实现了一个历史性的飞跃——6465 亿元的销售收入和 431 亿元的利润总额（同比增长分别达到 30.8%和 60.94%），使汽车产业首次超过电子产业成为拉动我国工业增长的第一动力。国家计委产业司 2003 年 1 月份公布的数字表明，2002 年全国汽车产销量超过 300 万辆，其中轿车产量为 109 万辆，销量为 112.6 万辆。中国汽车业的暴利早已成了汽车行业内公开的秘密，尤其是中高档车，利润率高得惊人。德国一家行业内权威统计机构公布的数字显示，2002 年中国主

流整车制造商的效益好得惊人，平均利润超过22%，部分公司甚至达到了30%。

2002年1月1日起，轿车关税大幅度降低，排量在3.0升以下的轿车整车进口关税从70%降低到43.8%，3.0升以上的从80%降到50.7%。关税下调后，进口车的价格由于种种原因并没有下降到预想的价格区间，广州本田公司的门胁轰二总经理似乎早有预测。他说："关税从70%降低到43.8%，最终降至25%，这是一个过程。虽然也有部分人因考虑到进口车将要变得便宜而暂时推迟购车计划，但由于政府实际上决定了进口车的数量，短时间内进口车并不会增加许多。"因此，广州本田公司宣布了一个令所有人都感到吃惊的决定：2002年广州本田公司的所有产品价格将不会下调。

广州本田公司成立后就决定将第六代雅阁车型引进中国生产，1999年3月26日，第六代新雅阁车在广州下线，当年就销售了1万辆。雅阁车推出的当年，市场炒车成风，最高时加价达6万元以上，成为当年最畅销的中高档车。继2000年成为全国第一家年产销中高档轿车超3万辆的企业后，2001年广州本田公司产销超过5万辆，比计划提前了4年。2002年，广州本田公司产销量为59000辆，销售收入137.32亿元人民币，利税50亿元。2002年3月1日，第10万辆雅阁车下线，标志着广州本田公司完全跻身国内生产中高档汽车名牌企业行列。

雅阁车刚上市时国产化率是40%，经过几年经营国产化率上升到60%，2003北美版新雅阁车上市时提升到了70%，降低了进口件成本。建厂时广州本田公司的生产规模是3万量，2001年达到5万辆生产规模；到了2002年，生产规模被提升为11万辆，规模带来了平均成本的降低，同年公司完成了12万辆产能改造。

2003年，北美版新雅阁（第七代雅阁）的上市终结了中国中档轿车市场高价惜售的局面，它的定价几乎给当年所有国产新车的定价建立了新标准，使得我国车市的价格也呈现出整体下挫的趋势。随之而来的是持续至今的价格不断向下碾压与市场持续井喷。

广州本田公司借推出换代车型之机，全面升级车辆配置，同时大幅压低价格。2003年1月，广州本田新雅阁下线，在下线仪式上，广州本田公司公布新雅阁车的定价，并且宣布2003年广州本田公司的产品将大幅降价。其公布的全新价格体系让整个汽车界为之震动：排量为2.4升的新雅阁轿车售价仅为25.98万元（含运费），而在此前，供不应求的排量为2.3升老款雅阁轿车的售价也要29.8万元，还不包含运费。这意味着广州本田公司实际上把雅阁的价格压低了4万多元，而且新雅阁的发动机、变速箱和车身等都经过全新设计，整车操作性、舒适性、安全性等方面都有所提高。其总经理门胁轰二的解释是："一方面，广州本田致力于提高国产化率来降低成本，有可能考虑将这部分利润返还给消费者；另一方面，这也是中国汽车业与国际接轨的必然要求。"业内人士认为，这正是广州本田公司在新的竞争形势下调整赢利模式的结果。

广州本田公司的新雅阁车此次定价成为当时国内中高档轿车的价格风向标。

新雅阁车一步到位的定价影响了整个中高档轿车市场的价位，广州本田公司的这种定价策略一直贯穿到之后下线的飞度车型的营销之中。广州本田公司车型的价格体系也因此成为整个国内汽车行业价格体系的标杆，促使国产中高档轿车价格向“价值”回归，推动了我国轿车逐渐向国际市场看齐。广州本田公司生产的几款车型几年来在市场上也一直是供不应求，2003年广州本田公司更以11.7万辆的销售额使增长率超过100%，成为增幅最大的轿车生产企业。销售最火爆时，一辆雅阁车的加价曾高达4万元。这一年，我国轿车的产量也首次突破200万辆，达到201.89万辆，同比增长83.25%。

思考题

7-1 汽车定价的基础是什么？

7-2 影响汽车价格的因素有哪些？

7-3 试述汽车产品定价方法。

7-4 汽车新产品的定价方法有哪些？各适用于何种场合？

第八章 汽车分销策略

学习目标：了解汽车分销渠道的概念与作用；了解常用的汽车分销渠道模式；了解汽车中间商的特征及其作用；掌握分销渠道设计时应考虑的因素。

汽车企业有了适销对路的产品和合理的价格，还必须通过适当的分销渠道，才能实现产品从生产者到用户的流通，并不断增强企业抵御市场风险的能力。分销渠道是汽车产品实现其价值的重要环节。

第一节 分销渠道

一、分销渠道概述

1. 汽车分销渠道的含义

分销渠道是指产品或服务从生产者向用户转移过程中所经过的一切取得所有权（或协助所有权转移）的商业组织和个人，即产品由生产者到用户的流通过程中所经过的各个环节连接起来形成的通道。分销渠道对产品从生产者转移到用户所必须完成的工作加以组织，其目的在于消除产品或服务与使用消费之间的分离。

在市场经济条件下，绝大多数产品并不是由生产者直接销售给最终消费者或用户的，而是要经过或多或少的中间环节。这些中间环节在西方国家称为中间商，我国更习惯于称其为经销单位或流通企业。中间商的存在是商品经济发展和社会分工的必然结果，他们是企业分销渠道的重要组成部分。

2. 汽车分销渠道的作用

（1）对国家的作用

第一，汽车工业是国民经济的支柱产业，汽车分销渠道连接着汽车生产与消费，是整个汽车工业再生产过程中的一个重要环节。

第二，汽车分销渠道在汽车工业发展过程中，起着调节产、供、销平衡的作用，同时，对拉动内需、增加税收、积累资金、扩大就业也起着不可忽略的作用。

（2）对企业的作用

第一，汽车分销渠道是汽车生产企业进入市场的必由之路。汽车产品只有通过分销渠道，进入消费领域，才能实现其价值形态。

第二，汽车分销渠道是汽车企业的重要资源。现代企业的生产经营活动，必须依赖于人、财、物、管理、信息、时间、市场七大资源。其中，市场资源是重要的外部资源，是企业最难拥有与控制的一种资源，又是关系到企业生存与发展的一种资源。在这一资源中，分销渠道是重要组成部分。对汽车企业来说，汽车分销渠道数量多，汽车销售的途径就广，市场占有率就高；汽车分销渠道质量高，中间商声誉好、能力强，对汽车产品营销尽心尽责，则汽车产品就会获得较好的声誉及更多的销量，从而给汽车企业带来更好的效益。

第三，汽车分销渠道是汽车企业节省市场营销费用、加快汽车产品流通的重要措施。汽车分销渠道的存在，有助于汽车产品流通的加快，可以节约流通环节中人力、物力、财力，减少汽车产品的储存，加快资金的周转。

第四，汽车分销渠道具有融资功能。中间商不仅为本渠道所开展的各项汽车销售工作筹集了使用资金，同时，通过支付订货贷款，为企业进行下一轮汽车生产提供了生产资金。

（3）对消费者的作用

汽车分销渠道为汽车消费者提供了便利，节省了选购汽车的时间与精力；因为汽车分销渠道的存在，汽车流通费用得以节省，使汽车流通过程中的销售成本降低，从而减轻了汽车消费者的负担。

二、分销渠道的模式

分销渠道按其有无中间环节分为直接渠道和间接渠道；按其中间环节的多少（即按渠道长度的不同），又分为以下四种基本模式：

- 分销渠道
  - 直接渠道——生产者→用户（第一类型）
  - 间接渠道
    - 生产者→零售商→用户（第二类型）
    - 生产者→批发商→零售商→用户（第三类型）
    - 生产者→总经销商→批发商→零售商→用户（第四类型）

1. 直接渠道

直接渠道就是生产企业直接把产品卖给用户，没有中间环节，也称为“零层渠道”。直接渠道的具体形式有推销员上门推销、设立自销机构、通过订货会或展销会与用户直接签约供货等形式。

2. 间接渠道

它是存在中间环节的渠道，也是更为广泛的分销渠道类型。中间环节越多，则渠道越长；反之，则渠道越短。间接渠道有以下三种基本类型：

（1）一层渠道类型

即生产企业转经销商直售型。汽车生产企业先将汽车卖给经销商，再由经销商直接销售给消费者。这是经过一道中间环节的渠道类型，其特点是：中间环节少，渠道短，有利于生产企业充分利用经销商的力量，扩大汽车销路，提高经济效益。我国许多专用汽车生产企业、中型车生产企业都采用这种销售方式。

（2）两层渠道类型

两层渠道类型有两种模式。

① 由生产企业经批发商转经销商直售型

汽车生产企业先把汽车批发销售给批发商（或地区分销商），由其转卖给经销商，最后由经销商将汽车直接销售给消费者。这是经过两道中间环节的渠道类型，也是分销渠道中的传统模式。其特点是中间环节较多，渠道较长。一方面，它有利于生产企业大批量生产，节省销售费用；另一方面，它也有利于经销商节约进货时间和费用。这种分销渠道在我国的大中型汽车生产企业的市场营销中较常见。

② 由生产企业经总经销商转经销商直销型

汽车生产企业先委托并把汽车提供给总经销商（或总代理商），由其销售给经销商，最后经销商将汽车直接销售给消费者。这也是经过两道中间环节的渠道类型，其特点是中间环节较多，但由于总经销商（或总代理商）不需承担经营风险，易调动其积极性，有利于开拓市场，打开销路。

③ 三层渠道类型

即由生产企业经总经销商与批发商后转经销商直销型。汽车生产企业先委托并把汽车提供给总经销商（或总代理商），由其向批发商（或地区分销商）销售汽车，批发商（或地区分销商）再转卖给经销商，最后由经销商将汽车直接销售给消费者。这是经过三道中间环节的渠道类型，其特点是总经销商（或总代理商）为生产企业销售汽车，有利于了解市场环境，打开销路，降低费用，增加效益。其缺点是中间环节多，流通时间长。

分销渠道类型除了可以按渠道长度划分外，还可以按宽度划分。同一层次中间商的多少是渠道宽度的问题。中间商越多，则渠道越宽；反之，则渠道越窄。因此，独家分销是最窄的渠道。企业所采用的分销渠道的长短、宽度都是相对的，没有绝对和固定的模式，企业应依据具体情况确定分销渠道的长度和宽度。

三、常用的汽车分销渠道模式

随着经济和社会的发展，汽车销售市场不断涌现出许多新的模式。

1.“金字塔”分销模式

此种模式曾经在相当长的时期内主宰我国的汽车分销渠道，至今仍然有部分商品采用此种模式。此种渠道层级可谓传统分销渠道中的经典模式，然而这样的销售网络却存在着先天不足。在价格体系不透明、市场缺少规则的情况下，销售网络中普遍存在着“灰色地带”，使许多经销商实现了所谓的超常规发展。多层次的销售网络不仅瓜分厂家渠道利润，而且经销商不规范的操作手段，如竞相杀价、跨区销售等常常造成严重的网络冲突；更重要的是，经销商掌握的巨大市场资源，几乎成了厂家的心头之患——销售网络漂移、可控性差、渠道过长、信息反馈过慢、无法有效贯彻品牌经营理念、层层加价、用户得不到良好的服务等。其弊端已经被事实证明，因而对这种模式的改革势在必行。由此，企业的销售网络进入了一个多元化发展的新阶段。

2. 扁平化分销模式

这种扁平化模式首先出现在美国。美国汽车销售体制的改革，是从减少销售层次开始的。它取消了各级代理商，改由地区办事处负责协调区域销售事务，贯彻品牌的经营理念。这种模式由厂家直接向专卖店供货，从而减少了中间环节，降低了营销成本。目前我国许多汽车品牌均采用此种模式。

3. 直销模式

这种直销模式并不是完全意义上的直销，但它打破了渠道的束缚，将所有销售管理部门都作为销售终端。其优点在于直接面对消费者，有利于品牌经营理念的贯彻，信息反馈及时迅速。

4. “旗舰店”销售模式

“旗舰店”销售模式，以奇瑞汽车销售有限公司为代表。2002 年奇瑞公司宣布正式推出由“旗舰店”一拖四的“限区域独家特许连锁经营模式”。

四、影响分销渠道选择的因素

影响分销渠道选择的因素很多，生产企业在选择分销渠道时，必须对下列几方面的因素进行系统的分析和判断，才能作出合理地选择。

1. 产品因素

（1）产品价格。一般来说，产品单价越高，越应注意减少流通环节，否则会造成销售价格的提高，从而影响销路，这对生产企业和消费者都不利。而单价较低、市场较广的产品，则通常采用多环节的间接分销渠道。

（2）产品的体积和重量。产品的体积大小和轻重，直接影响运输和储存等销售费用，过重的或体积大的产品，应尽可能选择最短的分销渠道。对于那些按运输部门规定的起限（超高、超宽、超长、超重）的产品，应组织直达供应。小而轻且数量大的产品，则可考虑采取间接分销渠道。

（3）产品的易毁性或易腐性。产品有效期短，储存条件要求高或不易多次搬运者，应采取较短的分销途径，尽快送到消费者手中，例如鲜活品、危险品等。

（4）产品的技术性。有些产品具有很高的技术性，或需要经常的技术服务与维修，应以生产企业直接销售给用户为好。这样，可以保证向用户提供及时良好的销售技术服务。

（5）定制品和标准品。定制品一般由产需双方直接商讨规格、质量、式样等技术条件，不宜经由中间商销售。标准品具有明确的质量标准、规格和式样，分销渠道可长可短，有的用户分散，宜由中间商间接销售；有的则可按样本或产品目录直接销售。

（6）新产品。为尽快地把新产品投入市场，扩大销路，生产企业一般重视组织自己的推销队伍，直接与消费者见面，推介新产品和收集用户意见。如能取得中间商的良好合作，也可考虑采用间接销售形式。

2. 市场因素

（1）购买批量大小。购买批量大，多采用直接销售；购买批量小，除通过自设门市部销售外，多采用间接销售。

（2）消费者的分布。某些商品消费地区分布比较集中，适合直接销售；反之，适合间接销售。对于工业品销售，本地用户产需联系方便，因而适合直接销售；外地用户较为分散，通过间接销售较为合适。

（3）潜在顾客的数量。若消费者的潜在需求多，市场范围大，需要中间商提供服务来满足消费者的需求，宜选择间接分销渠道；若潜在需求少，市场范围小，生产企业可直接销售。

（4）消费者的购买习惯。有的消费者喜欢到企业买商品，有的消费者喜欢到商店买商品。所以，生产企业应既采用直接销售，也应采用间接销售，以满足不同消费者的需求，这样做也增加了产品的销售量。

3. 生产企业本身的因素

（1）资金能力。企业本身资金雄厚，则可自由选择分销渠道，可建立自己的销售网点，采用产销合一的经营方式，也可以选择间接分销渠道。企业资金薄弱则必须依赖中间商进行销售和提供服务，只能选择间接分销渠道。

（2）销售能力。生产企业在销售力量、储存能力和销售经验等方面具备较好的条件，则应选择直接分销渠道；反之，则必须借助中间商，选择间接分销渠道。另外，企业如能和中间商进行良好的合作，或对中间商能进行有效的控制，则可选择间接分销渠道。若中间商不能很好地合作或不可靠，将影响产品的市场开拓和经济效益，就不如进行直接销售。

（3）可能提供的服务水平。中间商通常希望生产企业尽可能多地提供广告、展览、修理、培训等服务项目，为销售产品创造条件。若生产企业无意或无力满足这方面的要求，就难以达成协议，迫使生产企业自行销售；反之，提供的服务水平高，中间商则乐于销售该产品，生产企业则选择间接分销渠道。

（4）发货限额。生产企业为了合理安排生产，会对某些产品规定发货限额。发货限额高，有利于直接销售；发货限额低，则有利于间接销售。

4. 政策规定

企业选择分销渠道必须符合国家有关政策和法令的规定。某些按国家政策应严格管理的商品或计划分配的商品，企业无权自销和自行委托销售；某些商品在完成国家指令性计划任务后，企业可按规定比例自销，例如专卖制度（如香烟销售）、专控商品（控制社会集团购买力的少数商品）。另外，税收政策、价格政策、出口法、商品检验规定等，也都影响分销途径的选择。

5. 经济收益

不同分销途径经济收益的大小也是影响选择分销渠道的一个重要因素。对于经济收益的分析，主要考虑的是成本、利润和销售量等方面的因素。

(1) 销售费用。销售费用是指产品在销售过程中发生的费用。它包括包装费、运输费、广告宣传费、陈列展览费、销售机构经费、代销网点和代销人员手续费、产品销售后的服务支出等。一般情况下，减少流通环节可降低销售费用，但减少流通环节的程度要综合考虑，做到既节约销售费用，又要有利于生产发展和体现经济合理的要求。

(2) 价格分析。在价格相同条件下，进行经济效益的比较。目前，许多生产企业都以同一价格将产品销售给中间商或最终消费者，若直接销售量等于或小于间接销售量时，由于生产企业直接销售时要多占用资金，增加销售费用，所以，间接销售的经济收益高，对企业有利；若直接销售量大于间接销售量，而且所增加的销售利润大于所增加的销售费用，则选择直接销售。

当价格不同时，进行经济收益的比较主要考虑销售量的影响。若销售量相等，直接销售多采用零售价格，价格高，但支付的销售费用也多；间接销售采用出厂价，价格低，但支付的销售费用也少。究竟选择什么样的分销渠道，可以通过计算两种分销渠道的盈亏临界点作为选择的依据。当销售量大于盈亏临界点的数量，选择直接分销渠道；反之，则选择间接分销渠道。在销售量不同时，则要分别计算直接分销渠道和间接分销渠道的利润，并进行比较，一般选择获利的分销渠道。

6. 中间商特性

各类各家中间商的实力、特点不同，诸如广告、运输、储存、信用、训练人员、送货频率方面具有不同的特点，从而影响生产企业对分销渠道的选择。

(1) 中间商的不同对生产企业分销渠道的影响。例如，汽车收音机厂家考虑分销渠道，其选择方案有：

① 与汽车厂家签订独家合同，要求汽车厂家只安装该品牌的收音机；

② 借助通常使用的渠道，要求批发商将收音机转卖给零售商；

③ 寻找一些愿意经销其品牌的汽车经销商；

④ 在加油站设立汽车收音机装配站，直接销售给汽车使用者，并与当地电台协商，为其推销产品并付给相应的佣金。

(2) 中间商数目的不同对企业分销渠道的影响。按中间商数目多少的不同情况，可选择密集式分销、选择性分销、独家分销。

① 密集式分销：指生产企业同时选择较多的经销代理商销售产品。一般来说，日用品多采用这种分销形式。工业品中的一般原材料、小工具、标准件等也可用此分销形式。

② 选择性分销：指在同一目标市场上，选择一个以上的中间商销售企业产品，而不是选择所有愿意经销本企业产品的所有中间商。这有利于提高企业经营效益。一般来说，消费品中的选购品和特殊品、工业品中的零配件宜采用此分销形式。

③ 独家分销：指企业在某一目标市场，在一定时间内，只选择一个中间商销售本企业的产品，双方签订合同，规定中间商不得经营竞争者的产品，制造商则只对选定的经销商供货。一般来说，此分销形式适用于消费品中的家用电器和工业品中专用机械设备，这种形式有利于双方协作，以便更好地控制市场。

（3）消费者的购买数量对企业分销渠道的影响。如果消费者购买数量小、次数多，可采用长渠道；反之，购买数量大，次数少，则可采用短渠道。

（4）竞争者状况对企业分销渠道的影响。当市场竞争不激烈时，可采用同竞争者类似的分销渠道；反之，则采用与竞争者不同的分销渠道。

第二节　中间商

汽车分销渠道中的中间商是指介于汽车生产企业与消费者之间，参与汽车流通、交易业务，促使汽车买卖行为发生和实现的经济组织及个人。中间商是汽车生产企业向消费者销售汽车时的中间环节，它一头连着汽车生产企业，另一头连着汽车的最终消费者，具有平衡市场需求、集中和扩散汽车产品的功能，在汽车分销渠道中起着十分重要的作用。所以，有必要研究汽车分销渠道中的各类中间商的性质和作用，以利于汽车分销渠道的选择。

一、中间商的类型及特征

在实际分销活动中，中间商的类型是多种多样的。总体上可以分为两大类，即批发商和零售商。批发商是从事以进一步转卖或加工生产为目的、整批买卖货物或劳务的经济活动者，其主要类型有商人批发商、经纪人和代理商、制造商销售办事处。零售商是从事将货物或劳务售予最终消费者或用户的经济活动者，主要包括商店零售和无门市零售两大类型，各自又包括很多的具体类型。

多数批发和零售业的形式是不适合汽车销售的。就汽车整车分销而言，常见的中间商形式有以下四类：

1. 经销商

经销商是指从事货物交易、取得商品所有权的中间商。它属于“买断经营”性质，具体形式可能是批发商，也可能是零售商。经销商最明显的特征是将商品买进以后再卖出，由于拥有商品所有权，经销商往往制定自己的营销策略，以期获得更大的效益。

汽车经销商的一般条件有：属于合法注册的企业法人，注册资金不低于一定数额（具体要求与其经营的汽车品种有关），具有拟分销的车型的经营资格，有固定和属于自己的经营场所，有一定的自有流动资金，在当地有较好的银行资信和一定的融资能力。

2. 特约经销商

属于特许经营的一种形式，是通过契约建立的一种组织，一般只从事零售业务。特约经销商具有生产企业的某种（类）产品的特许专卖权，在一定时期和在指定市场区域内销售生产企业的产品，并且只能销售生产企业的产品，不能销售其他企业的相同或相近产品。

特约双方每一年度商定大致的销售量（一般签订年度销售合同作为考核目标），生产企业按特约经销商的要求分批发货（如按月订单发货），明确规定产品的出厂价。特约经销商用出厂价实行买断经营，按生产企业规定的市场限价（或价格波动幅度）售出产品，并承担市场风险（生产企业宣布产品降价除外，此时生产企业将对特约经销商手中尚未售出的降价产品，给予降价补贴）。

汽车产品特约经销商的条件有：除一般经销商的条件外，还应建立品牌专营机构，有符合要求的专用展厅和服务、管理设施，有专职的销售、服务人员，有较强的资金实力和融资能力，有良好的信用等级。

此外，特约经销商并不自动获得生产企业的有关知识产权，例如以生产企业的商号或产品品牌为自己的公司命名，或者用生产企业的商标宣传自己。特约经销商要获得这些知识产权的使用权，必须征得生产企业的同意，并签订使用许可合同。

当生产企业在一定的市场区域内只选择一个特约经销商时，构成"独家分销"（中间商要履行更多的义务）。

3. 销售代理商

销售代理商属于佣金代理形式，是指受生产企业委托，在一定时期和在指定市场区域及授权业务范围内，以委托人的名义从事经营活动、但未取得商品所有权的中间商。代理商最明显的特征是：寻找客户，按照生产企业规定的价格向用户推销产品，促成交易，以及代办交易前后的有关手续。若交易成功，他便可以从委托人那里获得事先约定的佣金或手续费；若商品没有销售出去，也不承担风险。销售代理商一般是"品牌专营"的企业法人。

汽车企业对销售代理商条件的要求，一般高于特约经销商。销售代理商在理论上虽然不用买断产品，对资金的要求低，但实际上他需要投入较大的资金，按生产厂家的规范标准，去建设专卖店和展厅。他还应具有很强的销售能力，有更高的信用和较强的融资能力，这些都需要经济实力做后盾。销售代理商一般为区域独家分销商。

4. 总代理

总代理是指负责生产企业的全部产品所有销售业务的代理商，多见于实行产销分离体制的企业集团，总代理商一般与生产企业同属一个企业集团，各自分别履行销售和生产两大职能。除了为生产企业代理销售业务外，总代理商还为生产企业开展其他商务活动。

综上所述，批发商与零售商是相对应的概念，而经销商与代理商是相对应的概念；经销商赚取商品的购销差价，代理商赚取的是佣金。

二、各类中间商的作用

各类中间商的作用归纳为以下几个方面：

第一，汽车中间商沟通汽车生产企业与最终消费者，完成汽车从生产企业向最终消费者的转移。由于供需双方在地域、时间、信息沟通、价值评估以及对汽车所有权等方面存在着差距，供需双方自行完成汽车交易有一定的困难。而中间商的积极工作，可以消除上述差异，从而沟通生产企业和最终消费者，促成汽车交易，使汽车顺利地从生产领域转移到消费领域。

第二，中间商代替汽车生产企业完成市场营销职能，为汽车生产企业节省人力、物力和财力。中间商的价值就在于其能代替汽车生产企业执行所有的市场营销职能，如进行市场调查、刊登汽车广告、安排汽车储运、开展汽车销售以及做好售后服务工作。同时，中间商还能为生产企业提供商业信贷，催收债款，帮助汽车生产企业在消费者中树立信誉，拓宽产品市场。

第三，中间商的服务增加了汽车的价值。由于中间商进行汽车运输和储存，提供售前和售后服务，从而增加了汽车的价值。

第四，中间商是汽车生产企业的信息来源。中间商最了解汽车市场情况，知道哪些汽车畅销，哪些汽车滞销。这样可以及时把信息反馈给汽车生产企业，使汽车生产企业能够根据汽车市场的情况组织生产，避免生产中的盲目性。

第五，中间商有利于汽车企业进入新市场。汽车企业在自行开发新市场时，往往由于缺乏经验和不了解新市场的情况，使开发工作进展缓慢。而中间商市场营销经验丰富，了解新市场行情，如果汽车企业依靠中间商开发新市场，可以减少风险，大大提高成功的可靠性。

第六，中间商有利于汽车企业销售新产品。当汽车生产企业向市场推出新产品时，依靠中间商，既可以节省在新产品营销工作中的大量资金，又可以利用中间商与消费者的多年联系，使新产品能够顺利销售，为企业占领市场赢得时间，使新产品的成功率大大提高。

第三节　分销渠道设计、组建与管理

一、分销渠道设计

1. 影响分销渠道设计的因素

企业在进行分销渠道设计前，必须首先分析其分销渠道的设计将会受到哪些因素的影响。影响汽车产品分销渠道设计的因素有以下六种：

（1）企业特性

各生产企业在生产规模、企业声誉、财务能力、产品组合、渠道经验等方面存在差异，因而其分销渠道就应存在差别。例如，相对于小型企业而言，大型企业宜在市场上适当的地方设立一些营销子公司，而不是办事处。企业特性不一，其对中间商具有不同的吸引力和凝聚力，因而影响到企业对中间商的类型和数量的决策，如大型企业较容易得到各地有实力的中间商的加盟。

（2）产品特性

产品的产量、销量、价值、需求、产品结构、储运及技术服务等方面的具体特点不同，要求渠道的型式、中间商类型不同。因而分销渠道的设计应在兼顾辅助产品和未来发展产品需要的基础上，围绕主导产品的特点去组建，以利于企业主导产品的分销。如主导产品的用途是特别专业化的，企业可能不需要中间商，而直接采用人员推销销售方式。

（3）市场特性

产品销售的地理范围、购买者类型以及市场竞争特点的差异，也影响着渠道设计。例如，市场集中就适合组建短渠道；市场需求分布较广，就要采取宽渠道；市场竞争激烈，宜采取封闭渠道成员的措施等。要研究竞争对手的渠道特点，分析本企业的分销渠道是否比竞争者更具活力。

（4）营销目标特性

各企业的目标市场，决定了其分销渠道的具体特点。一般而言，企业应重视自己的传统市场区域的分销渠道的建设与管理，这是保证企业市场稳定的有效途径。同时，企业对拟开发的新兴目标市场，也应选择合适的分销商，以起到事半功倍的作用。

（5）中间商特性

中间商的经济实力、资信等级、销售能力、服务能力、存储设施及其交通方便性，都将影响到他的功能和作用，这是发展分销渠道须重点考察考评的。

（6）环境特性

各地方的政策特性，是欢迎还是排斥企业在当地设立分销商，是否还有其他重要的环境因素需要考虑，这些都是企业必须认真研究的。

2. 分销渠道设计的内容

分销渠道设计包括渠道类型（长度和宽度）设计、渠道布局规划、中间商的类型与数量确定等。

（1）分销渠道类型设计

1）确定渠道长度

企业进行分销渠道设计，首先要在分析影响因素的特点后，决定是否要设立分销商，是企业派推销人员上门推销或采取其他形式自销，还是要通过中间商分销。如果决定利用中间商分销，还要进一步决定渠道的长度，即渠道的层次。一般来说，生产专一用途的专用车、特种车和为主机生产配套的零部件、为改装生产提供的各类底盘等汽车产品或半成品的企业，因其生产厂商集中，市场用户也很集中，可以采取直接渠道销售。另有一些特殊用户（如政府采购、军需、工程招标等）也可以采取直接渠道。

大多数汽车产品，由于生产批量相对较大，汽车生产在时间或地理上比较集中，但使用分散，市场区域分布广阔，不宜采用直接渠道，而要采取间接渠道。汽车产品由于相对价值较大、货款回收要求较高，对储运技术、储运条件要求较高，对服务能力、服务培训的要求较高，所以汽车产品的分销渠道不宜过长，国内外广泛采取了包括一两个层次的分销渠道。“短”的分销渠道，对汽车企业培训、指导、监督和管理经销商也是有利的。总之，短渠道可以更好地保障汽车用户的利益。

2）确定中间商数量，即决定渠道的宽窄

通常有以下三种策略可供选择：

① 开放型策略（密集分销）。指的是只要企业信得过，不管是哪一种类型的中间商，也不限制其数量，都可以经营本企业的产品。这种策略较适应买方市场，而且费用也较少。但其缺陷是渠道多而混乱（形成分销渠道“长而宽”的渠道特征），企业对整体渠道系统难以控制，难以同较有实力的中间商形成长期的合作关系。目前，在我国汽车市场上，这种渠道策略基本失去了存在的基础，故此策略已趋淘汰。

② 封闭性策略（独家分销）。这种策略也叫独家分销或排他性渠道策略，如特约经销商、销售代理、独家分销等中间商形式。它要求中间商只在规定的市场区域内销售生产企业的产品，不能销售其他厂家尤其是竞争对手的产品。

从生产企业来讲，这种策略的好处是：其一，由于只能分销一个企业的产品，中间商必然成为企业的有力支持者，尽力履行其职能；其二，企业可以更好地管理分销渠道，限制渠道系统内的“无政府”行为；其三，企业直接同最终中间商打交道，有利于降低营销费用，也便于建立产品的中转分流站；其四，容易保证渠道系统的信息畅通，便于企业及时掌握市场行情。其缺点是：其一，企业对中间商依赖性较大，如果中间商工作不力，企业容易失去一部分市场；其二，如果区域划分不合理或划分得太大，容易出现市场盲点；其三，企业必须有品种、规格和数量足够多的产品，以维持中间商的业务量。

对中间商而言，这种策略的好处是：其一，有生产企业（特别是知名企业）做坚强后盾，可以迅速提高自己的市场影响力；其二，容易得到生产企业的有力支持，如广告宣传等。其缺点是中间商失去了独立性，生产企业一旦弃己投他时，则会陷入不利局面。

就汽车产品而言，这种渠道策略已在欧洲各国以及美国、日本等国家和地区得到广泛应用，在我国还处于发展之中。

③ 选择性分销策略（选择分销）。指在每个地区选择一定数量的经销商分销生产企业的产品。经销商被允许经营其他企业的产品。这一策略的优点是，企业可以选择经营规模大、资金雄厚、经营效率高、容易协作的中间商作为渠道成员。按照这一策略，企业应考

察中间商的经营规模、支付能力、管理水平、服务能力、用户声誉、当地影响力等，选择其中的优秀者作为企业的分销渠道成员。这种渠道策略自20世纪90年代以来，在我国的汽车分销实践中变得越来越普及。

由于每种渠道策略包括的中间商类型已经基本确定，汽车企业一经选定某种策略，其与中间商的权利和责任，事实上已经基本确定了。此外，由于汽车产品分销的“短”特征，为了保持足够的市场覆盖率，分销渠道就必须保持足够的宽度，从而形成汽车产品分销“短而宽”的渠道特征。但其数量发展绝不是盲目的，而要受到分销渠道布局规划的制约。

(2) 分销渠道的布局规划

分销渠道设计的另一重要内容就是布局规划。制定布局规划的基本过程是：汽车企业根据其战略规划、市场营销计划、目标市场特性（需求规模、企业份额占企业销量的比例）等，将自己的产品销售规划或计划大体按目标市场进行分解，得到各个市场地区的大致销售规模，再根据中间商的平均销售能力，测算各个地区大体需要的中间商数量，得到初始布局。基于这个布局，再分析各个区域市场的具体市场特点、竞争特点、中间商的类型搭配等因素的影响，确定正式的布局规划，并经企业的营销主管领导审批后执行。

布局规划要保持一定的柔性，应根据企业事业发展的需要、市场需求的增长、各地市场相对份额的变化以及企业对中间商类型的调整，做好布局规划的适时修订。

企业确定了中间商的类型及布局规划后，要及时对这些方案进行评估、完善。

二、分销渠道的组建

1. 分销渠道的组织方式

分销渠道的组织方式主要有三种：

(1) 企业在目标市场设立自己的销售网点（子公司、分公司或销售点）。这种网点是企业的直接渠道成员，企业对它的可控性最高。但如果企业同时还有中间商形式，企业设立这种自销网点，常常会招致所有经销商的攻击、抵制，影响经销商的积极性。所以，除非企业全部采用自销方案（直接渠道），否则这种性质的网点不宜多设。

(2) 企业与各地的中间商共同组建分销机构（合资公司、股份公司或合作公司）。这是按现代企业制度建立的具有独立法人资格、自主经营、自负盈亏的流通企业。企业对这种公司的控制权依其股份的多少而异。通常情况下，企业采取以知识产权、经营特权、销售返利等形式出资，也有的企业以投资或现金形式出资。

(3) 企业在社会中间商中招募经销商、特约经销商或销售代理商。企业对这种中间商没有资产关系，只是业务合作关系。相对于以上两种方式，企业对此类中间商的控制力小一些。但此类中间商是大部分企业产品分销的主要形式，它是企业依据一定程序选建的。

2. 中间商的选建程序

企业经销商、特约经销商或销售代理商的选建，必须依据一定程序，做到科学选建。以某品牌轿车经销商选建程序为例（图 8－1），包括这样几个步骤：

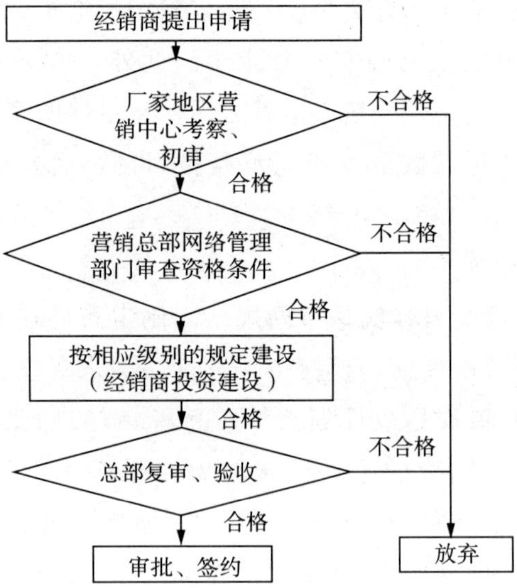

图 8－1 某品牌轿车经销商选建程序

（1）有意加盟的中间商，向所在地区的汽车厂家设立的营销管理机构（"分销中心"、"大区"、"子公司"等区域管理机构）提交正式的书面申请，并附有关资质材料，如营业执照及法人代码、经营资格证明、资信证明、近期的财务决算书、当地市场基本数据或市场调查书、营业场所标定图及公司内外图纸或照片等。

（2）区域管理机构初步考察、评估。

（3）企业营销总部审查，主要审查其资质、销售能力以及是否符合企业的分销渠道布局规划。审查通过后，通知申请人按相应的经销商等级的建设规范，进行硬件和形象建设。

（4）复审。申请人按建设规范施工完毕后，申请复审；复审通过，则审批、签约，纳入企业销售网点管理序列。

三、分销渠道的管理

分销渠道的管理主要包括对各类中间商的培训、激励、考核、调整和协调等内容。

1. 培训与激励

企业需要仔细地制订渠道成员的培训计划，并认真执行，特别是产品的技术含量较高的企业，尤其如此。对中间商负责人、中高级管理人员的培训，属于高级层次的培训；对中间商各种业务的骨干人员的培训，属于业务层次的培训。高级培训的培训内容，包括战略培训、企业对中间商管理规范的培训等；业务培训的内容，涉及会计与财务业务、销售和服务管理业务、信息管理业务、配件业务、新型拓展业务及产品关键技术等。

培训有利于提高中间商的经营能力，本身也属于给予中间商激励的一种方式。除此以外，企业还应同中间商加强沟通，消除彼此之间的矛盾，减少相互抱怨。由于中间商是独立实体，在处理同生产商、顾客的关系时，首先往往偏向于自己和顾客一方，认为自己是顾客的采购代表，因此讨价还价；其次才考虑生产商的期望。因此，欲使中间商的分销工作达到最佳状态，生产商应该用看待最终用户的方式来看待中间商，应对其进行持续不断的激励。激励的方式很多，且要不断创新。

2. 考核与调整

对中间商的工作绩效要定期考核，如对销售定额完成情况、平均存货水平、送货时间、对残次品的处理情况、促销和培训计划的合作情况、货款返回状况、对顾客提供的服务水平和顾客的满意度、经营设施的投资水平及改进情况、执行生产企业营销政策的情况等，都是经常性考核的项目内容。这些考核一般以年度为周期进行，考核的结果将是企业对中间商进行计酬、奖励、惩处乃至调整或取消某些渠道成员的依据。

当然，除中间商工作不力需要调整、淘汰外，还有一些原因也会引起渠道调整。例如，市场环境的变化、消费者购买方式的变化、市场扩大或缩小、出现新的分销方式等。另外，现有渠道结构通常不可能总是在既定的成本下带来最高效的服务，随着渠道成本的变化，生产企业有必要向理想的渠道进行结构性升级。生产企业调整分销渠道主要有三种方式：增减某一渠道成员、增减某一分销渠道、调整改进整个渠道。

3. 协调与管理

渠道成员间经常出现冲突，需要加以协调。渠道冲突主要有三种类型：

第一种是垂直渠道冲突，即同一条渠道中不同层次之间的冲突。例如生产商与代理商之间，批发商与零售商之间，可能就购销服务、价格和促销策略等方面发生矛盾和冲突。

第二种是水平渠道冲突，即不同渠道内同一层次渠道成员之间的冲突。例如经销商之间的区域市场冲突。

第三种是多渠道冲突，即两条以上的渠道向同一市场出售产品引起的冲突。

导致上述渠道冲突的原因，一是渠道成员之间的目标不同，如生产商希望以低价政策获得市场的快速成长，而零售商则希望获取短期高利润；二是没有明确的授权，如销售区域的划分、权限和责任界限不明确等；三是各自的预期不同，如对经济形势的看法，生产厂商看好，希望经销商经营高档产品，但经销商看淡；四是中间商对生产商过分依赖，如经销商的经营状况往往决定于生产厂商的产品设计和定价政策，由此会产生一系列冲突。

渠道冲突有些是结构性的，需要通过调整渠道的方法解决；有些则是功能性的，可以通过管理手段来加以控制。渠道冲突解决的主要措施有以下几点：

（1）渠道成员间加强合作。渠道成员间应确立和强化共同目标，如市场份额、高品质、用户满意度等目标，特别是在受到外界竞争威胁时，渠道成员会更深体会到实现这些共同目标的重要性；渠道成员之间应努力理解对方，多从对方的角度考虑问题；一个成员还须努力赢得另一成员的支持，包括邀请对方参加咨询会议、董事会以及根据对方意见合理修订本方政策等，以减少冲突。

（2）发挥民间组织的作用。要加强渠道成员之间的业务沟通，如通过行业协会，互相交换意见，促进各方做好工作。

（3）通过政府有关部门解决。当冲突经常发生，或冲突激烈时，有关各方可以采取谈判、调解和仲裁等办法，根据政府机构相关程序解决冲突，以保证继续合作，避免冲突升级。

第四节　我国汽车企业的分销渠道

一、我国汽车企业分销渠道的类型

1. 开放型渠道系统

这是一种典型的多渠道、长渠道和宽渠道系统。这种渠道系统多是由于滞销时企业采取“多渠道、少环节”、“广交朋友”和畅销时多处“开口子”所致，也是国家物质流通现有体制造成的。其特点是以国家物质流通主渠道为主，同时又采取开放型策略广泛吸收其他渠道成员。这种渠道形式存在以下诸多问题：

（1）渠道纵横交错、复杂繁多，企业难以对其进行有效控制。

（2）产品畅销时，中间商各显神通争货源，企业难以招架；产品滞销时，大多数中间商又退避三舍，企业被迫倾巢出动抓推销，因而不利于企业产品的合理分配与销售，影响企业营销的长远目标。

（3）容易诱发企业与中间商、中间商与中间商的矛盾。产品畅销时，企业与中间商各自争取更多的利益，而在产品滞销时，中间商进货不积极，货款支付不及时，拖欠货款，造成企业与中间商的矛盾；再者，由于企业难以在中间商之间做到合理分配资源，使中间商有厚此薄彼的感觉，造成中间商与中间商的矛盾。

（4）中间商过多，许多中间商难以形成规模经营，经营成本上升，利润下降，削弱了中间商抵御市场风险的能力。

（5）环节多，势必造成层层加价，加剧了用户的购买负担，企业的价格策略难以有效执行。以上问题说明，开放型渠道系统弊端很多，难以形成一个稳固的、有良好信誉的、可控性好的、能够抵御市场风险的渠道系统。为此，有的企业采取了一些“风险经营”机制，即将中间商在滞销时的表现同畅销时资源分配相挂钩。这些措施尽管可以缓解企业一时之难，短期见效，但从长远来看，这种“风险经营”机制对中间商的约束力，有赖于企业产品的长期畅销。近几年来，随着市场竞争的加剧，汽车产品的畅销品种越来越少，大多数产品滞销或严重滞销，如此来看，企业必须着手建立长远的渠道模式。

2. 半封闭式渠道系统

半封闭式渠道系统如上海汽车工业销售总公司 1991 年率先在全国建立了 20 家桑塔纳轿车的排他性（即只销售自家产品）联合销售公司，将其投资后所得利润继续投入中间商，迅速提高了这些联合公司的实力。这样一来，联合公司积极性高，渠道功能发挥很好。较强的排他性是上海汽车工业总公司分销渠道的主要特点。

二、我国汽车企业分销渠道的现状

1. 分销渠道缺乏效率和稳定性

我国的企业传统的分销渠道模式是“厂家——总经销商——二级批发商——一级批发商——零售商——消费者”的经典层级分销模式，这种呈金字塔式的分销模式渠道长，容易削弱企业对渠道的控制能力。各分销商都是一个独立的经济实体，他们为了追求自身利益的最大化，不惜牺牲厂家和分销系统的整体利益。随着销售额的不断增长，企业对渠道的控制难度进一步加大，多层级的渠道结构降低了效率，无法形成有利的竞争价格，信息反馈严重滞后又造成政策不能及时到位和资源浪费。在我国，无论是营销渠道理论、渠道体系、渠道规模还是专业化程度，都还缺乏一定的整体性，专业化的渠道企业发展缺乏一定的稳定性，渠道企业自身没有明确的职能定位和一体化发展的理念。

2. 企业与分销商力量不均衡

在我国，企业过分依赖经销商的现象十分普遍。经销商由于拥有巨大的资源和市场，其良好的分销能力为企业所看重，有助于提高产品的销量。所谓得渠道者得天下，现代的企业竞争归根结底就是分销渠道的竞争。不过，随着分销商力量的不断增强，他们通过压低采购价格等手段，盘剥供应商并逐渐控制企业，造成企业利润率的降低。

3. 渠道冲突严重

渠道冲突是指企业在同一市场建立了两条或两条以上的渠道而产生的冲突，其本质是几种分销渠道在同一个市场内争夺同一客户群而产生的利益冲突。由于市场竞争压力与需要，企业在同一区域市场内往往会使用多种分销渠道，以最大限度地覆盖市场，这样就不可避免地会发生几种分销渠道将产品销售给同一客户群的现象。渠道冲突的主要表现在以下两个方面：一是经销商与制造商之间的冲突，主要体现在双方的权利和义务上，集中表现在价格政策、销售条件、地域区分和促销过程上，制造商存在因赊销货物给经销商产生拖欠货款的风险；二是经销商之间的冲突，其主要表现就是经销商不规范操作，如竞相杀价、串货造成严重的网络冲突等。

【案例分析】

案例一：欧盟汽车销售模式改革

欧盟从 2002 年 10 月开始强力推行汽车销售模式改革，即彻底打破长期以来汽车市场的行业垄断，在汽车销售商之间引入竞争机制，改变目前的指定汽车代理商的销售方式，以压缩流通领域的费用，振兴汽车销售。新规则规定，汽车生产厂商必须给销售商更多的自由，如销售商可以在任何地方寻找消费者，可以卖不同厂家的汽车，也可以把车批发给超级市场去卖。而且，今后经销商也不再向购车者提供汽车售后服务和维修。欧盟的这一新规定，将导致汽车零售业的革命。

1. 欧盟改革前的汽车销售模式

众所周知，为了促销汽车，世界各大汽车生产厂家均大力开展汽车的宣传工作，如举办各种形式的展览会，建立经常性的展示厅，对新推出的产品举行新闻发布会，并通过各种媒体进行广告宣传。在各主要汽车生产国，汽车业是做广告最多、广告费用最高的行业之一。此外，各大汽车公司还推行各自独特的促销方式。同时，由于汽车是高价值产品，世界各大汽车公司普遍推行分期付款的方式，以活跃汽车市场，促进汽车销售。改革前，在汽车的销售模式上，欧美各大汽车厂家基本上是相同的。

在汽车工业发展初期，欧洲的汽车生产厂家普遍采取多渠道销售模式。随着汽车生产规模的扩大，这种多渠道销售模式易造成汽车市场的混乱，不利于汽车工业的发展。通过不断改革和改进，逐步形成了以汽车厂家为中心、产销分离、严密分工的汽车专营销售模式。这种销售模式的特点是：汽车销售模式围绕汽车厂家建立，执行汽车厂家制定的汽车销售战略及各项销售政策。汽车销售网一般分为两级，一级销售网承担汽车中转和批发业务，二级销售网承担汽车零售业务。各销售网点在自己的区域内销售本公司的汽车或本公司规定的某几种汽车。这种汽车专营是排他的，不能在本区域内另设相同的销售网点。推行这种汽车专营制度，避免了汽车销售的混乱局面，有利于保持适度经营规模，有利于开拓市场，也有利于加强与用户的联系。

汽车品牌销售专卖店起源于欧洲，且目前仍盛行全世界。这种销售方式是由汽车生产厂家按照一定的要求授权给一些指定的代理商来经营的。通常代理商只能经营某一品牌的汽车，而且大多数厂家还需要品牌专卖店具备四位一体的功能。这四个方面的功能简称4S功能，具体内容如下：

（1）新车销售。包括为用户购车提供各种服务，如提供咨询、代办各种手续等。

（2）零部件供应。及时向维修点及用户提供维修车辆所需的各种零部件。

（3）维修服务。使用户的汽车能得到及时的维修；举办各种讲座，向用户传授汽车维修保养知识。

（4）信息反馈。与用户保持经常联系，收集用户对汽车的意见及建议，及时反馈给汽车生产企业。

有的汽车销售店还具有第五个功能——旧车回收。由于厂家基本上不出资，品牌专卖店的店主们就需要投入巨资来修建专卖店。

为保证经销商获利，各品牌生产商通常会做大量的市场调研，然后逐步授权、开店，为经销商指定销售范围，并规定各授权者不得跨区域销售。

特许经营阻碍了销售领域的正当竞争，这种汽车销售模式造成了客观上的汽车销售垄断，最大的受害者就是汽车消费者。目前，欧盟成员国市场上的汽车价格相差较大。零售商根据厂家的要求只卖车给本地居民，而消费者想到售价便宜的国家去买车，却受到国籍限制。这显然成为欧盟“统一大市场”合唱中一个很不和谐的音符。

2. 欧盟汽车销售模式改革的利弊分析

现在的欧洲，年汽车产量是1 700万辆，这使得欧洲荣升为世界汽车工业最主要的生产基地。同时，欧洲每年有超过1 400万的新注册用户，欧盟已成为国际上重要的汽车销售市场。这个诱人的市场充满了激烈的竞争。

一方面，作为汽车生产厂家，为适应全球一体化和日益激烈的竞争，欧洲的各大汽车厂商积极进行各种兼并，加速汽车业的整合，如戴姆勒-奔驰（DAIMLER—BENZ）汽车公司与克莱斯勒（CHRYSLER）汽车公司合并，组成新的戴姆勒-克莱斯勒汽车公司，并参股日本三菱（MITSUBISHI）汽车公司（控股34%）；意大利菲亚特汽车公司（FIAT）与美国通用（GM）汽车公司达成协议组成战略联盟，由GM在欧洲的分厂欧宝（OPEL）汽车公司与菲亚特汽车公司联合竞争欧洲市场；法国雷诺（RENAULT）汽车公司控股日本日产汽车公司（NISSAN），同时购买了韩国三星汽车公司，以及德国大众汽车公司收购劳斯莱斯汽车公司等。这使得欧洲汽车市场的争夺更加硝烟弥漫。

另一方面，欧洲汽车市场也面临不容忽视的问题：欧洲目前的汽车生产的产量大于销售量，同时还有来自美国、日本、韩国等国家的汽车厂商也加入竞争市场份额的行列。汽车生产厂家利润率下滑，库存积压，资金周转放缓，德国大众、意大利菲亚特等公司相继宣布减产，很多汽车公司纷纷面临裁员压力，以期降低成本，恢复获利。振兴欧洲的汽车销售，成为欧盟下决心改革汽车销售模式的背景。让汽车可以自由销售，打破汽车销售领域的垄断现象，保护欧盟各成员国汽车消费者的利益，是促使欧盟反垄断委员会下决心进行改革的根本原因。

欧盟汽车销售模式改革有以下积极作用：

(1) 欧盟的改革，标志着欧洲汽车业自由竞争时代的开始。欧盟的这一汽车销售新规则中，体现了“全球经济一体化”的趋势，实际上也是市场多元化的要求。长期以来，欧洲的汽车销售实行的是独家经销商专卖的模式，存在品牌专卖店投入太大、回报期太长、品牌单一、销售方式不灵活、销量太少、资金周转困难等一系列不利因素。这是品牌店遭到改革的主要原因之一。产品应在便于消费者购买的渠道中销售，已是一种趋势；同时，使用多渠道细分市场也是时代和环境的要求。

(2) 汽车销售改革，打破了汽车销售领域的垄断现象。汽车分销市场一直搞垄断经营，汽车差价一直是消费者不满的重要内容。欧盟在这一领域打破了垄断，引入竞争机制，使汽车销售多渠道化。有条件的企业都能卖车，更多的零售商将实现卖车的愿望，他们可以卖汽车，卖服务。有条件销售汽车的企业包括代理商、超市、商场等，可以同时销售若干品牌的汽车，同时提供汽车金融服务。汽车特许经营制度的废除，不仅使分销商可以向其他零售业如超市等批销汽车，还将带来网上销售的空前繁荣。同时，在一个地区单列一个专门负责维修和供应各品种零配件的维修商，承担对消费者的售后服务，实现销售与维修的有机结合。这种汽车销售模式的改革，将使销售公司的组织结构发生了变化，由以销售为主更多地转向以服务为主，通过服务贸易获取更多的利润。

(3) 扩大了销售载体，方便了消费者，给消费者提供了更多的选择和良好的服务。消费者可以货比多家，自由选择。消费者购车也更加方便，人们可以到超市或在网上，通过价格对比，自由选择销售商，并可以跨国购买汽车。同时，汽车进超市、商场，体现了一种以人为本的经营理念。消费者可以就近了解汽车市场行情，有利于汽车文化的传播。

(4) 对促进汽车销售很有益处。汽车厂商长期采用的垂直型销售渠道将转为混合型销售渠道。进入市场的渠道不再是单一的，而是多渠道的，一些购车者可能来自于独立经销商不能进入的市场，从而增加了细分市场，也就增加了市场覆盖面；取消了中间环节，降低了渠道成本，也就降低了销售费用。汽车厂商还可以为顾客实行定制化销售服务。同时，汽车厂商可以改原来的独家分销为选择分销，引进了渠道成员之间的竞争。

但是，欧盟汽车销售模式改革也存在以下缺陷：

(1) 各种形式的零售商纷纷进入到汽车销售领域，势必使改革的汽车销售市场出现一定程度的混乱。汽车产业是一个资本和技术密集的规模经济行业，这种趋势随着汽车市场多元化的国际竞争的加剧将更趋明显。汽车不是一般的消费品，它涵盖许多高科技零部件，生产、维修、销售都需要经过严格培训后的专业人员。品牌经营最大的优势是集约化，将分散经营变集约经营，将无序竞争变有序竞争，集销售、维修、配件、服务于一体的专卖店，有统一的外观形象、统一的标识、统一的管理标准、统一的文化理念，可以提供良好的购物环境，纵向延伸服务，激活顾客对品牌的忠诚度。这些优点，是经营普通消费品的超市和商场所无法比拟的。

(2) 多渠道营销最大的代价是常常会引发渠道冲突。经营目标的不一致，任务和权利的不明确，地区边界、销售信贷的交叉和重叠都会产生渠道冲突。同一区域内不同形式的经销商的加入会加剧竞争，降低经销商对汽车厂商的忠诚度，降低对顾客的合理的服务。同时，诸多零售商的出现势必会对现有的各汽车品牌专卖店造成冲击，因为零售商的销售成本要比专卖店的销售成本低得多。

(3) 欧洲各大汽车厂商们多年苦心经营的销售体系、营利模式将受到极大影响，他们不得不重新调整其销售网络。对于一个公司来讲，一个分销系统是一种关键性的外部资源，它的建立通常需要若干年。改变原有的销售模式，意味着汽车厂商的管理水平需要提高，领导多渠道营销的能力也要增强，也意味着原有营销决策的彻底改变。欧洲各大汽车厂商的销售体系的弱化，会给日本汽车、美国汽车这些外来品牌扩大欧洲市场的份额创造一个好的时机。

(4) 对于消费者而言，购车的决策过程是一项高参与度的复杂决策。由于汽车是一种复杂的技术产品，且价格不菲，消费者需要在购车前进行认真的信息搜寻，处理信息，对可选对象进行评估，从品牌专卖店购买要比在超市或商场购买更放心些，毕竟长期以来，消费者已经习惯于有一定技术技能的销售人员为他们服务。多渠道的营销虽然方便了顾客的选购，却容易造成顾客对品牌的忠诚度的下降。

欧盟大力推行汽车销售改革的这一变化，对于探索汽车销售模式的中国而言，提供了很好的启示。

目前中国汽车销售系统呈多渠道、多网络的格局，可以分为商贸部门系统、汽车行业系统、生产企业系统、行业物资系统和社会销售系统。这种多渠道、多网络销售体制的形成，是计划经济体制过渡的产物。在中国汽车工业如此分散的情况下，也是不可避免的。这种销售体制的矛盾是无序竞争。经销商基本上是以坐商的方式销售汽车，普遍存在短期行为，缺少必要的促销手段，未能与用户建立密切的联系，与用户的关系大多停留在买卖关系上。还有些经销商素质很差，不能适应经销汽车的要求，无论是对生产厂家还是对用户都不能提供有效的服务。这使得经销商与厂家之间互不信任，未能建立真正命运共同体的关系；使顾客对经销商缺乏信任感，也使经销商存在危机感。

中国汽车销售模式需要改革。根据对中国汽车销售体制的现状和汽车市场的分析，中国的汽车销售模式应具备下列特征：

(1) 在用法律的和经济的手段规范市场的前提下，汽车营销模式应按市场化特征放开，允许汽车交易市场、汽车园区、汽车超市、汽车商场、汽车品牌专卖店等市场需要的营销形式并存。

① 汽车交易市场作为一种已经存在数年的汽车销售模式，因其营业面积大，销售的品牌齐全，市场内部竞争激烈，消费者可以在价格上得到实惠以及配套设施相对完善，办理各种手续比较简便，再加上配件等也可以在市场内一次购齐等优点，富有中国特色的汽车交易市场将会在一段时间内存在。

② 以广州本田、上海别克等各大品牌专卖店在我国一些大中城市崛起为标志，品牌专卖店以经营独立品牌、拥有统一标识、统一售价、统一服务标准等为特征，受到业内外广泛关注。具有四位一体功能和前店后厂的经营模式，在国内也逐步成为时尚。豪华的店内外装饰、较为完善的服务体系和舒适整洁的购车环境，也吸引了众多消费者的目光。随着目前欧盟汽车销售模式的变化，其发展速度也会逐步放慢或者向多品牌联合的方式转换，以适应国际销售趋势的变化。

③ 随着汽车在欧盟进入超市、商场等，汽车商店等将越来越多，汽车销售可能出现超市化倾向，汽车将像普通商品一样和普通消费者“零距离”面对。中国初生的汽车超市会进一步完善，以商户多、汽车品种多、竞争力强的特点迅速崛起。

④ 随着电子商务的不断完善、规范，以及网络技术的进一步发展和我国网民的人数不断增加，特别是具有购车实力的潜在消费者的加入，未来的网上虚拟购车可能成为一个新的潮流。汽车业的电子商务也会进一步发展。

(2) 打破整车销售、配件供应、汽车维修、信息反馈的四位一体的观念。这四个方面由具有核心竞争力的专业人员来完成，使消费者在需要单项服务上享受到更专业、更周到、更方便的服务，符合社会分工专业化和细化的市场规律。

总之，中国汽车行业应在符合世界潮流的同时，建立有中国特色、符合中国国情的汽车营销模式。

案例二：奇瑞汽车——瑞麒X1的渠道策略

奇瑞汽车作为中国自主品牌的先驱之一，从公司成立之日起，已快速发展13年，在这13年里，奇瑞公司凭借自身的努力，取得了客户的认同，品牌知名度在自主品牌中遥遥领先，海外拓展也取得了较好的成绩。在这种基础上，奇瑞公司不失时机地推出中高端品牌——瑞麒。就产品品质而言，奇瑞车已经接近合资品牌的水平，但品牌的知名度特别是刚推出的子品牌瑞麒的知名度还不够。因此，瑞麒从一开始就特别注重对销售网络的建设和经销商的选择、培育。

1. 销售网络的建设

规划、建设完善的销售网络是瑞麒最重要的工作之一，首先，奇瑞公司根据瑞麒的产品定位、市场竞争对手销售现状、对手销售网络分布等，制订了全国销售网络布置计划，从各省省会城市、一级城市至二级城市，都拟定了详细的网点建设标准、经销商投资规模。奇瑞公司要求各经销商建立标准的4S店，根据占地面积、投资额共分为三级：

A级店占地面积不小于2000平方米，投资金额500万元左右（不含土地使用成本）；

B级店占地面积在1500平方米左右，投资金额300万元～400万元（不含土地使用成本）；

C级店占地面积在800平方米左右，投资金额200万元～300万元（不含土地使用成本）。

奇瑞公司要求在各省会城市和一级城市设立A级店，二级城市最低要求设立C级店。瑞麒车在四川省销售网络如下：成都三家A级店，绵阳一家A级店，德阳一家B级店，乐山一家B级店，遂宁一家B级店。

目前瑞麒车在全国的销售网点已超过70家。奇瑞公司计划2010年在全国新增50～70家4S店。

2. 对经销商的选择

奇瑞公司在选择瑞麒经销商时，首先设立了申请条件：

(1) 对致力于发展中国汽车工业事业的奇瑞品牌充满信心，认同奇瑞汽车的经营理念及销售模式，并愿长期与奇瑞汽车公司共同进步和发展；

(2) 主要经营管理者素质较高，具有先进的销售服务理念，并有一支管理有素、营销服务能力强的经营团队；

(3) 应为在国家工商部门注册的法人单位，企业运作状况良好，具有较强的资金实力和融资能力，与当地政府、媒介、车管、银行等相关部门有良好的关系；

(4) 具有品牌汽车销售服务的经验，具有汽车维修行业维修资质证，其维修资质原则上不低于二类资质；

(5) 有按奇瑞公司要求建设的专营奇瑞品牌的独立经营场所，该场所须产权明晰，并位于当地汽车集中销售场所或主要交通道路旁（符合城市规划及环保等要求），其销售服务设施符合奇瑞公司标准。

其次，奇瑞公司要求有意向的申请商按要求填写申请表格，表格内容包括：公司简介、组织机构及人员概况、本地市场及竞争者分析、拟建瑞麒/威麟品牌店资料（位置、周边环境、土地状况）、建店计划书、未来三年销售量预测及市场拓展计划、银行资信及财务实力说明并附企业相关资料复印件。

奇瑞公司在为瑞麒车选择经销商时，更在意其有没有汽车经营的实际经验，特别是汽车4S店的从业经验。如果意向经销商有过其他品牌4S店的从业经验，或者当前正在经营其他品牌4S店（包括奇瑞公司的其他品牌），在当地有一定社会关系、市场对企业有一定认同度，那么，即便是该经销商资金实力相比其他意向经销商弱一些，公司也会优先选择该经销商作为合作伙伴，以便更快更好地开拓市场。

3. 对经销商的培育

选定经销商，签订合作协议后，奇瑞公司一方面要求经销商按统一标准建店、开业和经营，另一方面开始对经销商进行培育：包括前期督促经销商招兵买马，重要岗位职员按要求分批次、分时间到厂家进行系统培训，为经销商讲解瑞麒的商务政策，为经销商提供全方位、持续性的支持，帮助经销商优化管理，等等。

思考题

8-1 什么是分销渠道？分销渠道的作用是什么？

8-2 汽车分销渠道的类型有哪些？

8-3 试举例分析说明我国汽车企业的分销渠道系统。

8-4 进行分销渠道设计时应考虑哪些因素？

第九章 汽车产品促销策略

学习目标：了解促销的概念和作用；了解促销组合的内容；掌握汽车产品促销策略中广告、人员推销和营业推广的基本要领。

汽车产品促销策略是汽车市场营销的基本策略之一。面对竞争日益激烈的市场，特别是针对疲软市场的时候，适时地运用恰当的促销手段，激发汽车消费者的购买欲望，实现汽车产品的销售目标，满足汽车消费者的需要，对汽车企业渡过难关，实现长期稳定地发展有着重要意义。

第一节 促销策略概述

一、促销的含义和作用

促销（promotion）是指企业营销部门通过一定的方式，将企业的产品信息及购买途径传递给目标用户，以激发用户的购买兴趣，并强化购买欲望，甚至创造需求，从而促进企业产品销售的一系列活动。

1. 促销的核心

没有信息的沟通，即企业不把汽车产品和购买途径等信息传递给目标客户，也就谈不上购买行为的发生。因此促销的一切活动都以信息传递为起点，然后完成销售，最后又以信息反馈为终点。促销的核心是沟通信息。

2. 促销的目的

在消费者可支配收入既定的条件下，消费者是否产生购买行为主要取决于消费者的购买欲望，而消费者购买欲望又与外界的刺激、诱导密不可分。促销就是利用这一特点，激发用户的购买兴趣，强化购买欲望，甚至创造需求来实现最终目的。

3. 促销的作用

促销活动对企业的生产经营意义重大，是企业市场营销的重要内容。促销的作用不仅对不知名的产品和新产品意义深远，而且对名牌产品同样重要，那种“酒好不怕巷子深”的观念已经越来越不能适应现代市场竞争，是应当摒弃的落后观念。在现代社会中，促销活动至少有以下重要作用：

一是提供商业信息。企业通过促销宣传，可以使用户知道企业生产经营什么产品、这些产品有什么特点、到什么地方购买这些产品、购买的条件是什么等，从而引起顾客注意，激发并强化购买欲望，为实现和扩大销售作好舆论准备。

二是突出产品特点，提高竞争能力。促销活动通过宣传企业的产品特点，提高产品和企业的知名度，加深顾客的了解和喜爱，增强信任感，也就提高了企业和产品的竞争力。

三是强化企业的形象，巩固市场地位。恰当的促销活动可以树立良好的企业形象和商品形象，能使顾客对企业及其产品产生好感，从而培养和提高用户的忠诚度，形成稳定的用户群，可以不断地巩固和扩大市场占有率。

四是刺激需求，影响用户的购买倾向，开拓市场。这种作用尤其对企业新产品推向市场，效果更为明显一些，企业通过促销活动诱导需求，有利于新产品打入市场和建立声誉。促销也有利于开发潜在需求，为企业持久地发掘市场需求提供了可能性。

总之，促销的作用就是花钱买市场。但企业在进行促销组合决策时，应有针对性地选择好各种促销方式的搭配，兼顾促销效果与促销成本的统一。

二、促销方式的种类和特点

促销方式有直接促销和间接促销两种。直接促销即人员推销，间接促销包括广告宣传、公共关系和营业推广几种。不同的促销方式其特点不同，效果也不同。

各种促销方式及其主要特点如下：

1. 人员推销

人员推销即企业利用推销人员推销产品。对汽车销售企业而言，主要是由推销人员与客户直接面谈沟通信息，其主要方式有：在汽车展厅内的人员推销、展示会上或驾乘活动中的人员推销、带车上门的人员推销。人员推销方式具有直接、准确、推销过程灵活、易于与客户建立长期友好合作关系以及双向沟通的特点。但这种推销方式成本较高，对推销人员的素质要求也较高。

2. 广告宣传

广告是通过报纸、杂志、广播、电视、广告牌等广告传播媒体形式向目标顾客传递信息。采用广告宣传可以使广大客户对企业的产品、商标、服务等加强认识，并产生好感。统计资料表明，在各主要汽车生产国，汽车业是做广告最多、费用最高的行业之一。例如，在德国，1995 年全国销售汽车 331 万辆，宣传广告费达 29 亿马克，平均每辆车广告费 875 马克。在我国，汽车广告正在与日俱增，成为汽车促销的主要手段。

广告的特点是可以更广泛地宣传企业及其产品，其传递信息面广，不受客户分散的约束，同时广告还能起到倡导消费、引导潮流的作用。

3. 营业推广

营业推广又称销售促进，是指企业运用各种短期诱因鼓励消费者和中间商购买、经销或代理企业产品或服务的促销活动。其特点是可以有效地吸引客户，刺激其购买欲望，可以较好地促进销售。但它有贬低产品之意，因此只能是一种辅助性促销方式。

4. 公共关系

公共关系一词来自英文 Public Relations，简称公关或 PR，也称公众关系。它是指企业在从事市场营销活动中正确建立企业与社会公众的关系，以便树立企业的良好形象，从而促进产品销售。公共关系是一种创造“人和”的艺术，它不以短期促销效果为目标，而是通过公共关系使公众对企业及其产品产生好感，并以此来激发消费者的需求。它是一种长期的活动，主要着眼于未来。

上述四种促销方式及其特色在这里仅作简单介绍，详细阐述见本章第二节、第三节、第四节和第五节。

三、促销组合策略的概念

上述四种促销的方式，各有优点和缺点，在促销过程中，企业常常将多种促销方式同时并用。所谓促销组合就是企业根据产品的特点和营销目标，综合各种影响因素，对各种促销方式的选择、编配和运用。促销组合是制定促销策略的前提，只有在促销组合的基础上，才能制定相应的促销策略。因此，促销策略也称为促销组合策略。

促销组合策略的制定，其影响因素主要有以下几个方面：

1. 产品的种类和市场类型

例如，重型汽车因使用上的相对集中，市场也比较集中，因而人员推销对促进重型汽车的销售的效果较好；而轻型汽车、微型汽车由于市场分散，所以广告对促进这类汽车销售的效果就更好。一般来说，市场比较集中时人员推销的效果较好，营业推广和广告宣传效果次之；反之，市场需求分散时广告的效果较好，营业推广和人员推销则次之。

2. 促销的思路

企业促销活动的思路有“推动”与“拉引”之别。所谓“推动”就是以中间商为主要促销对象，将产品推向销售渠道，进而推向用户。“拉引”则是以最终用户为主要促销对象，引起并强化购买者的兴趣和欲望，吸引用户购买。显然，在“推动”思路指导下，企业便会采用人员推销方式向中间商促销，而“拉引”则会广泛采用广告等策略，以吸引最终用户。

3. 产品生命周期的阶段

当产品处于导入期时，需要进行广泛的宣传，以提高知名度，因而广告的效果最佳，营业推广也有相当作用；当产品处于成长期时，广告宣传和公共关系仍需加强，营业推广则可相对减少；当产品进入成熟期时，应增加营业推广，减少广告，因为此时大多数用户已经了解了产品，在此阶段应大力进行人员推销，以便与竞争对手争夺客户；当产品进入衰退期时，某些营业推广措施仍可适当保持，广告宣传则可以停止。

总之，企业只有在充分了解各种促销方式的特点并考虑影响促销方式各种因素的前提下，才能做出最佳的促销组合决策。

第二节　人员推销

一、人员推销概述

1. 人员推销的形式

汽车产品人员推销主要有两种形式：一是上门推销；二是会议推销。上门推销的好处是推销员可以根据各个用户的具体兴趣特点，有针对性地介绍有关情况，因而容易立即成交。而会议推销具有群体推销、接触面广、推销集中、成交额大等特点，而且企业可在会内会外“开小会”，同与会客户充分接触。只要有客户带头订货，形成订货气氛，就容易实现大批量交易。我国汽车公司经常采用会议方式促销。

2. 人员推销的特点

人员推销具有广告宣传和营业推广等促销方式所无法比拟的优势。人员推销的特点主要有以下几点：

(1) 双向传递信息。在人员推销的过程中，推销员可以向客户宣传介绍产品的质量、性能、售后服务以及拥有商品后的好处和愉快心情等，从而起到促销的作用。推销员还可以倾听客户的意见和要求，了解客户的态度和疑虑，收集和反馈企业在营销工作中存在的问题，为企业改进营销管理提供决策依据。

(2) 具有较大的灵活性。销售人员在访问的过程中可亲眼观察到顾客的反应，并揣摩顾客心理变化的过程，因而能酌情改变推销陈述和销售方法，以适应各个顾客的需要，促进最终交易的达成。

(3) 与广告相比，其针对性强，无效劳动少。广告所面对的受众十分广泛，其中有些根本不可能成为企业的顾客；而在人员推销过程中，销售人员总是带有一定的倾向性，目标较明确，往往可直达顾客。

(4) 人员推销在大多数情况下能实现潜在交易，甚至达成实际交易（只要顾客确实存在对商品的需求）。

(5) 人员推销经常用于竞争激烈的情况，也适用于推销价格昂贵和性能复杂的商品。对专业性很强的复杂商品，仅仅靠一般的广告宣传是无法促使潜在顾客购买的，而训练有素的销售人员为顾客展示产品，并解答其难题，往往能立即成交。

二、推销人员的素质

1. 良好的语言表达能力

良好的语言表达能力是胜任销售工作的基本条件。语言表达能力是指汽车促销人员运用有声语言及行为语言准确传达信息的能力。语言是汽车促销人员用来说服顾客的主要工具，每一次销售过程都要使用陈述、提问等多种语言技巧。可以说，没有良好的语言表达能力，就没有成功的销售。

2. 较强的社交能力

汽车促销人员向顾客销售汽车产品的过程，实际上也是一种交际过程。汽车促销人员必须善于与他人交往，有较强的沟通能力，这样才能维持和发展与顾客之间长期稳定的关系；还应做到为人随和，热情诚恳，能设身处地地为顾客着想，为顾客解决实际问题。

3. 敏锐的观察能力

汽车促销人员应善于察言观色，把顾客的手势、反应、面部表情等种种表现在头脑中迅速加以整理，做出准确的判断。对于哪些顾客有购买欲望和哪些顾客有购买能力等，都要在短时间内判断出来。优秀的汽车促销人员应具备洞察顾客心理的能力，对人们通常所忽略的细节有较强的敏感性。

4. 快速的应变能力

汽车销售工作的对象比较复杂，汽车促销人员应逻辑缜密，思路清晰，适应能力强，反应速度快，面对不同顾客的不同反应，能及时做出应对措施；遇到困难要处变不惊，随机应变，要善于处理被动局面，变被动为主动。

5. 高超的处理异议能力

汽车产品是比较昂贵、耐用的产品，顾客往往对汽车产品的质量、价格、式样等提出疑问，甚至是故意挑剔。汽车促销人员首先应认识到顾客有异议是交易得以进行的信号。因此，汽车促销人员应把握主动权，按照需要引导谈话走势，对顾客提出的各种异议要区别对待。

三、人员推销的应用条件

人员推销具有能有效地发现并接近顾客、推销宣传针对性强、推销策略灵活机动、信息交流双向性、便于密切企业与用户的关系等优点。但它也有传播范围小、对推销人员的素质要求高、管理难度大等缺陷。因此，人员推销必须考虑产品的特点和消费者群。汽车厂商和经销商在选择人员推销时要考虑以下几种因素：

1. 市场的集中程度

人员推销对产品市场的消费群体相对集中的地区很有效，而对于消费群体相对分散的市场，它的作用就很有限。例如，在东部沿海经济发达地区推销家庭用车，采用人员推销的方式，效果就比较好；在经济比较富裕的平原农村，采用人员推销农用车的方式，就可能取得良好的效益。

2. 市场用户类型

汽车产品（如配件、半成品）的产业用户，一般购买量大，并具有行为的连续性，因而广泛应用人员推销；而对于普通汽车用户，虽然整个市场对配件的需求量很大，但单位数量用户的购买量却很少，这时宜采用广告向普通用户宣传介绍产品，人员推销方法只面

向中间商或批发商。

3. 产品的技术含量

若产品技术含量很高，顾客很难全面了解产品的性能及特点，单凭广告不易使其产生购买欲望，在这种情况下，采用人员推销的方式就非常必要。

4. 产品的价格

汽车产品的高价格使顾客产生压力感，利用人员推销的方式可以及时减轻顾客的心理压力，坚定顾客的购买信心，以促进产品销售。

三、人员推销的基本策略

1. 寻找新客户策略

从营销的角度看，所谓新客户是指那些具有购买能力、具有决策能力的潜在需求者。要想获得推销的成功，寻找新客户是第一步，也是重要的一步。其策略主要有以下两种：

（1）坐等上门策略。这种策略往往是在固定的地点设置展厅，等待顾客上门。这种策略适用于处于成熟期的知名品牌产品。

（2）主动出击策略。即通过查阅资料、进行市场调研、到销售现场观察、通过他人介绍等方式寻找潜在的汽车用户。其关键是主动出击，用尽可能多的方法和手段去寻找目标客户。

2. 接近客户策略

寻找到新客户以后，就要接近客户，获得客户的好感，以便进一步实施产品推销。接近客户准备工作的三要点：

（1）客户资料准备，如年龄、职业、家庭人口、爱好、购车用途等。

（2）产品资料准备，如款型、生产厂家、车辆特点、技术配置、适用人群、产品历史与适用现状等。

（3）自我状况准备，如仪态、衣着、名片、车型资料等。

“销售从不被拒绝开始”，丰田汽车公司销售人员手册中雷塔曼的这句名言告诉我们，让客户接受推销人员是最终能够达成交易的开始。所以给客户留下良好印象是格外重要的。为了给客户留下良好印象，推销人员必须通过自己的仪表、衣着、言谈和举止，让客户感到诚实可信、礼貌大方，并愿意继续交谈和交往。在这一过程中，推销人员一定要注意交往技巧。

3. 说服客户的策略

在买方市场下，要想说服客户、达成交易的确不是一件易事。因此，说服客户就成了推销的关键环节之一。常用的说服方法有提示说服法和演示说服法两种。

（1）提示说服法。它是通过直接或间接、积极或消极的提示，激发起客户购车的欲望，由此促使客户做出购买选择，如进行获益分析等。

（2）演示说服法。演示说服法则是通过产品的文字、图片、影视、音响、证明等资料去引导客户做出购买决定，如丰田汽车公司为推销人员特制样品目录、彩色样本以及各种文字资料等。在说服过程中，推销人员应认真听取并分析客户的意见，找出问题的关键点和客户的真实目的，做出针对性的反应。要做到事实充分、证据有力、态度诚恳、不卑不亢，切忌在说服过程中同客户发生冲突。

一个好的推销员，除了掌握推销的策略和技巧以外，其推销业绩还与推销员的良好个性和素质有关。现代关系营销理论要求，推销员除推销产品以外，还应与客户建立长期的合作关系，进而为企业建立起广泛而坚强的营销网络。

第三节　广告宣传

一、汽车广告的作用

广告有商业性广告和公益性广告之分。所谓商业性广告，是指按照付费原则，通过大众传播媒介，以其所选择的多数人为目标对象，为了使他们遵循广告主的意图有所行动，对商品、劳务、观念等方面信息所采取的非人员方式的介绍和推广活动。汽车广告要体现汽车企业和汽车产品的形象，从而吸引、刺激、诱导消费者购买该品牌汽车。其具体作用如下：

1. 促销作用

广告把企业的产品、商标、名称传达给顾客，让顾客知道企业的存在。产品广告的直接销售目的非常明确，当人们购买某种商品时，就会想起广告中所提到的商品名称，无形中产生信任感。

2. 显示实力的作用

广告体现了企业的气派和风格。尤其是在有影响的电视、广播上播发或在报纸、杂志上刊登广告，还可以体现企业的实力。

3. 沟通作用

一般而言，广告的直接作用不是促销，而是沟通。尤其是观念广告、企业广告更是如此。这就要求广告创意与众不同，即先要引起无意受众的注意，然后调动其记忆细胞，甚至诱导受众广为传播。沟通是促销的前提，促销是沟通的目的。

二、确定汽车广告的目标

制定汽车广告策略的第一步是确定汽车广告目标。汽车广告目标是指在一个特定时期内，对某个特定的公众所要完成的特定的传播任务。这些目标必须服从先前制定的有关汽车目标市场、汽车市场定位和汽车营销组合等决策。汽车广告按其目标可分为通知性广告、说服性广告和提醒性广告三种。

1. 通知性广告

主要用于汽车新产品上市的开拓阶段，旨在为汽车产品建立市场需求。日本丰田汽车公司在进入中国市场时，打出“车到山前必有路，有路必有丰田车”的广告，使得人们印象深刻。

2. 说服性广告

主要用于竞争阶段，目的在于建立对其某一特定汽车品牌的选择性需求。在使用这类广告时，应确信能证明自己处于宣传的优势，并且不会遭到更强大的其他汽车品牌产品的反击。例如“三星骏马，快！优！新！”的广告用语，突出了该汽车产品的优势，朗朗上口。

3. 提醒性广告

用于汽车产品的成熟期，目的是保持消费者对该汽车产品的记忆。例如，上海大众公司仍经常为已经处于成熟期的桑塔纳轿车做广告，提醒消费者对桑塔纳轿车的注意。

三、制定汽车广告预算

汽车广告有维持一段时期的延期效应。虽然汽车广告被当做当期开支来处理，但其中一部分实际上是可以用来逐渐建立汽车品牌与产品信誉这类无形价值的投资。因此，制定汽车广告预算时要根据汽车企业的实际需要和实际财务状况。此外，还要考虑以下五个个因素：

一是产品的生命周期阶段。在推出新车型时，一般需要花费大量广告费用，才能建立其市场知名度。

二是市场份额和消费者基础。想增加市场销售或从竞争者手中夺取市场份额，则需要大量的广告费用。

三是竞争程度。在竞争者众多和广告开支很大的汽车市场上，一种汽车品牌必须加大宣传力度，才能引起目标消费者的注意。

四是广告频率。把汽车产品传达到消费者的广告重复次数，即广告频率。广告频率也会决定广告预算的大小。

五是产品替代性。当一家整车厂打算在汽车市场众多品牌中树立自己与众不同的形象，宣传自己可以提供独特的物质利益和特色服务时，广告费用也要相应增加。

四、选择汽车广告媒体

1. 汽车广告媒体的种类

广告媒体种类繁多，功能各有千秋，只有选择适当的汽车广告媒体，才能使汽车企业以最低的成本达到最佳的宣传效果，对汽车的销售起到有力的推动作用。

2. 选择汽车广告媒体应考虑的因素

（1）目标消费者的媒体习惯。购买跑车的大多数消费者是中青年的成功人士，则广播和电视就是宣传跑车的最有效的广告媒体。

（2）汽车产品。对汽车来说，电视和印刷精美的杂志由于在示范表演、形象化和色彩方面十分有效，因而是最有效的媒体。有的汽车杂志广告主要选用能充分体现汽车外观美的设计，利用杂志印刷精美的特点，给受众以视觉上的冲击。而有的汽车广告就未必适合用在杂志和报纸上。

（3）广告信息。包含大量技术资料的汽车广告信息一般要求专业性杂志做媒介，一条宣布第二天有汽车出售的重要信息，一般用广播或报纸做媒介。一般情况下，汽车产品的针对性很强，因此比较适合在专业杂志和报纸上登广告，能直接面向特定的受众，有助于用较低预算实现预期效果。

（4）费用。电视广告费用非常昂贵，以播出时间长短和播放时段来计费，而报纸广告相比而言则较便宜。

五、广告定位策略

广告定位策略有以下三种：

1. 广告的实体定位策略

实体定位就是在广告中突出宣传产品本身的特点，主要包括功能定位、质量定位和价格定位，确立怎样的市场竞争地位，在目标用户心目中塑造何种形象，从而使广告最富有效果。例如，洁银牙膏突出防治牙周炎，“博士伦”广告则对那些惧怕隐形眼镜的人说“舒服极了”。

2. 目标市场定位策略

目标市场定位使广告传播更加具有针对性。例如，中国中央电视台黄金播出时间是晚上7点至晚上9点，如果是农用机械的广告最好不要选择夏秋两季的晚上7点至晚上8点播出，因为这段时间我国大部分地区的农民还在劳作。另外，进入外国市场，也要按照当地特点进行重新调整，使之符合当地的文化和传统习惯。

3. 心理定位策略

心理定位主要包括正向定位、逆向定位和是非定位三种方法。正向定位主要是正面宣传本产品的优异之处，逆向定位主要是唤起用户的同情与支持，是非定位则强调自己与竞争对手的不同之处，把强大的竞争对手逐出竞争领域。

第四节　营业推广

在汽车市场中，营业推广也是一种行之有效的促销手段。针对不同的销售对象，营业推广的策略也有所不同。

一、营业推广概述

1. 营业推广的形式

营业推广的对象主要包括目标用户和汽车经销企业两类。对目标用户的营业推广，目的主要是鼓励用户试买、试用，争夺其他品牌的用户，其形式主要有服务促销、价格折扣、质量折扣、展销、卖方信贷等。对经销商的营业推广，目的主要是鼓励多买和大量购进，并建立持久的合作关系，其主要形式有批量和现金折扣、展销、业务会议、推销奖励、广告补贴、商业信用、价格保证、互惠等。

2. 营业推广的特点

（1）营业推广是广告和人员推销的一种补充手段，是一种辅助性的促销手段。

（2）营业推广是一种非经常性的促销活动。广告和人员推销则是连续性、常规性的促销活动。

（3）营业推广的刺激性很强，但促销作用不能持久。图 9－1 说明了营业推广对商品销售的作用。

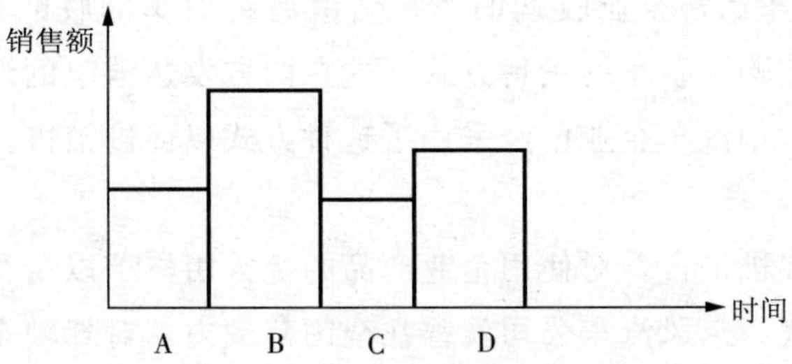

图 9－1 营业推广对商品销售的作用

A、B、C、D分别代表营业推广前、营业推广中、营业推广后较短期间内和营业推广后较长时间内对商品的销售作用

二、针对消费者的营业推广策略

1. 有奖销售

有奖销售是指通过抽奖、赠送奖品的形式销售产品。企业希望利用这种形式有效地刺激消费者购买欲望，提高产品的销量。例如，北京北方汽车市场某汽车店，曾经推出了“购车送 VCD＋口袋行动”的促销方案，即每购一辆车送一台 VCD，还有机会摸到彩电、手机、电烤箱等奖品，使售车数量激增。

2. 赠送消费卡、代价券

例如，神龙汽车公司 1997 年下半年推出一系列促销措施：购买一辆神龙车，可获得一年免费维护、10 万千米内保修，并赠送 8000 元消费卡。

3. 提供优质服务

这是国内外汽车公司普遍推行的做法。尤其是汽车产品，因其产品的特殊性，客户对优质服务的要求也就更高。在产品同质的情况下，客户往往选择能提供优质服务的商家。

4. 分期付款和以租代销

由于汽车价格一般比较高，普通消费用户一次付款较难承受，因此，各国汽车公司都有分期付款和以租代销等业务。统计表明，目前美国以分期付款方式出售的汽车约占总销售量的 70％，日本也占 50％左右。我国汽车市场从 1997 年开始，也应用这种促销方式。例如，一汽、神龙等汽车公司都先后推出了各具特色的分期付款购车方式。

5. 价格折扣和价格保证策略

价格折扣是指在一些特殊的时间（如淡季、重大节假日等）给购车者以一定的价格优惠，或给一些特殊的顾客以一定的价格优惠。例如，给一次付清车款的客户 2％或更多的优惠等。价格折扣易给人以低调处理的味道，尤其是在我国正在打价格战的时候，一定要慎用价格折扣方式。

所谓价格保证是指企业保证用户现在购车的价格在一定时期内是最低的，如果降价，企业保证退还差额。2004 年，北京现代汽车公司就在国内首家实施汽车降价返还价差的价格保证措施。

6. 以旧换新

“以旧换新”是汽车销售企业收购旧车，估值后将旧车的收购价格折入新车车价中，补足旧车和新车的价差购买新车的销售方式。这在西方发达国家的汽车销售中是非常流行的。目前，我国一些大型汽车企业已经采用了这种方式以促进销售。

7. 使用奖励。

这是指企业为了促进销售，对使用企业产品的优秀用户予以精神和物质上的奖励。例如，在 20 世纪 80 年代，东风汽车公司就曾在全国范围内，对驾驶东风牌载货汽车、行驶里程达到规定公里数且从未出过事故的驾驶员给予奖励；公司还将其中的佼佼者请到公司总部前的广场上，为他们举行庆功表彰大会，并给予物质奖励。

当然，在汽车促销活动中，营业推广的形式非常多，在当今的中国汽车市场上，营业推广形式的创新正在成为汽车销售市场上的亮点。

三、针对中间商的营业推广策略

汽车中间商在汽车制造商的产品销售中占有重要地位，而中间商往往是独立的法人，有着独立的经营权。因此，汽车制造商提高他们销售本企业产品的积极性是很重要的。汽车制造商通常可以采用以下几种形式对其进行销售促进：

1. 交易折扣

汽车企业通过价格折扣或送赠品方式，对中间商在产品的价格和支付的条件等方面给予优惠，以促进双方的合作关系。例如，一汽大众公司对其产品的专营公司（店），免费提供广告宣传资料，以成本价提供捷达工作用车，优先满足紧俏产品的供应，优先培训等。

2. 销售竞赛

制造商为了激发中间商推销企业产品的积极性而规定一个具体的销售目标，对完成销售目标的中间商给予一定的奖励。但这个目标应该是中间商有可能达到且经过努力才有可能达到的目标。

3. 产品展销及订货会

制造商通过展销会、订货会向中间商展示其生产的汽车产品的优点和特性，以引起中间商的经销兴趣，从而扩大产品的销售。

以上三种形式都是针对企业外部的销售促进，而在企业实际工作中还有一类，那就是对企业内部的销售促进，其目的是发挥员工的销售积极性和提高员工的销售技能。在以人为本的今天，越来越多的企业开始注重对企业员工的激励。

第五节　公共关系

对企业来说，在日常营销活动中，既要与企业外部的原材料供应商、产品经销商、代理商、顾客、政府管理部门、各种公众团体打交道，还要与企业内部的合伙人、股东、董事、职工等内部公众打交道，因而存在错综复杂的公共关系。

一、公共关系概述

1. 公共关系的含义

1978 年 8 月，世界公共关系协会将公共关系定义为："公共关系的实施是分析趋势、预测后果、向机构领导提出意见、履行一系列有计划的行动以服务本机构和公众利益的艺术和社会科学。"

公共关系是现代企业经营管理的重要环节，尤其是对于企业领导者来说，树立正确的公共关系思想是取得经营成功的基础。公共关系首先是领导者为获得事业的成功而确定的一系列思想、路线和政策；其次，作为一种管理职能，要指挥和依靠专门人员为贯彻既定的公共关系政策去进行一系列有计划的行动，其目的在于不断调整本单位与公众的关系，在公众中树立本单位的良好形象，在为社会谋利益、为本单位谋利益的基础上，建立双向或多向沟通、有利于相互了解和支持的良性交往关系。

2. 公共关系的职能

公共关系与广告宣传、营业推广的基本功能都在于传递信息，都要利用传播媒介和传播技术进行信息沟通。但是，公共关系与其他促销手段又有所不同，并且其功能也不仅仅局限于促销。一般来说，公共关系的职能有：① 获得信息；② 对本企业机构或形象做出评估预测；③ 向决策机构提供咨询建议；④ 加强与新闻传播界的联系，提高本企业的知名度和美誉度；⑤ 加强和发展与社会各方面的联系以赢得社会的支持；⑥ 反馈信息，建立本企业自动平衡调节机制。所以，公共关系是一种内求团结、外求发展的复杂的经营管理艺术。只有通过有计划和持久的组织和全员的共同努力，才能使企业的各项工作成果符合广大公众的需求，在公众中树立良好的形象和信誉，并在此基础上增进企业与公众间的了解、信任，争取相互合作，以获取共同利益。

3. 汽车企业公共关系活动的对象

公共关系工作的对象是公众，是一些群体，这些群体的利益为某一个机构的行动和政策所影响，反过来这些群体的行动和意见也影响着这个机构。一般来说，公众可以分为内部公众和外部公众；现在公众、潜在公众和将来公众；重要公众、次要公众和边缘公众等。

汽车企业的公众对象有着自己的特点：第一，作为汽车厂家，有众多品种的原材料、零部件供应厂家和配套单位，产品用户也遍及各行各业；第二，对中外合资企业而言，还涉及各投资方、政府涉外部门以及许多国外的组织和个人；第三，汽车企业一般规模和影响较大，它的许多事务涉及各方面以及各层次的政府部门和企事业单位；第四，同其他企业一样，汽车企业需要新闻、法律方面的帮助，需要商业、服务业等方面的配合，同时还需要员工、家属及各种社会关系的支持。

二、企业公共关系活动的主要方法和策略

1. 公共关系的主要方法

现代企业公共关系活动的开展可谓丰富多彩，常用公共关系活动的方法有以下几种：

（1）创造和利用新闻

企业公共关系部门可编写企业的有关重要事件、产品等方面的新闻，或举办活动创造机会以吸引新闻界和公众的注意，扩大企业影响，提高企业知名度。例如日本丰田汽车公司每年举办“丰田杯”足球赛，对提高丰田公司在全世界的知名度有很大作用。

（2）参与各种社会活动

通过各种有意义的赞助活动，可以树立企业关心社会公益事业的良好形象，培养与有关公众的友好感情，从而增强企业的吸引力和影响力。比如一些汽车公司给灾区人民、“希望工程”和“老少边穷”地区捐赠汽车等活动。

（3）开展各项有意义的活动

通过开展丰富多彩的活动，如举办产品和技术方面的展览会或研讨会、演讲会、有奖比赛、纪念会等，引起广大公众对企业和产品的注意，提高企业及产品声誉。现在许多世界著名的汽车公司十分注重在中国的公共关系工作。如在中国举办的多次汽车展览会上，许多大型国际汽车公司都展现了优良的汽车产品和技术实力，对提高其产品和企业在中国的声誉有着巨大作用。

（4）编写和制作各种宣传材料

包括介绍企业和产品的业务通讯、期刊、电子音像、幻灯片或电影等公众喜闻乐见的宣传品。

2. 公共关系促销的主要决策

在考虑如何使用和何时使用公共关系时，企业的管理层应当制定公共关系目标，选择公共关系主题及载体，实施公共关系计划，并评估结果。

（1）确定公共关系促销目标

营销人员应为每一项公共关系活动制定特定的目标，如建立知名度、建立信誉、激励推销人员和经销商、降低促销成本等。一般来说，公共关系费用要比广告费用低，公共关系越有成效，越能节省广告费用和人员推销费用。

（2）选择公共关系信息和公共关系载体

目标确定后，公共关系人员要拟定有意义的题材来宣传。公共关系主题要服从企业的整体营销和宣传战略。公共关系宣传词要与企业的广告、人员推销、直销和其他宣传形式相结合。

公共关系的载体有以下几种：

① 新闻。公共关系人员要找出或创作一些对公司有利的新闻。

② 演说。演说能提高公司的知名度。

③ 特别活动。包括新闻发布会、大型开幕式、焰火展示、热气球升空、多媒体展示和各种展览会等。

④ 书面材料。包括年度计划、小册子、文章以及公司的新闻小报等。

⑤ 公益活动。例如为"残奥会"募捐活动等。

(3) 实施公共关系促销计划

公共关系促销人员的主要"资本"之一，就是他们与传播媒体人员的个人友谊。他们可以通过熟识的编辑、记者进行宣传报道，实施公共关系促销计划。他们了解媒体需要什么，如何让媒体满意，从而使他们的稿件不断被采纳。

(4) 评估公共关系活动的效果

如果公共关系活动开展是在其他促销手段之前进行，则可以通过以下三种方法进行评估：

① 展露度衡量法。该方法是检视公共关系报道在媒体上的展露次数和时间，可以了解宣传报道的影响范围。

② 观察公众对产品的注意力、了解程度、态度等方面的变化，也是一个较好的评估方法。例如举办重要的研讨会、邀请知名人士演讲、举办周年纪念活动、开展体育比赛、举行记者招待会等。

③ 计算公共关系的投资收益率。即将公共关系活动后销售额和利润的增加与公共关系投入相比较。这是最有说服力的一种评估方法。公共关系投资收益率愈高，就说明公共关系活动愈有成效。

但是，公共关系活动往往与其他促销活动是同时进行的，因此，任何方法都很难准确地评估公共关系的效果，只能是一个估计数字而已。在通常情况下，企业可不必去评估它的效果。

总之，企业公共关系活动是现代社会化大生产的产物，企业应善于利用它，以便更好地服务于企业的各项生产经营活动。

第六节　汽车促销策略的制定

1. 汽车促销的整合策略

汽车促销整合，就是在汽车营销活动中将广告宣传、营业推广、人员推销和公共关系 4 种促销方式组合为一个策略系统，使汽车销售企业的全部汽车促销活动相互配合、协调，最大限度地发挥整体效果，从而顺利实现汽车促销目标。

2. 汽车销售促进方案的制定

一般来讲，汽车经销企业策划汽车促销策略的过程包括以下六个步骤：

（1）确定汽车促销目标；

（2）选择汽车促销工具；

（3）制订汽车促销方案；

（4）预试汽车促销方案；

（5）实施和控制汽车促销方案。

（6）评价汽车促销结果。

【案例分析】

案例一：北京现代汽车的促销策略

北京现代汽车公司——中国汽车业后来居上的成功典范，成立两年多的时间里谱写了无数“现代”神话：不到两年已累计销车 15 万辆，这在中国汽车史上是绝无仅有的；在 2004 年，其产值和销量已跻身汽车企业前五位。2003 年 12 月才上市的现代系列之一——依兰特轿车凭借自己骄人的销量誓将“现代”神话进行到底：2004 年依兰特轿车成为同级轿车中唯一一款连续几个月保持销量上升势头的车型，并于 9 月份以 1.2 万辆的月销量稳居同级轿车销量榜首。在这些销售神话的背后，到底有何玄机呢？

1. 价廉物美笑傲群雄，本土营销抢占市场

北京现代依兰特和上海通用凯悦，车身设计明显相似，性能配置也相差不大。但在销量面前，凯悦就显得有些底气不足。究其原因，显而易见，伊兰特轿车的价格水平始终保持比凯悦低 1 万元～1.5 万元。由于两款车的价值量接近，伊兰特轿车具有明显的价格优势，自然导致其市场份额大幅度上升，并在 2004 年 11 月，超过了捷达轿车，成为当时市场上该细分市场的第一品牌。

依兰特在中国的营销战略，秉承了现代汽车在中国市场一贯的风格，在保证产品品质的基础上，用带有侵略性的价格全面拉动市场。不可否认，依兰特轿车和其他厂家的产品相比，在性能上、细节上尚待改进，但要论性价比，就有绝对的优势。良好的性价比是依兰特轿车吸引人们购买的主要因素。

提起依兰特轿车，人们自然会想到“价廉物美”。构成依兰特轿车如此高价值战略的主要基础：一是在价格上，达到或者接近市场上主流消费者可接受价格的下限；二是领先同行同类产品的外形和内饰设计。高价值战略，对新的消费群体有明显的吸引力。

价位上取得竞争优势是车型畅销的一大因素，而本土化营销是依兰特轿车成功的另一个要素。韩国人对中国人的价值观和文化观研究得非常深刻，而且把握得很准确。这点在依兰特轿车的设计和营销理念上体现得淋漓尽致，外观上给人一种内敛感觉的依兰特轿车处处浸润着中庸思想；品牌宣传中倡导的“多点空间多点爱”，蕴涵着中国人浓浓的爱家情怀，内部设计也体现着浓郁的家文化。面对这样一款产品本身的设计理念贴近生活、价

格上有明显优势的家庭用车，谁还能抵挡它的魅力！

2. 降价到位独领风骚，成本杀手巩固防线

依兰特轿车上市后就凭借自己的价格优势先声夺人，然后保持其市场地位，进而扩大其市场占有率，北京现代品牌车蓄势待发。

2004 年中国汽车市场降价声一片，价格战几乎扩展到所有细分市场，价格降幅已经超过了 10%。降价已经成为国内汽车企业主要的营销手段。不过，同样是降价，效果却不尽相同。相关数据显示，2004 年的 1～10 月份，中国轿车市场整体销量仅比上一年增长 15%，5 月份以后，单月销量一再出现同比负增长。与此对照的是，在大萧条的车市背景下，依兰特轿车销售量却逐月上升，1～10 月总销量同比增长 162%，10 月销量同比增长 220%。依兰特轿车如何逆市而上，如何在降价战中脱颖而出，关键是掌握了降价的时机和程度，后发制人，以“一步到位”的价格策略，在降价大战中杀出了一条血路。

2004 年 5 月中旬，上海通用公司率先在市场领先的情况下对全系列产品价格进行调整，大多数品牌跟风降价。北京现代公司在销售数字下滑的情况下并没有马上跟进，而是进一步观察其他厂家的价格走向，直到 8 月份才进行了小规模的降价促销以进一步试探市场反应，9 月便正式将全系列产品价格一次性下调 10%。同样是降价，别的品牌是因为销售下滑而实施降价，而北京现代轿车两次降价时，产品的销量正在增长，在这种情况下降价，效果之明显是在情理之中的。

全国大多数汽车厂商采取了多种多样的降价举措，如加装备、搞赠送或减装备等，虽然形式不同，但降幅都不小，平均在 10%～15%。北京现代轿车的降幅同样在这个范围内。之所以效果明显，其中的原因是符合市场要求，超过了消费者的期待，降到了同级产品最低点，最便宜的伊兰特轿车跌破 11 万元。这种巨大的降幅，对于排量在 1.6～2.0 L 汽车的这个市场区间，影响巨大。

这种价格策略收到了成效。韩国车的一贯特点就是经济，性价比高。而这一特点通过这次调价也成为北京现代车型的特点，加上伊兰特轿车本身也是成熟畅销车型，拥有较好的底盘和较大空间等优势，在中级车市场一时间几乎成为最热销的产品。数据显示，在价格调整后的三个月内，北京现代公司以伊兰特轿车为代表的主力车型销售量迅速上升，11 月，北京现代公司的伊兰特轿车单车型销量成为全国冠军。

依兰特轿车之所以能在降价大战中大获全胜，一步到位，与北京现代公司卓越的成本控制密不可分。汽车成本包括车辆制造成本和企业运作成本。2004 年底，北京现代车的国产化率达到 77%，这在一定程度上大幅降低了零部件成本。而国产化率的迅速提高，与韩国一批零部件厂的同期入驻是分不开的，这既降低了成本，又保证了产品的质量。由于北京现代公司的 27 家零部件配套企业与其近在咫尺，其中又有多家与韩国现代公司有血缘关系，物流运输费用忽略不计，就只剩下加工装配费用；另一方面，北京现代公司的工厂几乎是原封不动照搬韩国现代公司，包括设计能力为 30 万台、已实现产能 15 万台的发动机工厂，因此不仅能保证产品整体质量，加工装配费用也相当低廉。再加上从制造至销售全过程中发生的各种费用，加起来也只占销售收入的60%～70%。销量的提高，也形成了北京现代公司生产成本相应大幅下降的良性循环。

更重要的是，北京现代公司的轿车之所以能通过降价赢得消费者的认可，是因为其降价是把销量提升和国产化率提高后降低的成本让利给消费者，是真正的“降价而不降质量”。正如北京现代公司常务副总经理郭谦对降价作出的解释：“北京现代新价格政策的发布，表现了北京现代从消费者需求出发，主动满足用户需求的良苦用心，同时也意味着北京现代将以更具竞争力的价格挑战市场。”

案例二：奇瑞汽车的促销策略

1. 新春庙会

2002年，中国汽车市场的良好走势让汽车厂商备受鼓舞，临近年尾，整个汽车市场更是热闹非凡。推新品、降价、搬家、重组……每个厂家都忙得不亦乐乎。春节这个节日给汽车厂家提供了一个难得的宣传和促销的机会。有机会还要看怎样掌握，常用的各种宣传手段都不再新鲜，奇瑞公司想到了把汽车开到庙会。

当年的农历正月初一到初七，奇瑞公司在北京朝阳公园的庙会上举办了“奇瑞之春”的主题活动。除了不可或缺的新车展示活动，还有试用活动；对奇瑞公司的产品有兴趣的消费者还有机会在庙会上就把汽车开回家试驾几天，而且不需要任何费用。同时奇瑞还为老顾客们准备好了车位，这样逛庙会就不愁没地儿停车了。除了庙会，奇瑞汽车公司还把活动搬到了网上，在此期间奇瑞公司和易趣网合作，举行“网上竞拍”，给车友们一个难得的购车良机。奇瑞公司的这次春节攻势声势浩大，除了庙会和网拍，还在全国范围内开展了“拥有奇瑞，新春惊喜不断”的促销活动。新春期间全国的奇瑞公司经销商照常开业，恭候顾客们的光临。

在汽车领域，销售的增长必然要伴随着成功的宣传策略，把汽车摆在庙会，精明的汽车厂商无疑已发现了庙会这块尚未开发的难得商机，既可以给自己做宣传，又能为庙会增添别样风情。在现今汽车宣传大都采用“靓车美女”的方式时，奇瑞公司打造的“汽车+民俗”的文化概念，可谓标新立异，这种创新方式无疑引起业界和用户的普遍关注。

2. 树上开花

奇瑞公司在2007年可谓出尽风头，先是携26款新车风光上海车展，继而百万辆下线震动中国车市，此后，与克莱斯勒公司、菲亚特公司、宝钢集团等巨头企业陆续牵手，把奇瑞公司推向了国内外媒体的风口浪尖上，也让奇瑞公司成为2007年中国汽车市场曝光度最高的企业，而其在中国车市位列第四的销量，也充分证明了它的实力。这时，奇瑞A5借奇瑞公司销售的大好形势打出连环招。

2007年6月1日至8月31日，凡购买奇瑞A5车的用户，可在“畅行无忧”、“服务无忧”，“安全无忧”和“舒适无忧”四大价值均为3 000元超值无忧礼包中任选其一，也可以根据自身需要选择不同的礼包组合，内容涉及现金、油卡、保险、车饰等多方面。

同年7月7日，奇瑞公司开始在全国展开“奇瑞A5挑战有礼与世界冠军共竞技”的世界冠军全国巡游活动，携手体坛名宿李小双陆续在全国十几个城市展开了签售促销活动，让消费者亲身体验优惠购车。

同年10月底，奇瑞公司在全国拉开的“感·动·节”活动，不但在全国开展大规模的媒体、车友试驾比赛活动，而且在消费者购车始末的四个环节都有大礼相送：来电/来店有礼、试驾有礼、挑战有礼、购车有礼。

奇瑞A5促销持续时间长，促销手段设计精巧，促销内容实惠，贴合消费者切实需要，更重要的是，奇瑞公司将体验活动引入到促销活动中，让消费者能够先近距离接触和了解汽车的各项性能，然后放心购买，不但体现了企业对自身产品的自信，也拉近企业与消费者之间的距离，提高了消费者对企业的认同感。

3. 公益之行

2008年的“5·12”大地震使汶川满目疮痍，无数生命猝然倒下。从那一刻起，全中国的目光聚焦汶川，爱心也在这里汇聚。作为自主品牌汽车产业代表——奇瑞公司，在地震后第一时间迅速反应，仅三天就捐赠达1600余万元的现金与物资，之后又补充捐赠500万元现金，共计捐赠2100万元的款物，帮助灾区重建家园。不仅如此，奇瑞公司又通过捐赠学习用品，为孩子们尽快重返校园点亮希望。奇瑞公司与“中华社会文化发展基金会”、北京光爱学校共同联手，举办了“祈福汶川·点亮希望——奇瑞汽车公司捐助灾区公益活动启动仪式”，号召全社会捐赠学习用品给那些灾区的孩子，帮助他们重返校园。奇瑞公司用自己的实际行动帮助孩子们走出阴霾、重树信心。全国十几家主流媒体到场共同见证了奇瑞公司的爱心行动。长期以来，奇瑞公司都积极投身于各种社会公益活动：从“奇瑞21世纪东方之子奖学金”的设立，到在甘肃民勤设立“奇瑞中国绿化防沙基金”，再到“奇瑞东方之子百万助学行动”。奇瑞汽车公司的义举树立了中国汽车工业的一面公益旗帜。

奇瑞汽车公司的公益活动引起社会大众的高度赞扬，为奇瑞汽车公司及其产品树立了良好的形象，同时这些具有代表性的汽车公益活动也取得了很好的宣传效果。

思考题

9-1 什么是促销和促销组合？

9-2 促销的方式有哪几种？各自的特点是什么？

9-3 人员推销的基本策略有哪些？

9-4 什么是广告？广告定位策略的内容是什么？

9-5 针对消费者市场的营业推广策略有哪些？

9-6 试述企业公共关系活动的策略。

第十章 汽车营销策略的扩展

学习目标：了解汽车服务营销理念的内涵；掌握汽车营销 4C 和 4R 策略的内容及 CS 的主要特征；了解绿色营销的内涵；了解网络营销的内涵及策略；了解关系营销和定制营销的内涵及特征。

随着汽车市场竞争的日益加剧，新的汽车营销方式不断出现。在新的形势下，服务营销、绿色营销、关系营销、网络营销等营销策略推动汽车营销模式发生巨大的变革。

第一节 汽车服务营销

一、服务营销观念

服务营销观念的提出是在 20 世纪 80 年代。而早在 20 世纪 70 年代，全球经济在第二次世界大战结束后的几十年中得到了飞速发展，人民生活水平不断提高，服务业由此也得到了迅速发展，营销理论界于是对服务营销的特性开始予以越来越多的关注。1981 年布姆斯和比特纳（Booms and Bitner）建议在传统市场营销理论 4P 的基础上增加三个“服务性的 P”，即人（people strategy）、过程（process strategy）和物质环境（physical evidence strategy）。7P 的核心在于：

（1）揭示了员工的参与对整个营销活动的重要意义。企业员工是企业组织的主体，每个员工做的每件事都是客户对企业服务感受的一部分，都将对企业的形象产生一定的影响。应让每个员工都积极主动地参与到企业的经营管理决策中，从而真正发挥员工的主人翁作用。

（2）企业应关注为用户提供服务的全过程，通过互动沟通，了解用户在此过程中的感受，使客户成为服务营销过程的参与者，从而及时改进企业的服务来满足客户的期望。企业营销也应重视内部各部门之间分工与合作过程的管理，因为营销是一个由各部门协作、全体员工共同参与的活动，而部门之间的有效分工与合作是营销活动实现的根本保证。

服务营销7P虽然是针对服务业的特殊性而提出的，但其理论价值和实践上的指导意义却不仅仅限于服务营销的范畴，它对整个营销理论乃至企业理论的发展都有启迪。7P的后三个P正是服务营销观念的体现。

服务营销观念与市场营销观念有着质的不同，市场营销观念是以市场为导向，企业的营销活动是围绕市场需求开展的。虽然它也重视产品的售后服务，但认为售后服务工作是解决产品的售后维修，认为售后服务部门是成本中心而不是利润中心，认为做好售后服务工作是为了推销出更多的产品。

服务营销观念是以服务为导向，企业营销的是服务，服务是企业从产品设计、生产、广告宣传、销售安装、售后服务等各个部门的事，甚至是每一位员工的事。售后服务也不是成本消耗部门，企业的产品经过每一个部门都被赋予了新的增值。在服务营销观念下，企业关心的不仅仅是产品是否成功售出，更注重的是用户在享受企业通过有形或无形的产品所提供的服务的全过程感受。因此企业将更积极主动地关注售后维修保养、收集用户对产品的意见和建议，并及时反馈给产品设计开发部门，以便不断推出能满足甚至超出用户预期的新产品。同时在可能的情况下对已售出的产品进行改进或升级服务。

二、汽车服务营销的内涵

汽车服务营销的本质就是在买卖双方之间建立亲善、和谐与既相互依存又相互信赖的伙伴关系，这种关系是长期的，尤其是对汽车产品而言，长期的依赖和合作是双方都必需的。在这种关系中，厂商和经销商要建立一种全新的理念，一种对价值和利益的新的判断，弱化其对立性，强化其依赖性。企业必须突破以销售为唯一目的的思考方式。企业必须思索客户的终生价值，也就是预期可以从客户身上得到多少未来利润的现值。

汽车是一种复杂、高技术含量的产品，卖方在价格上总占有优势，而买方处于劣势。买方的选择只有接受或拒绝，对价格的影响力是极其有限的。因此，在心理上买方对卖方是戒备的，尽可能多地赚钱是买方对卖方行为的基本判断，卖方即使在价格上让利，买方也未必认同。有鉴于此，沟通就成为这一理念产生效果的关键，企业应将客户利益维护理念传递出去，要让消费者感觉到企业向他提供商品和服务的同时，不仅在赚钱，也在维护自己的利益。消费者接受的商品和服务是其所需的、合理的、适宜的以及适度的，而其所支付的成本与所获得的收益是对等的、在心理上是平衡的。这种效能的结果就是供需双方的信任和良好关系建立的开始，它为企业的生存与发展提供了保障。

三、汽车营销4C与4R策略的内容

4C与4R是由传统的4P理论发展而来的。4P（产品、价格、渠道、促销）营销策略自20世纪50年代末由Jerome Mc Carthy提出以来，对市场营销理论和实践产生了深刻的影响，被营销经理们奉为营销理论中的经典。这一理论认为，如果一个营销组合中包括合适的产品、合适的价格、合适的分销策略和合适的促销策略，那么这将是一个成功的营销组合，企业的营销目标就可以实现。

随着市场竞争日趋激烈，媒介传播速度越来越快，4P 理论越来越受到挑战。到 20 世纪 80 年代，美国劳特朋针对 4P 存在的问题提出了 4C 营销理论：4C 分别指 customerstra（顾客）、cost stra（成本）、convenience stra（便利）和 communication stra（沟通）。

（1）顾客

顾客主要指顾客的需求，企业必须首先了解和研究顾客，根据顾客的需求来提供产品。同时，企业提供的不仅仅是产品和服务，更重要的是由此产生的客户价值（customer value）。

（2）成本

成本不单指企业的生产成本，或者说 4P 中的 Price（价格），还包括顾客的购买成本，同时也意味着产品定价的理想情况。这个定价应该是既低于顾客的心理价格，也能够让企业有所赢利。此外，这中间的顾客购买成本不仅包括其货币支出，还包括其为此耗费的时间、体力和精力以及购买风险等。

（3）便利

便利即为顾客提供最大的购物和使用便利，4C 理论强调企业在制定分销策略时，要更多地考虑顾客的方便，而不是企业自己方便。要通过好的售前、售中和售后服务来让顾客在购物的同时，也享受到便利。便利是客户价值不可或缺的一部分。

（4）沟通

这里的沟通被用来取代与 4P 中对应的 promotion（促销）。4C 理论认为，企业应通过同顾客进行积极有效的双向沟通，建立基于共同利益的新型企业/顾客关系。这不再是企业单向的促销和劝导顾客，而是在双方的沟通中找到能同时实现各自目标的通途。

总起来看，4C 营销理论注重以消费者需求为导向，与市场导向的 4P 理论相比，4C 理论有了很大的进步和发展。但从企业的营销实践和市场发展的趋势看，4C 理论依然存在以下不足：

一是 4C 理论是以顾客需求为导向，而市场经济要求的是竞争导向，中国的企业营销也已经转向了市场竞争导向阶段。顾客导向与市场竞争导向的本质区别是：前者看到的是新的顾客需求；后者不仅看到了需求，还更多地注意到了竞争对手，冷静分析自身在竞争中的优势、劣势并采取相应的策略，在竞争中求发展。

二是 4C 理论虽然已融入企业的营销策略和行为中，但企业营销又会在新的层次上同一化。不同企业至多是个程度的差距问题，并不能形成营销个性或营销特色，不能形成营销优势，不能保证企业顾客份额的稳定性、积累性和发展性。

三是 4C 以理论顾客需求为导向，但顾客需求有个合理性问题。顾客总是希望质量好、价格低，特别是在价格上的要求是无限度的。如果只看到满足顾客需求的一面，企业必然要付出更大的成本，久而久之，会影响企业的发展。

四是 4C 理论仍然没有体现既赢得客户又长期拥有客户的关系营销思想，没有解决满足顾客需求的操作性问题，如提供个案解决方案、快速反应等。

五是 4C 理论总体上虽是 4P 理论的转化和发展，但被动适应顾客需求的色彩较浓。因此，企业应根据市场的发展，需要从更高层次以更有效的方式在企业与顾客之间建立起有别于传统的新型的主动性关系，如互动关系、双赢关系、关联关系等。

针对上述问题，美国学者 Don. E. Schuhz 提出了 4R（关联、反应、关系、回报）营销新理论，阐述了一个全新的营销四要素。

(1) 关联（relating）

在竞争性市场中，顾客具有动态性。顾客忠诚度是变化的，他们会转移到其他企业。要提高顾客的忠诚度，赢得长期而稳定的市场，重要的营销策略是通过某些有效的方式在业务、需求等方面与顾客建立关联，形成一种互助、互求、互需的关系。

(2) 反应（reaction）

在今天相互影响的市场中，对经营者来说最现实的问题不在于如何控制、制订和实施计划，而在于如何站在顾客的角度及时地倾听顾客的希望和需求，并及时答复和迅速做出反应，满足顾客的需求。

(3) 关系（relation）

在企业与客户的关系发生了本质性变化的市场环境中，抢占市场的关键已转变为与顾客建立长期而稳固的关系，从交易变成责任，从顾客变成用户，从管理营销组合变成管理和顾客的互动关系。

沟通是建立关系的重要手段。从经典的 AIDA 模型“注意→兴趣→渴望→行动”来看，营销沟通基本上可完成前三个步骤，而且平均每次和顾客接触的花费均很低。

(4) 回报（return）

对企业来说，市场营销的真正价值在于其为企业带来短期或长期的收入和利润的能力。

4R 理论有以下四大优势：

一是 4R 理论的最大特点是以竞争为导向，在新的层次上概括了营销的新框架。4R 理论根据市场不断成熟和竞争日趋激烈的形势，着眼于企业与顾客的互动与双赢。

二是 4R 理论体现并落实了关系营销的思想。通过关联、关系和反应，提出了建立关系、长期拥有客户、保证长期利益的具体操作方式，这是一个很大的进步。

三是反应机制为互动与双赢、建立关联提供了基础和保证，同时也延伸和升华了便利性。

四是“回报”兼容了成本和双赢两方面的内容。追求回报，企业必然实施低成本战略，充分考虑顾客愿意付出的成本，实现成本的最小化，并在此基础上获得更多的顾客份额，形成规模效益。这样，企业为顾客提供价值和追求回报相辅相成，相互促进，客观上达到的是一种双赢的效果。

当然，4R 理论同任何理论一样，也有其不足和缺陷，如与顾客建立关联、关系，需要较强的实力或某些特殊条件，并不是任何企业都可以轻易做到的。但不管怎样，4R 理论提供了很好的思路。

4P、4C、4R三者不是取代关系而是完善、发展的关系。由于企业层次不同，情况千差万别，市场、企业营销还处于发展之中，所以至少在一个时期内，4P理论还是营销的一个基础框架，4C理论也是很有价值的理论和思路，因而两种理论仍具有适用性和可借鉴性。4R不是取代4P和4C，而是在4P和4C基础上的创新与发展，所以不可把三者割裂开来甚至对立起来。

四、汽车营销的CS工程

1. CS工程

CS经营又称CS行销战略，是英文"Customer Satisfaction"的简称，中文是"顾客满意"之意。美国市场营销大师菲利普·科特勒认为："满意是一种感觉状态的水平，它来源于对一件产品所设想的绩效或产出与人们的期望所进行的比较。"顾客对产品或服务的期望来源于其以往的经验、他人经验的影响以及营销人员或竞争者的信息承诺。CS有别于CI（企业形象识别）设计，是20世纪90年代国际上新兴的行销战略，它面对买方市场新形势的出现，强调从顾客的需求出发，打破企业传统的市场占有率推销模式，建立起一种全新的"顾客占有率"的行销导向。

汽车销售员和企业必须把顾客的利益放在首位，树立顾客导向的业务观念。过去"精明"曾经被认为是汽车销售员必须具备的素质，然而在今天，绝大多数企业都已认识到：满足顾客的需求，必须让顾客从车辆和服务中真正获得利益，只有这样，汽车销售员和企业才能与顾客建立并保持长期的良好关系。

CS与CI相比较：CS考虑问题的起点是顾客，CI则是企业形象；CS要建立的是企业为顾客服务、使顾客满意的系统，CI则带有较浓的推销色彩。就经营观念而言，CS要比CI更深一层、更高一筹。

顾客满意的定义是指一个人通过对一个产品的可感知的效果（或结果）与他的期望值进行比较后所形成的感觉状态，用公式表达为：顾客满意＝可感知效果/期望值。

满意水平是可感知效果和期望值之间的差异函数。能否实现顾客满意有三个重要因素，即顾客对产品的先期期望、产品的实际表现、产品表现与顾客期望的比较。如果效果低于期望，顾客就会不满意；如果可感知效果与期望相匹配，顾客就满意；如果可感知效果超过期望，顾客就会高度满意、高兴或欣喜。

2. 顾客满意度

顾客满意度就是量化了的顾客满意。顾客满意度是指人们对所购买的产品或服务的满意程度，以及由此产生的决定他们今后是否继续购买的可能性。满意度的高低取决于购前期待与购后实际体验之间的关系，即：顾客满意度＝购后实际体验/购前期待。

汽车企业要实现高的顾客满意度，必须从以下各方面来理解顾客需求：

(1) 汽车外部质量——包括车身的漆面质量、密封性、外形和颜色等。

(2) 汽车内部质量——包括内饰质量、内部空间大小、乘坐舒适性、空调性能和行李厢空间等。

(3) 汽车性能——包括动力性、制动性、操控性、燃油经济性、主动安全性、被动安全性和噪声等。

(4) 售后服务质量——包括维修网点的数量、维修站的设施和级别、维修人员的服务质量和零配件供应等。

(5) 汽车养护费用——包括车险、油费、停车费、日常保养和维修等方面的开支。

3. CS工程在汽车销售领域中的运用

(1) 如何使顾客满意

在以消费者为中心的营销时代，CS工程的运用和实施能够给消费者带来最大程度的满意，汽车生产厂商和汽车销售商也意识到CS工程的重要性，将CS的内容和精髓融入到日常工作流程中。他们从消费者的需要出发，从产品结构、产品质量、销售方式、服务项目、服务水平等各方面为消费者服务，满足消费者各种不同的需要，为消费者带来最大程度的满意。CS在汽车营销领域中的应用主要体现在以下几个方面：

① 在产品结构上使顾客满意

各大汽车厂商为了能在激烈的市场竞争中生存与发展，不断缩短开发周期，并针对市场调整产品结构与营销策略。

世界上最大的汽车厂商——美国通用汽车公司，从2003年开始在中国推出了全系列的产品，一改过去在中国生产的车型比较单一的局面，从别克到SPARK，到凯迪拉克CTS，甚至到凯迪拉克最高的概念车。生产的车型既有高档轿车、中型轿车和经济型轿车，也有SUV，还可能有皮卡。他们推出的凯越是非常有竞争力的中型车，凯越以下又有赛欧，赛欧以下又有SPARK，由此显现出通用公司已经是全系列进入中国的一个态势。从当年引入两款高档轿车，到现在全系列的车都进来了，通用公司显然已经做好了产品结构的调整，为实现在中国的战略意图打好了基础。

德国大众公司在20世纪80年代进入中国，进入之初踌躇满志，占据了相当可观的市场份额。之后的很长一段时间内，由于中国轿车产业基础十分薄弱，十几年来桑塔纳几乎一统中国轿车天下。进入21世纪后，随着上海通用公司、广州本田公司等其他合资汽车生产企业的成长，中国市场的变化与竞争对手的压力迫使一贯固执的德国人终于作出了调整。一汽大众公司和上海大众公司从2001年开始也加快了推出新产品的速度，2002年初大众公司在中国推出被称为“驾驶者之车”的“宝来”，装备了与奥迪A6和帕萨特相同的1.8T发动机。2001年9月德国大众公司新开发的第四代波罗在法兰克福车展亮相，并当场宣布将在中国同步推出，12月就在上海展出了波罗样车，2002年1月在上海大众公司开始生产，并于4月推向市场。2003年之后，大众公司又将GOL、POLO三厢车、大众途安、奥迪A4等品牌轿车推向中国市场。虽然这些新品牌车的推出稍显滞后，但是足以表明，大众公司在产品结构上已经做出了很大的调整。

② 在产品质量上使顾客满意

汽车属于价值较高的消费品，随着人们收入的提高、信息的发达、汽车知识的普及和消费者汽车消费观念的成熟，消费者在购买汽车时对汽车价格的关注程度已开始渐渐下降，而对产品品质的关注程度逐渐提高。国内已出现了一些专业的咨询公司或者权威机构，定期发布车辆产品质量的调查报告，通过大量数据统计分析衡量汽车产品的质量优劣，这样的结果对消费者的购买决策具有很强的影响力。

总体来说，各个汽车公司要真正得到顾客的满意，就必须保证经销车辆的品质，使它能够符合顾客的“需求”，更要符合其“理念”，能全面融入到顾客的生活中。

在产品质量方面，广州本田汽车公司在这方面做得非常出色，它所作的努力在整个汽车行业都是有口皆碑的。广州本田公司在任何新车型量产前，会分别采用针对中国市场的实车实地调查、二次开发、产品认证、工装适用性验证、质量符合性验证、量产满足性验证等方式，对新车型开发和生产的市场适应性、制造工艺性、质量水平和量产能力分段进行验证、评价和确认，使新车型投产和投放市场可能发生的问题在正式投产前充分暴露并得到解决，保证了新车型的质量和生产的顺利展开。高标准的新车质量还意味着低维修率和低维修费用，从而能够在最大程度上真正保证顾客的利益，使他们满意。

③ 在销售方式上与销售过程中使顾客满意

从最初的汽车大卖场到装修豪华的汽车4S专营店，汽车的销售方式一直处在变化中。近年来，随着汽车市场竞争日渐激烈、消费者购车挑剔程度的增加，为了降低成本，更好地满足顾客需要，汽车超市渐渐成为销售汽车的主流模式之一。现在，高效、低成本的互联网汽车营销也出现在消费者面前。

目前，互联网已经成为众多产品的重要营销方式，国内已经拥有超过一亿的互联网用户，并且这个用户群仍然以每年超过20%的速度增长。由于互联网具有信息迅捷、内容丰富、互动性强、搜索简便、低成本等特点，非常适合作为汽车的营销平台。很多汽车消费者都愿意通过互联网进行汽车品牌查询和报价搜索。根据调查，在汽车消费者中，有超过40%的用户在买车前会借助互联网进行汽车品牌的查询、性能比较，并通过论坛等方式同某些品牌的使用者进行沟通与交流，为自己的买车提供参考。同时，通过互联网平台，汽车经销商可以很方便地发布所经销的汽车品牌、建立自己的网上专卖店、展示自己的公司形象和联系方式等，这样也有利于消费者通过这个平台搜索自己所喜欢的汽车品牌、进行性能比较以及了解该品牌各个经销商的报价。这一切都促成了互联网与汽车营销之间的合作。

无论是过去的汽车大卖场、曾经辉煌过的4S专营店、现在方兴未艾的汽车超市，还是刚走入消费者生活中的汽车网络营销，都是使顾客得到最大满意的产物，它们的将来和发展都会随着顾客的满意程度而改变。

④ 在售后服务上使顾客满意

随着汽车消费日趋成熟，售后服务日益成为消费体验中举足轻重的部分。对消费者而言，汽车服务品牌与汽车品牌变得同等重要，在顾客选择购买汽车过程中起着不可忽视的作用。与汽车品牌不同，汽车服务品牌是指为汽车售后服务专项打造的特有品牌，也有具体的标识、服务标准。

（2）顾客满意能够带给企业的价值

任何企业和汽车销售人员都不能忽视顾客满意度所带给企业的利益。经研究发现，从顾客选购一辆汽车开始，他们将带来至少 30 万美元的价值。顾客所带来的价值包括：每位上门顾客一生可能购买的汽车数，乘以汽车的平均售价；顾客可能需要的零件和维修服务；购车贷款带给公司的利息收入；老顾客所带来的新顾客的购买力等。当然，这些利益均是建立在顾客满意的基础之上的。

美国汽车制造业率先开展了顾客满意度调查。此后，各国汽车制造业都投入大量资金，跟踪调查顾客满意度，并制定了一系列奖励制度，促使员工提高顾客满意度，以便与外国汽车制造厂商争夺市场。现在，美国汽车制造厂商的顾客满意率都超过 90%。

顾客的满意首先会使得该顾客由普通顾客转变为忠诚顾客，而忠诚顾客在今后再购买汽车时，会首先考虑原来那家带给他满意的公司。

第二节 汽车绿色营销

汽车的绿色营销源于能源的过度消耗、自然生态环境的不断恶化以及全社会环保意识的增强。由于汽车尾气的排放给自然环境造成了严重的污染，给人类的健康、生存造成了极大的影响，各国都开始制定一定的环保标准来最大限度地减轻汽车给环境带来的威胁。现代汽车企业开展绿色营销，从市场需求的角度促进对环境的保护，迎合消费者崇尚绿色消费的心理。

一、绿色营销的内涵

绿色营销属于社会营销的范畴，要求企业将注意力从单纯追求利润转为既重视企业利润增长，也注重环境保护，做到在营销中要注重地球生态环境的保护，促进经济与生态的协调发展，实现企业自身利益、消费者和社会利益及生态环境利益的统一。

从企业经营的角度来说，绿色营销是指企业重视和保护生态环境，辨识和适应消费者的绿色需求；从消费者的角度看，绿色营销是指企业在绿色消费的驱动下，以绿色消费为中心和出发点，制定和实施相应的营销策略，实现企业经营目标；从产品的角度来说，绿色营销强调产品对环境产生的影响，通过改革产品的生产过程，来达到环境保护的目的。

汽车绿色营销不仅是提供汽车绿色产品的问题，而且是汽车营销行为的绿色。它倡导多赢性原则，是一种行为上的美，讲究营销行为与社会的和谐，营销行为与自然的和谐，营销行为与竞争对手、顾客、供应商等各方的和谐。

二、汽车绿色营销的实施

1. 树立绿色营销观念

绿色营销观念是在绿色营销环境条件下企业生产经营的指导思想。传统营销观念认为，企业在市场经济条件下生产经营，应当时刻关注与研究的中心问题是消费者需求、企业自身条件和竞争者状况三个方面，并且认为满足消费需求、改善企业条件、创造比竞争者更有利的优势，便能取得市场营销的成效。而绿色营销观念却在传统营销观念的基础上增添了新的思想内容。绿色营销观念注重社会利益，汽车绿色营销更明确定位于节能与环保，立足于可持续发展，放眼于社会经济的长远利益与全球利益。

2. 设计绿色汽车产品

产品策略是市场营销的首要策略，汽车企业实施绿色营销为社会和消费者提供满足绿色需求的汽车产品。所谓绿色产品是指对社会、对环境改善有利的产品，或称无公害产品。这种绿色产品与传统同类产品相比，至少具有下列特征：

(1) 产品的核心功能既要能满足消费者的传统需要，符合相应的技术和质量标准，更要满足对社会、自然环境和人类身心健康有利的绿色需求，符合有关环保和安全的标准。

(2) 产品的实体部分应减少资源的消耗，尽可能利用再生资源。产品实体中不应添加有害环境和人体健康的原材料。在产品制造过程中应消除或减少对环境的污染。

(3) 产品的包装应减少对资源的消耗，包装的废弃物和产品报废后的残物应尽可能成为新的资源。

(4) 产品生产和销售的着眼点，不在于引导消费者大量消费而大量生产，而是指导消费者正确消费而适量生产，建立全新的生产美学观念。

当前，各主要汽车生产国家都在开发和推出环保节能型汽车，以满足消费者对绿色产品的需求。日本推出节省25%燃油、少排80%废气的绿色汽车；美国研制出燃烧效率比现有汽车高3倍的小型汽车；我国一些企业也在开发、生产和使用电动汽车、无铅汽油，以液化石油气代替汽油作为能源等。

3. 制定汽车产品的绿色价格

价格是市场的敏感因素，定价是市场营销的重要策略，实施绿色营销不能不研究绿色产品价格的制定。一般来说，绿色产品在市场的投入期，生产成本会高于同类传统产品，因为绿色产品的成本中计入了产品环保的成本。产品环保的成本。主要包括以下几方面：

(1) 在产品开发中，因增加或改善环保功能而支付的研制经费；

(2) 在产品制造中，因研制对环境和人体无污染、无伤害而增加的工艺成本；

(3) 使用新的绿色原料、辅料而可能增加的资源成本；

(4) 由于实施绿色营销而可能增加的管理成本、销售费用。

但是，产品价格的上升是暂时的，随着科学技术的发展和各种环保措施的完善，绿色产品的制造成本会逐步下降，趋向稳定。企业制定绿色产品价格，一方面当然应考虑上述因素；另一方面应注意到，随着人们环保意识的增强，消费者经济收入的增加，消费者对商品可接受的价格观念会逐步与消费观念相协调。所以，企业营销绿色产品不仅能使企业赢利，更能在与同行竞争中取得优势。

4. 绿色营销的渠道策略

绿色营销渠道是绿色产品从生产者转移到消费者所经过的通道。企业实施绿色营销必须建立稳定的绿色营销渠道，策略上可从以下几方面努力：

(1) 启发和引导中间商的绿色意识，建立与中间商恰当的利益关系，不断发现和选择热心的营销伙伴，逐步建立稳定的营销网络。

(2) 注重营销渠道有关环节的工作。为了真正实施绿色营销，从绿色交通工具的选择，绿色仓库的建立，到绿色装卸、运输、贮存、管理办法的制定与实施，认真做好绿色营销渠道的一系列基础工作。

(3) 尽可能建立短渠道、宽渠道，减少渠道资源消耗，降低渠道费用。

5. 搞好绿色营销的促销活动

绿色促销是通过绿色促销媒体，传递绿色信息，指导绿色消费，启发和引导消费者的绿色需求，最终促成购买行为。绿色促销的主要手段有以下几方面：

(1) 绿色广告。通过广告对产品的绿色功能定位，引导消费者理解并接受广告诉求。在绿色产品的市场投入期和成长期，通过大量的绿色广告信息，营造市场营销的绿色氛围，激发消费者的购买欲望。

(2) 绿色推广。通过绿色营销人员的绿色推销和营业推广，从销售现场到推销实地，直接向消费者宣传、推广产品绿色信息，讲解、示范产品的绿色功能，回答消费者绿色咨询，宣讲绿色营销的各种环境现状和发展趋势，激发消费者的消费欲望。

(3) 绿色公关。企业的公关人员通过参与一系列公关活动，诸如发表文章、演讲、影视资料的播放、社交联谊、环保公益活动的参与和赞助等，广泛与社会公众进行接触，增强公众的绿色意识，树立企业的绿色形象，为绿色营销奠定广泛的社会基础，促进绿色营销的发展。

汽车企业开展绿色营销是在消费者绿色需求的条件下产生的，所以，绿色需求是绿色营销的动力。企业应当注重培养绿色文化意识，从而形成绿色营销的文化环境；在产品设计、制造和服务的过程中，不断研究和创造有利于保护生态环境、保护消费者身心健康的科学技术成果，形成绿色营销的科技环境；以是否能最佳满足消费者绿色需求作为企业间竞争的焦点，形成市场营销新的竞争环境。

尽管绿色营销是传统营销的延伸与扩展，但它毕竟是社会经济发展到现阶段的产物，所以，它与传统营销相比，无论是营销观念还是营销组合策略，都显示出自身独特的、崭新的内涵，显示出顽强的生命力，汽车绿色营销必将成为汽车市场营销的主流。

第三节 汽车网络营销

一、网络营销的内涵

“网络营销”来源于意译的英文词组“Internet Marketing”以及“Internet Promotion”，是通过互联网进行市场推广活动，是21世纪最有代表性的一种低成本、高效率的全新商业模式之一。

为了更好地理解网络营销这个全新的概念，我们可以通过与传统的营销方式的比较来描述网络营销的特点。当互联网逐渐进入我们的生活并成为一种重要的商业手段时，它更像传统的直接寄送商业宣传品的营销方法。

(1) 传统的营销方法是通过向人们传递信息来销售产品或服务的。但互联网给我们提供了一个更大、更有效的传递信息的空间，使网络营销比传统营销具有更强的传递信息的能力。

(2) 传统的营销方法让消费者很难确定哪些是自己需要产品或服务的企业，但通过互联网，消费者可以在最短的时间内确定自己需要产品或服务的的企业。

(3) 传统的营销方法在一定程度上会受到距离的约束，但通过互联网可以完全不考虑空间和距离的因素，远在天边与近在咫尺都变成了理论上的距离，更多的人所关心的不只是某个地区或国家，而是全球。

因此，根据以上的几个简单对比，我们不难看出网络营销的优势所在。

二、汽车网络营销的特点

同汽车市场的销售情况相比较，汽车网络营销有着自身的几个特点：

网上车市有关网络营销情况的统计表明，网民的订单大都集中在知名度相对较高的企业的产品，例如，广州本田、上海通用、北京现代、一汽大众、上海大众、一汽丰田、东风雪铁龙等品牌车。这些品牌车生产企业的订单数占所有订单的50%以上。由此反映出网民对汽车品牌的认知度和消费水平。

从价位上看，网上车市消费者订车的价位相对较高，20万元以上价位的车的订单约占订单总数的40%。这个比例远大于该价位车在汽车市场实际销量中所占的比例。这反映了中高档车在网上销售的潜力。

汽车网络营销还有一个重要特点是，消费者从网上订购汽车到实际购买行为完成的时间一般都不长。对网上订购汽车消费者的回访表明，已经购车者占37.8%，另有28.3%的消费者表示会在3个月以内购买汽车，两者相加的比例超过60%。这反映了在网上车市订购车的消费者中，大部分是购买意向明确、有效、高素质的汽车消费群体。

三、网络营销策略

根据互联网络在汽车企业营销活动中的应用程度，企业可以按照由初级到高级的不同阶段实施以下几个层次的营销活动：

1. 网上宣传

在企业上网宣传阶段，企业网络营销的重点是把传统的网下营销活动中有关企业及其产品信息发布与宣传工作的全部或部分通过互联网来完成。它是企业把互联网作为一种新的信息传播媒体而开展的初级阶段的网上营销活动。这是企业网上营销最基本的应用方式。目前，中国的汽车企业基本上都采用了网上宣传产品的途径。

2. 网上市场调研

企业通过网络进行市场调研，及时掌握市场信息，从中发现消费者需求的情况及动向，可以帮助企业进行以消费者需求为中心的科学决策。现在，大多数的汽车企业都开展网上市场调研，了解消费者需求的特点、消费者对车型的偏好情况以及消费者对新车型的反映情况等。

3. 网上直接销售

网上直接销售是指网络营销基本上已经实现网上信息发布、网上订货、网上结算以及网上配送的网络营销活动。网上直接销售是一种高效率、低成本的市场交易方式，代表一种新的经营模式。对于买方来说，由于网上直接销售合并了全部中间环节，并能提供更为详细的商品信息，买方能更快、更容易地比较商品特性及价格；对于卖方而言，这种模式的销售成本很小，完成交易时间短。在欧美一些汽车工业发达的国家，网上直接销售汽车比较流行。在国内，汽车网络直接销售还刚起步，存在很多的局限性，还有待进一步完善。

4. 网络营销集成

网络营销集成是指企业市场营销活动的全过程基本上是在网上完成。这一阶段，企业依靠网络与供应商、制造商、营销中介、消费者建立密切的联系，并通过网络收集、传递信息，从而根据消费者需要，充分利用网络伙伴的生产能力，实现产品设计、制造及售后服务的全过程。这是最高层次的网络营销阶段。

四、国内汽车网络营销表现出的局限性

网络营销这一汽车销售的新模式虽然“开局”较好，但毕竟是处于“初级阶段”。网站本身、汽车厂家、经销商所开展的所谓网络销售，更多的也仅仅限于进行传播、在线交流和互动等较浅层次的活动，准确地说，对网络营销更多的是有限使用，而不是更高层次的运作；另一方面，由于在汽车网络营销的过程中，消费者只能看到车型的一些图片和相关资料介绍，不能接触到实物，从而在一定程度上影响了消费者的购买；再者，网络安全方面的问题也是制约汽车网络营销的一个方面。

为了进一步地发展和完善汽车网络营销，汽车网络营销的参与者可以采取以下一些措施：

（1）要把登录网络营销网站的网民与普通网民区别开来，不能仅仅停留于在线交流、浏览和回答网民问题的层面，而是要在方式、方法及运作技巧上多下工夫。

（2）汽车经销商要选择一个高质量的网络平台。对于代理一个或几个品牌的汽车经销商来说，如果能够做到网络下面有实体店面，网络上面有虚拟店铺，两者有机结合并有效运作，形成良性循环，则能取得事半功倍的效果。

（3）经销商应该努力通过网络做大、做好自身品牌形象。这就需要经销商把树立自身品牌形象的工作融入产品营销、维修服务、经营理念及企业文化的方方面面，形成一个良好的在线展示与互动的平台，给准客户或潜在客户以良好的第一印象是非常关键的。

第四节　汽车定制营销

随着经济的快速发展以及以消费者为中心的消费时代的到来，居民收入和购买力水平在同步提高，表现为消费需求向高级阶段发展。人们的消费需求、消费观念发生着变化，当前市场营销中一个非常明显的趋势便是消费越来越从共性消费向个性消费转变。消费的潮流迫切需要企业针对不同消费者设计和生产不同种类的产品，提供不同类型的服务，制订不同的营销计划。

一、定制营销的内涵

定制营销是指企业在大规模生产的基础上，将每一位顾客都视为一个单独的细分市场，根据每一个人的特殊需求来安排营销组合策略，以满足每一位顾客的特定需求。

目前国际汽车市场供大于求、汽车产品过剩的现象普遍存在，汽车市场呈现出明显的买方市场特点。消费者对汽车产品的需求表现出明显的差异性，需求水平还在不断提高。在这样的情况下，汽车企业应该尝试一些新的营销方式。定制式营销能使企业销售产品时变被动为主动，更好地迎合消费者的多样化需求，汽车企业可以广泛地开展定制营销。当前，国内各大汽车生产企业也开始开展定制式营销。

二、定制营销的特征

网络技术的发展改善了企业与顾客的关系，随着企业与顾客相互了解的增多，营销活动将更加适合于定制。现代定制营销具备以下一些特征：

1．个性化的生产

定制营销虽仍然以大规模生产为基础，但强调个性化的生产，即根据不同的消费者的需求特点，设计出各种不同的产品，来更好地满足顾客日益个性化的需求。

2．数据库营销

企业在定制营销时，通常以顾客数据库作为营销工具。企业将自己与顾客发生的每一次联系都记录下来，包括顾客购买的数量、价格、采购条件、特定需求、性别、年龄等详细的顾客信息。这样，企业会通过数据库分析新老顾客的需求状况，从而制定更具针对性的营销策略。

3. 顾客的参与性

顾客的参与性是指在定制营销中，为了确保顾客的满意度，必然要鼓励顾客的积极参与和合作。

三、定制营销的类型

1. 合作型定制

当产品的结构比较繁多时，顾客一般难以权衡，甚至有一种束手无策的感觉。他们不知道何种产品组合适合自己的需要，在这种情况下可采取合作型定制，即企业与顾客进行直接沟通，介绍产品各零部件的特色性能，并以最快的速度将定制产品送到顾客手中。

2. 适应型定制

如果企业的产品本身构造比较复杂，顾客的参与程度比较低时，企业可采取适应型定制营销方式。顾客可以根据不同的场合、不同的需要对产品进行调整、变换或更新组装来满足自己的特定要求。

3. 选择型定制

在这种选择型营销中，产品对于顾客来说其用途是一致的，而且结构比较简单，顾客的参与程度很高，从而使产品具有不同的表现形式。在汽车的一些相关配置中，顾客可以根据自己的喜好有选择性地定制。

4. 消费型定制

在消费型定制的情况下，顾客的参与程度很低，他们一般不愿意花费时间接受公司的调查，但他们的消费行为比较容易识别。这时公司可通过调查，掌握顾客的个性偏好，再为其设计更能迎合其口味的系列产品或服务，这样便可以增加消费数量或次数。

四、定制营销的局限性

定制营销有一个致命的缺点，就是与规模化生产的产品相比，在成本与价格上处于明显的劣势，现在订单式生产的汽车要比普通生产的汽车的价格高出很多。但是，这一劣势是可以通过优质的服务使一些消费者感到物有所值；再就是现代科技为定制营销创造了良好的硬件基础，如计算机辅助设计、人工智能、网络技术的出现，使现代企业具备了进行低成本、多品种、小批量生产的能力。

定制营销不仅是一种新的营销模式，而且还是在销售一种崭新的营销观念。它从设计到生产、从产品到服务都突出了“顾客需求”这一主旨。在这一理念下，“顾客需求”作为第一要素，超越了成本、利润的价值。既然顾客的需求呈现个性化的倾向，企业只能变革规模化生产条件下的营销方式，采用订单式的销售，满足顾客的个性化需求。

第五节　汽车关系营销

一、关系营销的内涵

关系营销又称为顾问式营销，指企业在赢利的基础上，建立、维持和促进与顾客以及其他伙伴之间的关系，以实现参与各方的目标，从而形成一种兼顾各方利益的长期关系。关系营销把营销活动看成一个企业与消费者、供应商、分销商、竞争者、政府机构及其他公众发生互动作用的过程，正确处理企业与这些组织及个人的关系是企业营销的核心，是企业经营成败的关键。它从根本上改变了传统营销将交易视作营销活动关键和终结的狭隘认识。企业应在主动沟通、互惠互利、承诺信任的关系营销原则的指导下，利用亲缘关系、地缘关系、业缘关系、文化习惯关系、偶发性关系等关系，与顾客、分销商以及其他组织和个人建立、保持并加强关系，通过互利交换及共同履行诺言，使有关各方实现各自的目的。面对汽车市场日益残酷的竞争挑战，许多企业逐步认识到：保住老顾客比吸引新顾客收益要高；随着顾客的日趋大型化和数量不断减少，每一客户显得越发重要；交叉销售的机会日益增多；更多的大型公司正在形成战略伙伴关系来对付全球性竞争，而熟练的关系管理技术则是必不可少的。

二、关系营销的基本特征

一是关系营销是一个双向的信息沟通交流过程。关系营销的主体应该主动与顾客及其他相关群体接触和联系，相互沟通、交流情况，主动为他们服务和解决问题，即企业通过向顾客有效地传递信息，满足顾客的需求，达到维系顾客的目的。

二是关系营销是以协作为基础的战略过程。关系营销强调企业与顾客、分销商、供应商甚至是竞争者建立长期的、彼此信任的、互利的关系。

三是关系营销体现营销活动的互利性。关系营销是关系双方以互利互惠为目标的营销活动。

四是关系营销体现信息反馈的及时性。企业利用控制反馈的手段不断完善产品和服务的管理系统，通过建立以反馈为职能的管理系统，可以对营销活动作出定性和定量的分析，及时掌握顾客、经销商以及营销系统中其他参与者的信息，了解环境的动态变化，为企业挖掘新的市场机会。

三、关系营销的三个层面

关系营销建立在顾客、关联企业、政府和公众团体三个层面上，它要求企业在进行经营活动时，必须处理好与这三者的关系。

1. 建立、保持并加强同顾客的良好关系

顾客是企业生存和发展的基础。企业离开了顾客，其营销活动就成了无源之水、无本之

木。市场竞争的实质就是争夺顾客，顾客忠诚的前提是顾客满意，而顾客满意的关键条件是顾客需求的满足。要想同顾客建立并保持良好的关系，首先，必须真正树立以消费者为中心的观念，并将此观念贯穿于企业生产经营的全过程。产品的开发应注重消费者的需要，产品的定价应符合消费者的心理预期，产品的销售应考虑消费者的购买便利和偏好等。其次，切实关心消费者利益，提高消费者的满意程度，为顾客提供高附加值的产品和服务。企业通过产品的品牌、质量、服务等，为顾客创造最大的让渡价值，使他们感觉到物有所值。

2. 与相关企业加强合作，共同开发市场

在传统的市场营销中，企业与企业之间是竞争关系，任何一家企业若想在竞争中取胜，就得不择手段。这种方式既不利于社会经济的发展，又易使竞争双方两败俱伤。关系营销理论认为：企业之间存在合作的可能，有时通过关联企业的合作，将更有利于实现企业的预期目标。企业合作有利于巩固已有的市场地位。当今市场，细分化的趋势越来越明显，诸强各据一方，竞争日趋激烈，任何企业要想长期保持较大的市场份额，其难度越来越大，通过合作可增强企业对市场变动的适应能力。

3. 与政府及公众团体协调一致

企业是社会的一个组成部分，其活动必然要受到政府有关规定的影响和制约，在处理与政府的关系时，企业应该采取积极的态度，自觉遵守国家的法规，协助研究国家所面临的各种问题的解决方法和途径。关系营销理论认为：如果企业能与政府积极地合作，树立共存共荣的思想，那么国家就会制定出对其营销活动合理化、避免相互矛盾、帮助营销人员创造和分配价值的政策。现代营销的内容十分广泛，相关团体与企业内部员工也是关系营销的一个重要方面。协调好与这些组织的关系，建立与企业员工的良好关系，就能为实现企业目标提供保证。

关系营销是一项系统工程，它能够有机地整合企业所面对的众多因素，通过建立与各方面良好的关系，为企业提供健康稳定的长期发展环境。

四、关系营销中的关键过程

1. 关系营销中的交互过程

成功的营销需要为顾客或用户提供足够好的答案。在消费品交易营销中，这个答案是实体产品；在关系营销中，这个答案包括关系本身及其运作的方式和顾客需求满足的过程。关系包括实体产品或服务产出的交换或转移，同时也包括一系列的服务要素，没有这些服务，实体产品服务产出的可能只有有限的价值或对顾客根本没有价值。关系一旦建立，便会在交互过程中延续。供应商或服务企业与顾客间发生不同类型的接触，这些接触可能是不同的，主要取决于具体的营销情形。有些接触是人与人之间的，有些是顾客与机器或系统之间的。在这种情况下，交互过程中接触的性质取决于研究的具体对象。

2. 关系营销中的对话过程

关系营销中营销沟通的特点是试图创造双向的有时甚至是多维的沟通过程。并非所有的活动都直接是双向沟通的，但是所有的沟通努力都应该导致某种形式的能够维护和促进关系的反应，即对话过程。对话式沟通过程必须支持这种价值的创造和转移。这个过程包括一系列的因素，如销售活动、大众沟通、直接沟通和公共关系。大众沟通包括发放传统的广告、宣传手册、销售信件等不寻求直接回应的活动；直接沟通包括含有特殊提供物和确认已经发生交互的个人信件等，要寻求从以往交互中得到某种形式的反馈，要求有更多的信息以及有关顾客的数据和纯粹的社会响应。

3. 关系营销中的价值过程

关系营销比交易营销要付出更多的努力，因此，关系营销应该为顾客和其他各方创造出更大的价值。顾客必须感知和欣赏持续关系中创造的价值。由于关系是一个长期的过程，因此顾客价值在一个较长的时间内出现，我们将之称为价值过程。关系营销要取得成功并被顾客视为是有意义的，就必须存在一个与对话和交互过程并行的顾客欣赏的价值过程。

总之，成功的关系营销战略要求在关系营销计划过程中同时考虑以上三个过程。交互过程是关系营销的核心，对话过程是关系营销的沟通侧面，价值过程则是关系营销的结果。如果顾客价值过程没有得到仔细分析，在交互过程中就很容易出现错误和不当的行动。如果对话过程与交互过程冲突，价值过程就很容易产生消极的结果，因为顾客可能得到冲突的信号和不能兑现的承诺。交互、对话和价值构成关系营销的三极，关系营销的实施效果取决于以上三个过程的有机融合。

【案例分析】

案例一：不可能的买主

美国著名企业家玫琳凯有一次开着一辆旧车去一家代销福特汽车的商行，准备购买一部自己早已看中的黑白相间的车子，以作为庆祝自己生日的礼物。但是，福特车行的售货员看到玫琳凯开的是辆旧车，把她看做是“不可能的买主”，因而接待时显得漫不经心，最后干脆找了个借口，说已和别人约好要共进午餐，把玫琳凯拒之门外。

玫琳凯走出福特汽车代销商行后，无意中走进了另一家商行。这家商行的售货员极其热情，当他询问后得知玫琳凯是为自己的生日来购车的，说了声“请稍等”就走开了，过了一会儿又回到了柜台前。15 分钟后，一位秘书给她送来了 12 朵玫瑰花。他把这些花送给玫琳凯，说是一点心意，以表示对她生日的祝贺，这使玫琳凯大感意外、惊喜并激动不已。于是，她打消了原来想买黑白相间的福特车的想法，决定从这家商行买回一辆黄色默库里汽车。

在现实生活中，几乎没有纯粹的产品或纯粹的服务。消费者在购买产品实体的同时也会购买相关服务，也就是顾客让渡价值在实施购买行为中有着巨大的影响力。任何销售都有有形部分和无形部分，就像分子是由不同原子构成的一样。例如，汽车是有形产品，但维修保养等无形服务同样十分重要。

进一步说，商品交易虽是商品与货币之间的交换，但绝不仅仅是商品与金钱之间的关系。任何商品都要通过人去销售，也都要通过人去购买。换言之，都要涉及人与人之间的关系。人与人（销售者与购买者）之间的关系处于什么样的状态，直接影响到销售工作的成败。以上案例就是一个典型的例证。这里实际上提出了一个常常被人忽略的真理：购买感受和体验也是无形产品的重要组成部分。若在这部分上有所欠缺，可能会导致产品销售（尽管是十分优秀的产品）的失败。

其实，当玫琳凯到福特车汽车化销商行时，已是一个现实的购买者了，但销售人员的冷漠态度赶走了一笔生意；当她无意中走进另一家商行时，起初只是一个看客，但销售人员具有高度技巧性的情感式服务却把看客转变为现实的购买者。由此观之，在销售过程中，买卖双方的情感交流以及处于何种状态是多么的重要。

如何让顾客有完美的购买感受和体验，最好的老师是那些深夜还在忙碌营业的大排档老板们。他们可能不会有送花之类的想象力或浪漫，但绝对让你感觉热乎乎的，无论是嘴里还是心里。就像有些工厂的厂区大楼上贴的标语：努力让顾客感动。

营销理论中还有“80/20”原则，亦即企业80%的利润是由20%的大顾客所创造出来的。这就使得在实际操作过程中涉及判断80与20的问题，该案例中福特汽车代销高行中的销售人员武断地从表面现象中判断顾客的行为造成了很大的后果，他不仅没有完成交易，更为严重的是伤害了顾客的心。顾客有的时候很好哄，但是有的时候却是“想说爱你不容易”，所以在销售过程中不要有偏见，更不要让顾客受伤。

案例二：上海大众公司斯柯达e购中心

2009年7月19日，以“定制未来，轻而e举”为主题的斯柯达品牌首家e购经销商上线仪式在斯柯达品牌威海茂名南路1号路城市展厅举行，上海百联沪北汽车销售有限公司成为斯柯达e购中心首家e购经销商，营销创新不断的上海大众公司斯柯达品牌正式启动了汽车营销与电子商务整合的探索之旅。通过斯柯达e购中心，消费者可以足不出户，在享受上门一条龙服务的同时坐等斯柯达品牌为自己送来心仪已久、个性化定制、手续齐备的斯柯达轿车。

斯柯达e购中心采用当今国际先进的网上实时3D数字技术，建立了与斯柯达旗舰店展厅同比例的网上3D品牌展厅，用户可详细了解到斯柯达品牌的历史、文化荣誉、产品车型、销售、服务及车友汇等各方面的具体情况；借助先进的3D实时定制工具，用户可根据自己的喜好直接通过e购中心进行个性化定制，定制后消费者可进入网络“温馨洽谈室”享受斯柯达e购销售顾问提供的一对一服务。此外，用户在斯柯达e购中心还可与斯柯达e购销售顾问进行即时交流和询价，并进行订金在线支付。这意味着，借助企业级项目管理软件开发工具，斯柯达e购中心实现了网上客户从参观3D品牌展厅、个性化3D定制、即时交流直至网上支付订金的全过程在线化，打造了一个与客户在线交流和交易的平台。

网络营销虽然一直是2009年汽车行业不同主体提倡的新营销模式，但像上海大众公司斯柯达一样付诸实践，并形成一个完整体系的却是凤毛麟角。作为营销的一个新方式落地，斯柯达 e 购中心的模式值得大家关注。

思考题

10-1　汽车服务营销的本质是什么？

10-2　汽车营销 4C 和 4R 策略的内容分别包括哪些？

10-3　什么是顾客满意度？

10-4　在汽车营销过程中，应从哪些方面着手，使顾客获得最大满意度？

10-5　简单叙述汽车服务营销、绿色营销、定制营销以及关系营销的基本内涵。

10-6　结合一些汽车企业的实际，谈谈汽车定制营销优势以及未来的发展趋势。

10-7　结合当前国内一些汽车企业的现状，谈谈如何开展关系营销。

10-8　什么是网络营销？你是如何理解的？联系实际谈谈汽车企业应该如何开展网络营销。

第十一章 汽车营销实务

学习目标：了解汽车营销售前的车辆准备；了解汽车营销售中的营销技巧；了解汽车营销售后的内容。

将汽车营销业务分为三个阶段，即售前、售中和售后，售前主要是包括车辆的物流业务和销售人员售前的准备事项；售中是销售的主要环节，包括接待客户、展示车辆、商谈价格等；售后是销售终点，也是下次销售的起点，主要包括车辆的保险服务、维修保养服务等，以及车主的回访、信息反馈等。

第一节 售 前

一、车辆

1. 进货

进货就是汽车销售公司通过某种渠道获得销售所需的商品汽车。

进货的来源渠道有两种：一种是直接从生产厂或生产厂主管的汽车销售公司进货；另一种形式是经销商从各地的汽车销售公司或区域代理商那里进货。

在新的《汽车品牌销售管理办法》出台后，授权销售成为汽车销售的唯一形式。特约经销商归属于汽车厂商或总经销商统一的销售网络管理，经销商的货源自然来自于厂商或总经销商，也有由区域代理商配送车辆，但中间批发商将不复存在。

从销售管理的角度看，汽车经销商必须在头一年年底或当年年初根据市场信息和顾客的需求，编制《汽车年度销售计划》，在供应和销售双方充分协商的基础上，最后签订供货合同。经销商按照年度销售计划编制月度进货计划。

2. 验车

销售公司根据合同票据规定的时间，计算车辆到达时间，做好接车的准备工作。

新车的运输如果是由专业运输商负责运到本公司，销售部在接车过程中要严格按照相应的《车辆发运交接单》的内容进行检查，最后与运输商共同在《车辆发运交接单》上签字认可。若检查出在运输过程中产生的问题，则应由运输商负责修复或承担由此发生的全部费用。

销售公司对供货方所提供的商品车进行检查和验收的工作，一般要由服务部门完成。因为服务部门的专门人员熟悉汽车技术，且有经验。验收的核心问题是：对于第一手货源，检查质量是否有问题；对于第二手货源或第三手货源，主要辨别是真货还是假货，是新车还是旧车，质量有无问题，以防止上当受骗。

对商品车主要做好以下各项验收工作：

(1) 核对发动机号、车架号、铭牌号、VIN码与合格证是否一致。VIN码即车辆识别代号（Vehicle Identification Number），是世界通行的汽车识别代码。VIN码由一组英文字母和阿拉伯数字组成，共17位，所以又称17位识别代号编码，它是识别一辆汽车不可缺少的工具。按照识别代号编码的顺序，从VIN码中可以识别出该车的生产国别、制造公司或生产厂家、车的类型、品牌名称、车型系列、车身形式、发动机型号、车型款式、安全防护装置的型号、检验数字、装配工厂名称和出厂顺序号码等。

在车辆的查验中，有四处的VIN码应是一致的，即车架号、铭牌上标示的车架号、合格证上的车架号以及在汽车挡风玻璃下（国产车规定的位置）的VIN码。

(2) 检查外观。检查车身是否平整；漆面是否完好，色泽是否一致；车灯玻璃是否完好；车身缝隙是否均匀；玻璃是否完好（即是否原装玻璃），标牌是否一致；车门是否严密且开关自如；门窗玻璃是否升降自如；轮胎、轮辋是否完好、统一、紧固，商标和标示是否一致等。

(3) 各种装置。检查各种装置是否完好无损，操纵系统是否正常；灯光照明及各指示灯是否完好；电瓶是否失效；喇叭、雨刷器、音响、空调等是否正常。

(4) 机箱检查。静态检查发动机缸体、缸盖是否严密；油路、水路、气路是否通畅完好；各部件是否崭新。

(5) 动态检验。启动发动机，看启动是否迅速；听发动机的声音，看发动机是否抖动和管路是否有渗漏；看怠速时的转速（正常情况应在750～800转/分）；踩下油门踏板看转速提升是否灵敏。如果有条件还应进行路试，检查一下操控状况。

(6) 检查随车附件是否齐全。一般新车的随车附件有备胎、随车工具、灭火器、车辆钥匙、电控密码等，检查其是否齐全。

(7) 检查文件是否相符齐全。随车文件一般有车辆说明书、用户手册、保养手册、合格证。进口车辆还应检查进口批文和报关单是否齐备。检查合格后，将商品车入库保管，填写单据。

3. 运输

在购得商品车后，需要运回销售公司所在地或买车人所在地。可以委托生产厂负责运输；或者委托当地储运公司把商品车提出后，由储运公司负责运输；也可自行负责。常用的运输方式有以下几种：

（1）铁路运输。即通过订铁路运输的车皮，运输到当地的车站再由司机开回公司的方式。这种方式一般较为安全，成本也较低。但是受到列车到达站的限制，而且运输时间也较长。

（2）公路运输。即由生产厂派司机或者公司自雇司机通过公路长途运送。此法速度快，但费用高，一般只在订购的车辆少，路程较短，铁路运输又不易解决，情况又较紧急时采用。

目前国内已经广泛采用汽车专用运输车辆运输的方式，一次可装运 12～16 辆轿车，经公路运抵目的地。国外的汽车生产大国，大多采用这种专用运输车辆运送商品车。

（3）水上运输。即采用运输轮船运送车辆，通过相近的码头将车辆装上船，然后运抵目的地附近的码头。这种方法安全性好，成本低，适合长距离运输，但运输时间更长，而且受到码头分布的限制。

在实际选择运输方式时，可以单独采用一种方式，也可以几种方式联合采用。这要视情况而定。

在运输中有可能出现问题，造成不必要的损失，特别是公路运输，很容易发生汽车碰撞事故，因此可以通过保险公司转移一部分风险。

4. 储存

在储存期间移送车辆时，应注意采用合适的方法搬运移动，防止因震动、磕碰、划伤而造成车辆损坏。销售部接车后负责将车辆清洗干净，由仓库保管员将待售商品车驶入规定的区域有序停放。商品车入库后，售出前的这一段时间为仓储保管期，这一期间应精心保管，防止意外情况的发生。储存时，要做好维护保养工作，避免风吹、日晒和雨淋。应定期检查，防止电瓶失效。若保存期较长，则对某些部件还要作防锈养护。冬天要注意防水防冻。

定期整备商品车，保证商品车处于最佳状态，可随时提出进行销售；在移动商品车过程中，应保证两人参与，确保商品车不受损伤；商品车按“先入先出”的原则排列有序，钥匙按次序放好，以便准确、及时地开启调出车辆。

在汽车销售过程中，销售人员发现汽车的质量问题，经验证确实需要索赔时，应积极按照相关索赔管理的规定程序进行索赔。

应及时、准确地编制商品车入库单。销售单位无储运仓库，则要租借储运仓库储存，事先要订好储存合同，预先约法三章，防止以旧换新，以假乱真，或用商品车跑运输赚钱，或搞其他运输工作。

5. 定价

一般销售单位的汽车销售价常用下式来表示：

$$汽车销售价＝进货价＋商品流通费用＋销售利润$$

汽车销售价中包含了 17％的增值税。

商品车的流通费用包括营销费用、管理费用和财务费用等。销售利润根据市场情况有很大的波动，畅销时偏高，滞销时较低。

对消费者而言，汽车的购置费用包括车辆购置税、保险费、验车费、牌照费等。

二、销售人员

1. 销售人员自我心理准备

（1）相信自己

相信自己会成功，这一点至关重要。并不是每个人都能明确地认识到自己的推销能力。但它确实存在，所以要信任自己。人最大的敌人之一就是自己，而超越自我则是成功的必要因素。推销人员尤其要正视自己，鼓起勇气面对自己的顾客。即使有人讥讽你不是干这行的材料也没有关系，关键是自己怎么去看待，如果连自己也这么说，那么一切都将失去意义，而这正是关键之所在。因此，在任何时候都要相信自己，不要打退堂鼓。

（2）树立目标

树立一个适当的目标，是推销员在准备期中要的心理准备之一。没有目标，是永远不可能到达胜利的彼岸的。每个人对于每一项事业都需要有一套基本目标和信念。一位成功的推销员介绍经验时说：我的秘诀是把目标数表贴在床头，每天起床、就寝时，都把今天的完成量和明天的目标额记录下来，提醒自己朝目标奋斗。

（3）把握原则

现代推销术与传统的推销术已有了很大的差别，推销员已不再只是简单兜售商品。一名优秀的推销员在树立信心、明确目标、走出门去面对顾客之前，还应该把握住作为一名推销员应遵循的以下几个原则：

① 满足需要原则。现代的营销观念是汽车营销员要协助顾客，使他们的需要得到满足。推销员在营销过程中应做好准备去发现顾客的需要，极力避免“强迫”推销，假若让顾客感觉到是在强迫他接受什么时，那就失败了。最好的办法是利用推销的机会使顾客发现自己的需要，而产品正好能够满足这种需要。

② 诱导原则。营销就是使根本不了解或根本不想买这种商品的顾客产生兴趣和购买欲望，使有了这种兴趣和欲望的顾客采取实际行动，使已经使用了该商品的顾客再次购买。当然，能够让顾客成为产品的义务宣传员则是更加成功之举。而每一阶段的实现都需要推销员把握诱导原则，使顾客一步步跟上汽车营销的思路。

③ 照顾顾客利益原则。现代营销是以诚信为中心，汽车营销员应从顾客利益出发考虑问题。顾客在以市场为中心的今天已成为各企业争夺的对象，只有让顾客感到企业是真正站在汽车消费者的角度考虑问题，使自己的利益在整个购买过程中得到了满足和保护，这样汽车营销企业才可能从顾客那里获利。

④ 保本原则。一般来说，汽车营销员在与顾客面谈时可以根据情况与时机适当调整价格，给顾客适当的折扣或优惠。这里有一个限度问题，各企业对此要求不同，但一般来说不能降到成本线以下。这就要求推销员在出发前不仅要详细了解产品的功能、特征，还

应该了解产品的成本核算。

(4) 创造魅力

汽车营销人员在营销产品时，实际上是在自我推销。一个蓬头垢面的推销员不论他所带的商品多么诱人，顾客也会说："对不起，我现在没有购买这些东西的计划。"汽车营销员的外形不一定要美丽迷人或英俊潇洒，但却一定要让人感觉舒服。预备一套干净得体的服装，把任何破坏形象、惹人厌恶的东西排除；同时，要做到以充沛的体力、最佳的精神面貌出现在顾客的面前。

2. 销售人员形象准备

(1) 着装原则

切记要以身体为主，服装为辅。如果让服装反客为主，汽车营销人员本身就会变得无足轻重，在顾客的印象里也只有服装而没有销售人员。正如著名的时装设计大师夏奈儿所说的那样："一个女人如果打扮不当，您会注意她的衣着。要是她穿得无懈可击，您就注意这个女人本身。"

要按时间、场合、事情的不同，来分别穿戴不同的服装；要根据顾客来选择与他们同一档次的服装，不能过高或过低。

无论怎样着装，着装目的要清楚，就是要让顾客喜欢而不是反感。

(2) 男性汽车营销人员的衣着规范及仪表

西装：深色，有经济能力，最好能选购高档一些的西装。

衬衫：一色。白色（浅色或中色）注重领子、袖口清洁，并熨烫平整。要每天更换。

领带：以中色为主，不要太花或太暗，注意和衬衣或西装的反搭配协调。

长裤：选用与上衣色彩质地相称的面料，裤长以盖住鞋面为准。

便装：中性色彩，干净整齐，无油污。

皮鞋：黑色或深色，注意和衣服的搭配。如有经济能力最好选购一双名牌皮鞋，且要把鞋面擦亮，皮鞋底边擦干净。

短袜：黑色或深色，穿时不要露出里裤。

身体：要求无异味，可适当选用好一些的男士香水，但切忌香水过于浓烈。

头发：头发要梳理整齐，不要挡住额头，更不要有头皮屑。

眼睛：检查有没有眼屎、眼袋、黑眼圈和红血丝。

嘴：不要有烟气、异味、口臭，出门前可多吃口香糖。

胡子：胡须必须刮干净，最好不留胡子。

手：不留长指甲，指甲无污泥，手心干爽洁净。

(3) 女性销售人员的衣着规范及仪表

头发：干净整洁不留怪发，无头皮屑。

眼睛：不要有渗出的眼线、睫毛液，无眼袋、黑眼圈。

嘴唇：可以涂有口红，并且保持口气清香。

服装：西装套裙或套装，色泽以中性为好。不可穿着过于男性化或过于性感的服装，款式以简洁大方为好。

鞋子：黑色高跟淑女鞋，保持鞋面的光亮和鞋边的干净。

袜子：高筒连裤丝袜，色泽以肉色最好。

首饰：不可太过醒目和珠光宝气，最好不要佩戴一件以上的首饰。

身体：不可有异味，宜选择淡雅的香水。

化妆：一定要化妆，否则是对客户的不尊敬；但以淡妆为好，不可浓妆艳抹。

3. 销售工具的准备

（1）汽车营销工具准备的好处：容易引起顾客的注意和兴趣；使销售说明更直观、简洁和专业；预防介绍时的遗漏；缩短拜访时间；提高效率。

（2）汽车营销员必备的销售工具：公司介绍、汽车目录、地图、名片夹、通讯录、计算器、笔记用具、最新价格表、空白“合同申请表”和“拜访记录表”等专业销售表格。

准备销售工具应遵循的基本原则：推销工具不应该是别人提供的，而应是销售人员自己去创造的，这才会体现自己的独具的魅力。

第二节　售　中

一、发展潜在顾客

销售的数量因销售人员所拥有的潜在顾客及可能成为潜在顾客数量的不同而不同，销售人员为达到销售目标，应该充满热情并找到足够的潜在顾客，然后通过产品推介、推销等方法使潜在顾客变成最终用户。一般潜在顾客具有三个前提，即购买能力、购买欲望和购买的必要性。

发展潜在顾客的方法主要有以下几点：

（1）散发宣传资料，如在经销商的市场区域内，至少每月散发一次传单。

（2）收集潜在顾客信息并上门拜访或电话交谈，尽可能地促使他们参观展示厅。

（3）按照发展顾客的名单发送宣传材料，特别是一些名人，促使他们来展示厅参观。

（4）举办展示会或其他活动。

（5）建立顾客发展档案（如顾客发展卡）。

（6）顾客推荐促销是销售活动中最重要的因素之一。顾客推荐资料一般由经销点的销售经理管理和控制。

二、潜在顾客管理

潜在顾客以及可能成为潜在顾客的顾客是销售网点最重要的客户资源，应建立必要的顾客管理制度，以保证潜在顾客不至于流失，并便于进一步发展。

顾客管理的内容有以下几点：

1. 潜在顾客的识别和分类

潜在顾客的识别，通常根据在销售活动中收集的关于个人和车辆状况的信息，判断或识别顾客的购买意向（感兴趣的车辆、购买的意向以及对所销产品的兴趣）、购买能力（职业、收入、资产、资金的储蓄）或者需求（家庭情况变化、车款车型的淘汰、车辆老化或损坏）。为使销售会谈更顺利地展开，应将潜在顾客按其可能转化的程度和预计的购买时间进行分类，然后，确定拜访频次。

2. 拜访顾客

经常性的拜访顾客可以建立人际关系，推销自己，提供信息（邀请参观展览、所经营产品的介绍、公司介绍、新产品介绍和其他有关信息的提供），发现与潜在顾客共同感兴趣的话题，然后将其引入销售的话题，还可以进一步收集顾客的信息（现有车辆、车款、车型、家庭组成、雇主、购买决定者、购买行为动机等），发现顾客的需求。通常，人们期望在第三次拜访时，能够签订销售合同。对于像汽车这种较昂贵的商品，在签订销售合同之前，推销员需进行多次拜访，这样的拜访也被视为再次拜访。

三、接待与洽谈

接待是最初的迎候，接待工作依次是迎接——问候——随意参观——洽谈介绍。

洽谈是一门高超艺术，主要技巧有以下几种：

（1）问候的技巧。一般要求言谈举止适应顾客的个性，用顾客习惯的方式向顾客问候，记住顾客的姓名并在称呼对方时使用，行为自然大方，彬彬有礼。与顾客初次会面时，要进行自我介绍，创造使顾客感到无拘无束的气氛。要善于打破沉默，同顾客交谈，掌握询问顾客的时机，找到顾客感兴趣的话题。如果是多位顾客的话，应判定谁是具有决定权的购买者，把精力主要集中到他的身上，但也不能完全忽略其他人的作用。

（2）询问的技巧。询问是为了尽可能深入地探问顾客，以便为顾客推荐合适的产品，估计顾客对购买产品的渴望程度，发展与顾客的关系。询问之前，销售人员对准备提出的问题要有充分的准备，如询问顾客的兴趣爱好、生活方式、如何需要等。

（3）推荐的技巧。在了解了顾客的需要后，销售人员就可以向顾客推荐他最满意的产品。当顾客提出问题时，应予以认真解答。

（4）示范的技巧。如在进行必要的讲解说明后，要引导顾客自己试车。

（5）回答顾客问题的技巧。特别是顾客有反对意见时，要弄清楚反对意见是真实存在还是由于其他原因造成的。对此，销售人员要举例说明并明确答复，用事实说明问题。

四、车辆介绍

车辆介绍因人而异。对不同购买行为和购买心理的客户要区别对待。在接待中销售人员可采用试探、询问的方式发现顾客的需求利益、价值，并据此从公司能提供的选择车型中有针对性地作车辆介绍。

介绍的内容包括：安全性、舒适性、高新技术运用的独到之处，整车方面富有动感的造型、高雅和谐的气质、优质的材料、精心设计的空间、舒适周到的配置和持久的经济效益等。

介绍中销售人员要注意顾客的反应，及时调整介绍的内容和侧重点，以突出不同消费者所关心的问题，尽可能给消费者留下深刻的印象。语言的表达应当简练，适当用一些专业术语，显得比较专业化，同时要主动解释术语含义

为了进一步加深顾客对车辆的印象，销售人员应鼓励顾客试车，进入车辆演示阶段。

五、车辆演示

试车的目的是使顾客对车辆性能有直接的感性认识，进一步增强消费者的购车欲望，并体现产品的安全、高质量的品牌内涵。

销售人员要遵循车辆演示程序和原则，准备一定数量的演示车，可在营业时间内有效地展示不同的型号和选装件，并向每一位需要的消费者提供试车的机会。

车辆演示前、试车中、试车后应注意的问题如下：

(1) 要注意确保演示车辆在营业时间内车容整洁，车况良好，最少应有1/4箱汽油。演示车辆确保是最新款式，颜色具有代表性，且性能相对良好，属于装备完善的顶级车。每个销售人员都应有驾驶证，能为消费者提供一个试乘或试开的机会。

(2) 演示开始前，要进行必要的检查（外观、性能、冷却水、机油等），并告诉消费者车辆的概况。

(3) 如果消费者要求亲自驾驶，应做好以下准备：

① 认真检查车辆的各个部件运转是否良好；

② 复印消费者的驾驶证，以确保消费者的驾驶安全性；

③ 与消费者确定试车的路线和注意事项；

④ 请消费者签署保证书，若仅在原地转转，就不一定要签署保证书，但安全性还是要十分注意。

(4) 在试车中，可根据实际情况，指出车辆的性能和特点，例如对车子的加速性能，销售人员可在试车时踩油门加速，让客户体会“贴背”的感觉；然后介绍该车的功率、扭矩、加速时间以及与一般车辆的比较优势。

(5) 试车完毕后，要解答消费者的疑问，倾听其意见，更深入地进行交流和沟通。

六、车辆选购

在经过车辆演示后，消费者就要对车辆进行挑选，所以服务就进入车辆选购阶段。销售人员应按消费者对车型、颜色、基本装置、选装件和内饰的偏好，给消费者提供完全符合其要求的汽车产品。

在选车过程中，销售人员应陪同顾客，随时解答顾客提出的问题。这个阶段很重要的一项内容就是谈价，即向顾客介绍车辆价格的情况，内容如下：

(1) 价格构成的申明——价格的内涵，所包含的价格要素，如是否含税、含上牌

费等；

(2) 价格与价值的关系——性价比；

(3) 价格与信心——赢得信任；

(4) 附送品价格——表示诚意，以经销商的让利方式实现；

(5) 价格与款型配置——最经济、最适用。

如果消费者已经选中车辆，销售人员应该立即与库存管理人员联系，核实仓库是否存有现货；若有，则准备汽车销售合同，并向消费者解释购车合同的相关条款。

七、签订合同，付款与交货

选定车型、谈定价格之后，接着就是签订购车合同。

当交车与付款之际来临时，业务磋商中的艰苦谈判和成交时的紧张气氛都已缓解。不过，如果此时进展不顺利，例如销售人员没有履行在销售洽谈中的承诺（如交车日期、选装零部件等），那么顾客就不会再信任销售人员，业务仍有可能中止，顾客甚至会把自己不愉快的经历宣传出去。因此，交车与付款可以视为与顾客保持另一种良好关系的开始，销售人员不要简单地交车了事，要作令人满意的说明，并重视顾客的反应。只有这样，顾客才会对该产品感到满意。

本流程可分为这样几个步骤：

(1) 交车准备环节。要做好通知交车日期、检查车辆、确认必要的文件和安排付款等工作。

(2) 付款环节。可以提前支付或交车时付款，根据已签订的销售合同接受现金或支票。

(3) 交车环节。无论是在展示厅内交车，还是送货上门交车，都要求做到将销售主管或用户联系人介绍给顾客、请顾客检查车辆和附件、说明正确的操作和驾驶方法（参阅用户手册）、介绍服务项目（检查、维修和保养等）、填写交车检查表等。

(4) 其他工作。如为了保持客户资源，需要建立用户档案、进行顾客回访、调查用户满意度等。

第三节 售 后

一般人常以为把汽车卖出去，销售就已经完成了，至于出售以后的事情，就漠不关心了。像这样的销售，实际上已经犯了最严重的错误，那就是忽略了售后服务。没有售后服务的销售，在客户的眼里是没有信誉的销售；没有售后服务的商品，是一种最没有保障的商品；而不能提供售后服务的汽车营销人员，也是不能与顾客成为朋友的。

售后服务是销售的一部分，有远见的企业家和汽车营销人员都认为，对于具有延续性销售作用的售后服务，更是不可掉以轻心。

一、汽车商品售后业务

1. 商品售后服务

商品的售后服务含义较广，凡与所销售商品相关联且有益于购买者的服务，均属于商品的售后服务。这包括商品信誉的维护和商品资料的提供两方面。

(1) 商品信誉的维护

售后服务最主要的目的是维护商品信誉，一种优良的商品，在销售时总是强调售后服务，在类似或相同商品推销的竞争条件中，售后服务也常是客户取舍的重要因素。因此，商品的售后服务也就代表了商品的信誉。商品信誉的维护工作主要有以下内容：

① 商品品质的保证。汽车营销人员在出售商品之后，为了使客户充分获得购买的利益，必须常常做售后服务工作，这不只是对客户道义上的责任，也是维护本身商誉的重要行动。如4S店出售了一辆汽车后，为了使这辆汽车能发挥正常的功能，就应该定期进行检查维护和保养工作。

② 所承诺服务的履行。任何汽车营销人员在说服顾客购买的时候，必先强调与商品有关，甚至没有直接关联的服务，这些服务的承诺，对交易能否成交是极重要的因素，而如何切实履行推销员所做的承诺则更为重要。往往有些汽车营销人员在说服成交时，漫不经心地向客户提出售后的某种服务，后来却忽略掉了，因此很容易与客户发生误会或不愉快，如此作为，客户岂会再度光临？

(2) 商品资料的提供

提供商品资料使客户了解商品的变动情况，是汽车营销人员的一种义务。在说服一位客户以前，汽车营销人员通常需要将有关商品的简介、使用说明及各项文件资料递交客户，以供其参考，而在客户购买之后，却常疏于提供最新资料，这样是不妥的。

汽车营销人员要有个基本的认识，那就是开拓客户远不如维持客户重要，开拓客户在功能上是属于“治标”，而真正能维持客户才算“治本”。维持客户的方法，除了使其产生对商品的信心之外，汽车营销人员能继续提供给客户有关商品的最新资料，也是一种有力的售后服务。

2. 汽车售后业务应考虑的内容

从消费者的角度看，服务应分为三个方面，即服务方式、服务质量与服务期限。

(1) 服务方式

服务方式的好坏在于厂家提供的服务是主动服务还是被动服务。谁都知道主动服务能够赢得顾客的信赖，但很多企业提倡的主动服务仅仅停留在“提倡”上而已，实际上营销人员依然我行我素。结果是不但顾客有了问题不主动服务，顾客找上门了还敷衍推诿，拖拖拉拉。售后服务是构成企业竞争力的重要因素，但理论在现实中的运用还有一定的差距。建立服务尤其是建立能够满足当今顾客需求的服务体系，需要花费极大的代价，这是服务与需求脱离的主要原因。

（2）服务质量

服务从本质上讲是对人的服务。如果没有顾客的满意，再好的表现都不会起到质的作用。

例如，北京有一位车主开车出外旅游时车坏了，他记不住经销商的电话，于是只好给中国总部打电话。可是总部却说这不由他们车主负责，车主应该找某服务中心，然后给了车主一个服务中心的电话。车主只好给服务中心打电话，可把问题说清以后，服务中心却以距离超过规定为由拒绝出车。双方经过一番推磨，服务中心终于以 300 元的费用出车。尽管维护过程和结果都还差强人意，但这位车主还是对这家企业失望了，只想把车换掉。

出了问题的车主本来心情就不好，如果你爱理不理或稍有不慎，都会点燃他心中的火气。不能安抚一颗不平静的心，这样的服务是不合格的服务。服务在于心而不在于技。

（3）服务期限

没有一种商品是可以终身保质的，汽车更是不能。目前，国内汽车服务期限一般为两年或行驶 5 万公里，更短的只有 1 年半或行驶 3 万公里。如果企业认真调研一下服务期限对顾客决策的作用，那么就能够意识到延长服务期限将会成为汽车企业竞争的基石。延长服务期限就像保险，它的主要作用不在于能多给顾客实质性的服务，而在于让顾客解除后顾之忧。只有用服务促进汽车销售的售后服务才是合格的售后服务。

二、中国汽车生产企业售后服务工作概况

1. 国内的售后服务工作现状

（1）存在的问题

汽车售后服务的出现是市场竞争所致，也是汽车营销中的一种手段。由于汽车有消耗品的特点，顾客对其保养、维修都十分重视。汽车售后服务是汽车营销中的重要手段之一，汽车 4S 店或汽车经销商近几年也在大力发展配件、保养、维修等综合化产业。因此，汽车 4S 店或汽车经销商的售后服务，如果作为一个综合性的产业，就既有制造业的特点，又有服务业的特点；既有自己独立的利润，又有与销售部门共同的链式利润。虽然汽车售后服务市场发展迅速，但仍然存在许多问题。我国的汽车 4S 店或汽车经销商的售后服务方面存在的问题主要表现为以下几种形式：

① 服务观点淡薄，服务意识不到位；

② 配件管理落后，提供劣质配件；

③ 维修理念落后，维修技术欠缺；

④ 服务网点少，紧急救援工作困难；

⑤ 客户回访不够深入，信息反馈忽略严重；

⑥ 汽车保险和信贷制度不够完善。

（2）售后服务存在问题的原因

存在问题的根本原因主要有以下几点：

① 汽车生产厂家与经销商的脱节；

② 汽车销售人员素质参差不齐；

③ 售后服务与经销商及厂家的脱节。

2. 提高售后服务质量的措施

① 规范服务标准，提高工作人员的整体素质；

② 提供纯正配件，使服务质量和成本具有双重保证；

③ 提供先进的服务设施，提升和完善维修服务质量；

④ 定期进行客户回访，建立客户档案；

⑤ 多设服务网点，并尽力做到精细化服务；

⑥ 加强各行业沟通，提供完善的保险和信贷业务。

【案例分析】

案例一：说话的艺术

一名汽车销售商在店里有两款车型销售，其中一款车配置较低，价格也适中，但几乎不会给他带来多少利润，要不是厂家强烈要求的话，这种车型是绝不会在销售商店里出现的；另外一款车可以说是顶级配置，既舒适又安全，他希望所有人都买这款车，因为这样他可以赚更多利润。

低价格总会吸引很多消费者的注意，这是一个全世界通行的商业规律。不错，来4S店里买车的客户大部分都是看上低价格的那部。经济实惠的产品谁不喜欢呢？可老板就不喜欢，因为如果天天全卖这款车的话，不久他就会关门歇业。于是在客户进门后，他就主动向他们介绍价格高的那款车，试图说服客户买贵的车型。尽管他说得口干舌燥，但客户依然不愿意出那么多钱，总不能强迫他们吧。痛定思痛，他终于悟出其中的道理。以后当客户看完低价车后，他会对他们说："在你做决定前，我建议你去看看另外一部车，它的舒适性和安全性都远远好于这部，你可以想象一下，你驾驶着一辆有天窗、真皮坐椅、大马力的车子，一定又是另外一种感觉了，其实价格并没有高出多少，你定能够接受。"实践证明这办法很管用。

在谈判中，营销人员不要怕对方拒绝自己，首先要让对方确定愿意和你做生意，至于其他有争议的问题，等到他们决定前再来讨论。

一般而言，当人们心请好的时候，很容易把原来不愿意给予别人的东西给予人家；另外，任何谈判都会紧张和艰苦，每一项议题的达成都很不容易。因此，谈判前应做好以下准备：

（1）把所有细节在事先都谈好，并且形成文字由双方签字确认。要坦诚面对对方，把关键问题谈清楚，千万不要存在侥幸心理——只要他不提，我就不说。不要认为回避一个问题会有助于谈判的成功。

（2）事先预判出对方可能提出的额外要求，重新评估这些附加条件，确定一旦让步后自己所付出的代价，会给本企业带来多大的损失。

比如对方可能会让你交纳一笔离谱的费用，虽然涉及金额并不大，但你没有这项预算，你对说服财务经理的工作一丝把握都没有。对方临时延长付款的时间，这恐怕对你的打击是最大的，因为这无疑会影响到企业现金链的状况，建议在这个问题上切不可轻易地妥协。对方临时增加折扣的条款，比如在结账金额上反扣1%，这同样是一个原则性的问题，会影响到企业的利润率。这时你最好的回应方式是不要让步，并且明确地告诉对方，如果他提出的要求超出事先约定的范围，你可以适时地请示“上级领导”，以减轻自己的压力。

案例二：上海通用雪佛兰的客户服务

在客户服务方面，上海通用汽车公司的雪佛兰品牌在全国都拥有授权销售中心和授权售后服务中心，同时上海通用公司还设有统一的顾客支持中心（customer assistance center，简称CAC)。顾客支持中心面向全国的顾客和潜在顾客，接受消费者销售、售后咨询和投诉。其中的销售咨询不仅仅接受顾客对产品价格、配置、性能等方面的简单咨询，还包括邮寄资料给潜在用户，并进行跟踪。售后咨询方面从回答简单的产品使用知识到接受顾客对于授权销售服务中心和特约售后服务中心服务的投诉、意见、建议，以及尽力帮助顾客解决发生在车辆上的各种问题。在这样强有力的客户服务支撑平台上，雪佛兰车的投诉率从成立发展至今在各品牌、各车系中一直处于较低的水平。

基于对服务水平及产品质量的重视，上海通用汽车公司自2000年起即开始进行顾客满意度跟踪研究。随着时间的推移，品牌的增加，截至2005年，上海通用汽车公司已形成了一个具有多品牌、全方位的满意度研究体系。销售服务中心的满意度研究是用来评估顾客对于授权销售服务中心的环境设施、人员及整个服务过程的满意度。雪佛兰品牌在2006年度对该套满意度研究体系进行了一系列的优化，使考核的指标更为科学合理。

思考题

11－1　汽车销售的实物流环节有哪些？

11－2　汽车销售的服务流环节有哪些？

11－3　验车包括哪些内容？

11－4　交车包括哪些内容？

11－5　汽车销售合同包括哪些内容？

11－6　汽车上牌的程序是怎样的？其手续有哪些？

参考文献

[1] 张国方．汽车营销［M］．北京：人民交通出版社，2002

[2] 曾庆吉，胡文娟．汽车营销［M］．北京：化学工业出版社，2009

[3] 陈聪．汽车市场营销［M］．北京：电子工业出版社，2009

[4] 何宝文．汽车营销学［M］．北京：机械工业出版社，2004

[5] 陈文华，叶志斌［M］．汽车营销案例教程．北京：人民交通出版社，2004

[6] 管洲．汽车营销与策划［M］．郑州：郑州大学出版社，2006

[7] 宋润生．汽车营销基础与实务［M］．广州：华南理工大学出版社，2006